학생부 바이블
사회계열

CampusMentor
캠퍼스멘토 x 모야 MOYA

학생부 바이블 사회계열

저자소개

하희

구리여자중학교 진로전담교사 재직중

집필이력

'학과바이블'
'나만의 진로 가이드북'
'교과세특 탐구주제 바이블'
'중학교 진로포트폴리오 스-포트-라이트'
'두근두근 미래직업체험'
'똑똑 기업가정신(경기도교육청)'

활동이력

경기도중등진로교육연구회 연구위원(2017~2020)
구리남양주 연극교육연구회 연구위원(2018~2021)

배수연

늘푸른고등학교 사회과 교사 재직중

집필이력

'교과세특 탐구주제 바이블'

활동이력

전국연합출제위원
도단위 NTTP 교과연구회 연구위원
경기혁신교육모니터단
2021경기도성남교육지원청 교육과정 지원단

김미영
수지고등학교 과학과 교사 재직중

집필이력
'교과세특 탐구주제 바이블'

활동이력
신규교사대상 연수 강의
통합과학 연수 강의
중등1급정교사 자격연수 강의

개발이력
블렌디드 러닝 성장 중심 자료
교과연계 민주시민교육실천 교육 자료
2015 개정교육과정 교과 자료

김강석
숭신여자고등학교 진로전담교사 재직중

집필이력
'나만의 진로 가이드북'
'학과바이블'
'교과세특 탐구주제 바이블'

활동이력
2009, 2015 교육과정 및 성취기준 연구
전 단국대학교 과학교육과 강사
경기 진로진학상담교사협의회 부회장

이남순
동백고등학교 진로전담교사 재직중

집필이력
'교과세특 탐구주제 바이블'
'기업가정신으로 플레이하자'
'꿈틀꿈틀 기업가정신 워크북'
'서술형평가 ROADVIEW'
'고3 담임 매뉴얼'

활동이력
경기도중등진로교육연구회 연구위원
경기도중국어교육연구회 연구위원
전국연합학력평가 출제위원
경기도진학지원단
대교협 대표강사

손평화
거창고등학교 진로전담교사 재직중

집필이력
'진로끝판왕'
'영어 오답의 모든 것(구문어휘편, 심화독해편)'

활동이력
EBS 진학마스터 핵심 온라인 과정 연수 강사

수상이력
2017년 경남교육감 표창

위정의
충현중학교 진로전담교사 재직중

집필이력
'교과 연계 독서토론 워크북'
'두근두근 미래직업체험 워크북'
'블렌디드 수업에 기업가정신을 담다'
'교과세특 탐구주제 바이블'
'AI로 내 직업을 트랜스포메이션하라'

활동이력
경기도교육청 독서교육 지원단
경기도교육청 자격연수 논술평가 출제 및 검토위원
중등 1급 정교사 국어과 자격연수 강사
경기도중등진로교육연구회 전연구위원

서문_ 학생부 바이블을 출간하며

드디어 학생부 바이블이 탄생했습니다. 기존 출간된 학교생활기록부를 다룬 책들과는 차별화된 새로운 관점에서 만든 책입니다. 어떤 내용으로 구성해야 일선에서 지도하는 현직 교사, 자신의 진로를 위해 노력하는 학생들과 학부모님, 모두에게 도움을 줄 수 있을까를 고민하고, 또 고민하면서 현직 중·고등학교 교사들이 힘을 모아서, 10여 년이 넘는 시간동안 서로 머리를 맞대고 노력한 결실입니다. 학생부종합전형은 학교 생활에 충실한 학생 중에서 적성이나, 소질, 잠재력 등을 종합적으로 평가해서 선발하는 전형입니다. 따라서 학생부종합전형을 정확하게 이해하고, 학생들이 스스로 질문하고, 답을 찾으며 학교 교육과정에 능동적으로 참여하는 것이 가장 기본적인 사항이라고 할 수 있습니다. 이 책의 초점은 여기에 있습니다.

이 책은 인문, 사회, 자연, 공학, 의약, 예체능, 교육 등 7개 계열별 맞춤형 진학 설계 가이드북입니다. 학생부종합전형의 특징과 각 대학의 평가 요소, 변화하는 학교생활기록부에 대한 내용을 7개 계열별로 상세하게 정리했습니다. 이와 함께 학생부 각 영역에 대한 대학의 평가 관점, 학생들의 학생부 관리 방법을 함께 실었습니다. 또한 학생들을 지도하는 교사들을 위해 각 영역별 기재 방법을 상세하게 설명하고, 창의적 체험활동의 자율동아리, 진로활동 등에 대한 계열별·학과별 추천 활동과 맞춤형 기록 사례를 구체적으로 제시했습니다. 앞으로는 학생부종합전형에서 교과학습발달상황이 더욱 중요한 평가의 대상이 됩니다. 이에 발맞추어 국어, 영어, 수학, 사회, 과학 교과군 모든 과목의 세부능력 및 특기사항의 기재 예시를 제시하여 이 책을 활용하는 사람들에게 보다 효과적인 도움을 줄 수 있도록 구성하였습니다. 이와 함께 인문, 사회, 자연, 공학, 의약, 예체능, 교육 등 7개 계열에 해당하는 대표적인 직업 및 학과와 그에 적합한 선택과목을 제시하여, 학생들이 자신의 진로로드맵을 작성하는 데 참고할 수 있도록 했습니다.

학생부종합전형의 핵심 평가 자료는 학생부입니다. 따라서 이를 어떻게 관리하느냐에 따라 대학 합격 여부가 결정됩니다. 자신이 원하는 대학교에 합격하는 것은 모든 수험생들의 바람입니다. 그러나 학생부종합전형에서는 더 이상 열심히 공부만 하는 모범적인 학생을 원하지 않습니다. 물론 성적도 우수해야 하지만, 이와 함께 학업역량, 진로역량, 공동체역량 등을 골고루 갖춘 학생을 원합니다.

'아는 만큼 보인다'라고 했습니다. 학생들이 자신의 희망하는 학교에 진학하기 위해서, 교사들이 진학 지도를 올바르게 하기 위해서는 학생부종합전형에 대한 충분한 이해가 필수적입니다. 이 책을 꼼꼼히 읽고, 학생부 변화의 방향에 발 빠르게 대응한다면 성공적인 진학을 향한 과정에 한 발짝 먼저 다가설 수 있을 것입니다.

지금 이 시간에도 열심히 학생들을 지도하시는 일선의 교사들과 자신의 꿈을 이루기 위해 공부하는 학생들, 그리고 이들을 위해 노력하시는 모든 학부모님을 응원하며, 이 책이 큰 도움이 되기를 진심으로 바랍니다.

이 책의 활용상 유의점

1.
이 책은 대학 입시의 주요 전형인 학생부종합전형을 준비하는 데 필수적인 학교생활기록부의 이해를 돕고자 사회계열 특성에 맞게 학교생활기록부에 필요한 정보를 담고 있습니다.

2.
사회계열 학과 정리, 학생부종합전형의 특징과 학교생활기록부의 항목별 내용을 구체적으로 정리하여 사회계열에 적합한 학교생활기록부를 디자인할 수 있는 정보를 제공하고 있습니다.

3.
무엇보다 학생 자신에 적성 및 흥미에 적합한 사회계열과 학과를 찾아갈 수 있도록 다양한 적성검사를 활용하는 방법과 사회계열 적성 및 흥미 그리고 근무 환경과 일자리 전망을 소개하고 있어 이를 활용하여 학생의 진로를 찾는 과정을 선행하는 것을 권장합니다.

4.
특히 2장에서는 학생부종합전형의 이해를 돕고자 학생부종합전형의 이해와 학생부종합전형에서 대표적인 평가요소인 학교생활기록부의 항목별 주요 포인트 및 활용 방안에 대해 소개하여 교사 및 학생이 맞춤형 활동과 학교생활기록부 작성에 도움을 주고자 하였습니다.

5.
학교생활기록부는 출결상황부터부터 행동특성 및 종합의견까지의 항목별 내용, 기재 요령 그리고 대학의 관점에서 바라보는 학교생활기록부의 주요 포인트를 분석하여 학생 및 교사가 해당 항목을 관리할 수 있도록 하여 학교생활에 선택과 집중을 할 수 있도록 정보를 제공하고 있습니다.

6.
특히, 사회계열에 적합한 학과별 추천 자율활동, 동아리활동, 봉사활동, 진로활동을 소개하고 더 나아가 관련 활동을 실시한 후 바람직한 학교생활기록부의 다양한 예시를 제공하여 학생에게는 활동의 방향성을 제시하고, 교사에게는 학생 지도 및 학교생활기록부 작성에 로드맵을 제공하고자 하였습니다.

7.
변화하는 교육정책에 따라 더욱 중요성이 커진 교과학습발달상황에서는 해당학과에 필요한 과목별 성취기준 및 단원별 학교생활기록부 예시를 제공하여 해당학과의 진학을 위해 어떤 활동을 해야 하며 후속활동에는 어떤 것이 있는지에 대한 정보를 담고 있습니다.

8.
마지막으로 급변하는 시대에 변화하는 학과의 이해를 돕고자 사회계열에 해당하는 학과 소개 및 개설대학, 관련 학과, 그리고 졸업 후 진출 분야를 중심으로 직업과 선택과목 로드맵에 대한 정보를 담아 교사의 학생 지도 및 직업과 선택과목 로드맵에 대한 정보를 담고 있어 교사의 학생 지도 및 해당 학과를 진학하고자 하는 학생에게 도움을 주고자 하였습니다.

학생부 바이블 사회계열 INDEX

PART.1

사회계열의 세계

PART.2

사회계열 맞춤형 학생부 관리

PART.3

사회계열 직업 및 학과 로드맵

학생부 바이블

사회계열

PART.1 사회계열의 세계

CHAPTER

01.

계열의 선택

계열 선택의 중요성

고등학교에서 자신의 계열을 선택하는 것은 아주 중요하다. 문과와 이과의 계열 구분이 없어진 현 상황에서 계열은 크게 인문, 사회, 자연, 공학, 의약, 교육, 예체능 등으로 나누어진다. 계열 선택은 자신의 진로와 삶의 방식을 좌우하는 중대한 결정이다. 계열이 정해지면 학과가 결정되고, 그에 적합한 직업과도 직결되기 때문에 계열을 선택할 때에는 신중해야 한다.

단순히 '국어는 잘하는데 수학을 못해.', '과학은 쉬운데 암기과목은 힘들어.' 등과 같이 특정 교과와 관련된 자신의 성적만으로 계열을 결정하는 것은 좋은 방법이 아니다. 또한 현재 취업이 잘 되거나 인기가 있다는 이유만으로 자신의 흥미와 상관없는 학과를 선택한다거나, 자신의 의사를 고려하지 않고 부모님이나 친구의 결정을 따라 계열을 선정하는 것은 바람직하지 않다. 신중하지 못한 계열 선정으로 인해 대학 입학 후 전공을 바꾸거나, 다시 대입을 준비해야 하는 상황이 발생할 수도 있다.

계열 선택은 자기 자신의 진로를 설계하는 첫 발걸음이다. 그러므로 자신에 대한 객관적인 이해가 밑바탕이 된 후, 미래 사회에 대한 전망이나 교사와 전문가의 조언 등을 종합적으로 살펴본 후에 자신의 계열을 결정하는 태도가 바람직하다.

계열 선택 시 고려사항

1 자신에 대한 객관적인 파악 : 적성, 흥미, 가치관, 직업관 등

계열을 선택할 때 가장 중요한 것은 자기 자신을 객관적으로 파악하는 것이다. 하지만 고등학교에 입학해서도 자신에 대한 이해가 부족하여 무엇을 해야 할지를 결정하지 못하고 헤매는 학생들이 많다. 이런 경우에는 가장 먼저 자기 자신을 객관적으로 파악하는 활동*을 하는 것이 중요하다. 커리어넷이나 워크넷을 활용하면 이런 다양한 검사(직업흥미검사, 직업적성검사, 직업가치관검사, 진로성숙도검사 등)를 할 수 있다.

*홀랜드흥미유형, MBTI유형, 직업적성검사, 직업가치관검사 등

검사는 아래의 경로를 따라 하면 손쉽게 할 수 있다.

TIP

커리어넷과 워크넷을 활용한 심리검사 방법

커리어넷 | www.career.go.kr

커리어넷 접속 → 로그인 → 진로심리검사 → 중·고등학생용 심리검사 → 검사 실시 → 검사 결과표 출력 및 정리

워크넷 | www.work.go.kr

워크넷 접속 → 로그인 → 직업·진로 → 청소년 대상 심리검사 → 고등학생 적성검사 실시 → 검사 결과표 출력 및 정리

표준화된 심리검사를 통해 자신의 성향을 파악했다면 계열을 선택할 때 도움을 받을 수 있다. 다만 적성이나 흥미는 항상 바뀔 수 있기 때문에 심리검사 결과만을 절대적으로 맹신하여 계열을 선택해서는 안 된다. 심리검사 자료를 참고하여 수업시간이나 동아리활동, 방과후활동, 봉사활동 등을 통해 자신이 좋아하고 잘할 수 있는 것들을 찾고 적극적으로 계발하는 것이 중요하다. 나아가 자신의 꿈과 직업관까지 차분히 생각한 후에 계열을 선택하는 것이 바람직하다.

2 실현 가능성과 미래에 대한 정보

계열 선택은 대학의 학과 선택뿐만 아니라 직업 선택과도 직접적으로 이어진다. 따라서 막연히 '재미있을 것 같다.' 또는 '한번 해 보고 싶다.'는 생각보다는 희망하는 진로를 실현할 가능성이 어느 정도인지 미리 생각하고 선택하는 것이 좋다. 시간의 흐름에 따라 자신이 희망하는 진로와 직업이 어떻게 변화할지도 함께 살펴보아야 한다. 직업은 항상 변화하기 때문에 현재 인기 직업이 없어질 수도 있고, 시대의 요구에 따라 새로운 직업이 생길 수도 있기 때문이다.

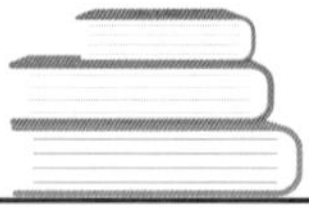

3 교과에 대한 흥미도와 성취도

계열을 선택할 때 교과에 대한 흥미도와 성취도 역시 중요한 고려 대상이다. 교과에 대한 흥미도와 성취도가 일치하는 학생이라면 계열 선택 시 큰 갈등이 없겠지만, 그렇지 않은 경우도 많다. 따라서 좋아하는 교과와 성적이 잘 나오는 교과 중 어느 쪽에 비중을 두고 계열을 선택할지도 신중하게 고민해야 한다.

또한 한두 과목의 성적보다는 국어, 영어, 수학, 사회, 과학 등 여러 교과의 성적을 함께 살펴보는 것이 좋다. 단순히 수학을 못 한다는 이유로 사회계열을 선택하는 것은 적절한 방법이 아니다. 경영, 경제, 회계, 법 등 사회계열의 많은 학과들이 수학적 사고력을 필요로 하기 때문이다.

4 원하는 직업

어릴 때부터 자신이 하고 싶은 일에 변함이 없는 학생이라면 그 일과 관련된 직업을 중심으로 계열을 선택할 수도 있다. 먼저 희망 직업에서 필요한 일을 수행할 때 어떤 학과가 도움이 되는지를 살펴보아야 한다. 예를 들어 방송에 관련한 일, PD나 기자 등이 꿈인 학생이 있다면 신문방송학과, 언론정보학과, 미디어커뮤니케이션학과 등이 속한 사회계열을 선택하는 것도 하나의 방법이 될 수 있다.

계열 선택은 자신의 미래의 삶과 직업을 결정하는 중요한 선택이다. 그렇기 때문에 자신에 대한 객관적인 파악, 실현 가능성과 미래에 대한 정보, 교과에 대한 흥미도와 성취도, 원하는 직업 등을 종합적으로 고려하여 신중하게 결정해야 한다. 이와 함께 평소 자신을 잘 알고 있는 선생님이나 부모님, 선배 등의 조언을 듣고 자신의 계열을 결정하는 것이 바람직하다.

02.

사회계열의 특징

사회계열 분류

우리가 살고 있는 사회에서는 여러 가지 복잡한 현상들이 일어나고 있다. 사회계열은 이러한 다양한 사회현상들을 연구하고, 이를 바탕으로 일정한 규칙을 발견하여 사람들이 자율적이고 능동적으로 살아갈 수 있도록 돕는 학문이다.
사회계열은 크게 경영·경제계열, 법학계열, 사회과학계열 등으로 나눌 수 있다.

경영·경제계열

가계, 기업, 정부가 당면한 문제에 대한 객관적인 이해를 바탕으로 합리적인 해결방안을 찾아 국가와 인류 사회에 이바지하는 학문이다. 경제학이 물자와 돈의 흐름을 분석하는 학문이라면 경영학은 기업의 상품과 정보, 인간 관리를 연구하는 학문이며, 회계학은 경영자에게 기업 경영에 유용한 경제적 정보를 제공하여 의사 결정 과정을 돕는 학문이다.

법학계열

법을 만들고 집행하며 개선하는 과정을 통해 우리 사회를 보다 올바른 사회, 정의로운 사회, 공정한 사회로 만들고자 하는 학문이다. 서로 다른 생각과 행동 방식을 지닌 사람들이 함께 살아가는 사회에서는 구성원들 간에 크고 작은 갈등과 다툼이 발생하게 된다. 사회를 구성하는 사람들이 조화롭게 살아가기 위해서는 지켜야 할 기준이 필요하고, 이러한 기준을 연구하는 학문이 법학이다.

사회과학계열

인간이 인간답게 살 수 있는 사회를 만들기 위해 애쓰는 학문으로, 역사학·철학·교육학·문학 등 인문학과도 깊은 관련을 맺고 있다. 사회학은 인간으로 구성된 인간 조직이 지니는 질서와 변화의 참 모습을 구조적·역사적·과학적으로 이해하여 보다 나은 미래 사회를 위한 대안을 모색한다. 정치외교학이나 행정학은 법률, 경제, 교육, 문화 등 다양한 분야를 아우르는 종합적인 학문으로, 인간의 삶을 풍요롭게 하는 것을 목표로 한다. 정치외교학이 국가와 민족, 사회와 집단의 생존과 번영에 대한 지식을 바탕으로 보다 나은 미래사회를 만들기 위한 학문이라면, 행정학은 바람직한 국가 경영을 위해 정부와 공공기관에 대해 연구하는 학문이라고 할 수 있다.

중계열	소계열
경영 · 경제	경영학, 경제학, 경영정보학, 무역·유통학, 광고홍보학, 관광학, 부동산, 금융·보험학, 회계·세무학
법학	법학
사회과학	심리학, 사회학, 정치외교학, 국제학, 아동·가족학, 사회복지학, 소비자·가정자원, 언론·방송·매체학, 도시·지역·지리학, 행정학, 문헌정보학, 군사·국방·안보학

사회계열에 필요한 적성

사회계열을 전공하려는 학생이라면 사회문제를 바라보는 현실적인 시각을 가지고 주체적으로 자신의 견해를 내세우는 자세를 가지는 것이 좋다. 사회계열은 사회의 여러 가지 문제들을 세심하게 바라보고, 사물 간의 관계를 논리적으로 파악하여 이성적 판단을 내려야 하는 학문이기 때문이다.

경영·경제계열

경제에 대한 정보를 해석하여 변화하는 세계 경제 질서에 적극적으로 대처하기 위해서 통계적인 감각과 순발력을 필요로 한다. 기업, 경영, 무역, 경제 동향에 관심이 있고 컴퓨터와 통계, 회계 등에 대한 지식이 있으면 도움이 된다. 또한 경제, 회계, 통계 등의 전공에서는 수학적인 계산력이 요구된다. 무역학과 경영학의 경우 외국어에 능통하면 큰 도움이 된다.

법학계열

사회, 인간, 문화 사이의 상호관계를 종합적으로 탐구해야 한다. 따라서 분석력, 이해력, 비판력이 뛰어난 학생들이 적합하다. 이를 위해 평소 독서를 통해 사고력을 길러야 하며, 특히 방대한 양의 법률조항을 외워야 하므로 암기력과 기억력이 필수적이다. 또한 사회적 약자들을 따뜻하게 보살피는 사회를 만들겠다는 의지나 정의감도 필요하다. 정부와 공공기관에 대해 연구하는 학문이라고 할 수 있다.

사회과학계열

인간과 사회에 대한 지적 호기심이 필요하며 사회적 모순을 분석하고 올바른 사회를 만들겠다는 정의감, 리더십 등이 있으면 도움이 된다. 균형 잡힌 사고, 사회현상을 남다르게 이해할 수 있는 시각과 비판력이 있으면 좋다.

사회계열	필요한 적성
경영 · 경제	• 경제 관련 이론 및 제반 현상들을 이해하고 분석하는 능력 • 실제 상황에 적용·응용할 수 있는 능력 • 분석적 사고력, 신뢰성, 스트레스 대처 능력, 순발력, 통계적 감각
법학	• 설득과 주장이 필요하거나 계획성이 요구되는 일에 대한 관심 • 정치, 법, 국제 관계 등 다양한 현상들을 이해하고 탐구할 수 있는 능력 • 분석력, 이해력, 비판력, 정의감, 책임감, 진취적 성향
사회과학	• 인간과 사회에 대한 지적 호기심 • 인간의 삶의 질 향상과 올바른 사회를 만들 수 있는 서비스를 제공할 수 있는 능력 • 정의감, 타인에 대한 배려심, 리더십, 비판력, 자기통제력

사회계열의 대표적 학과와 직업

학과를 선택할 때는 보통 자신의 미래 희망직업을 염두에 두고 관련 전공을 선택하는 경우가 많다. 사회계열은 정치인, 경제인, 법률가, 언론인, 방송인 등 우리 사회를 이끌어가는 중심인물을 양성하는 곳이다. 공무원, 언론계, 공익단체, 사회단체, 기업체, 교육체, 여론조사기관, 연구기관 등 다양한 분야로의 진출이 가능하며, 노동연구소, 경영연구소, 경제연구소, 정책연구소, 통일연구소 등 사회 관련 연구소나 다양한 학계의 연구직으로 종사할 수도 있다.

사회계열에는 전통적으로 경영학과, 경제학과, 관광학과, 항공서비스학과, 금융정보학과, 무역학과, 법학과, 심리학과, 사회복지학과, 언론정보학과, 정치외교학과, 행정학과 등의 학과가 있다.

경영·경제계열

금융계, 기업체에서 중추적인 역할을 담당한다. 신문, 방송의 경제부문, 기업체의 무역 담당, 경영인으로 진출할 수 있고 자격증을 취득하여 공인회계사, 세무사, 변리사, 증권분석사, 경영지도사 등으로도 진출이 가능하다. 최근에는 일상생활의 서비스 및 사회 환경을 만들거나, 온라인 서버를 이용한 플랫폼이 많아지면서 e-비즈니스와 관련된 학과들도 신설되고 있다.

법학계열

급격한 사회 발전에 따라 법의 적용이 더욱 복잡해지면서 일반인들이 이해하기 힘든 법적 해석을 대신 할 수 있는 법전문가의 필요성은 더욱 커지고 있다. 높은 연봉의 전문직인 법조계 진출을 위한 법학과는 예나 지금이나 학생들이 선호하는 사회계열의 대표적인 학과이기도 하다. 법적 지식을 갖추면 법조계, 관계, 정계, 금융계, 언론계, 교육계, 실업계 등 다양한 분야로 진출할 수 있으며, 각종 고시나 공무원 시험 준비에도 더욱 유리하다.

사회과학계열

방송이나 미디어콘텐츠, 개인 방송들이 큰 인기를 끌면서 광고 기획이나 광고홍보학과, 방송문화 관련 학과들도 많은 인기를 끌고 있다. 또한 저출산 및 고령화의 영향으로 1인 가구 및 노인 인구가 급증하고 있는 사회 변화에 발맞추어 사회복지학과나 노인 관련 서비스학과, 인간 심리를 연구하는 심리학과 등의 전망도 좋아지고 있다. 이외에도 의료산업 발전에 따라 병원관리, 보건행정학 등의 경쟁률이 높아지고 있는 실정이다.

사회계열	관련 학과	진출 직업
경영 · 경제	경영학과, 관광경영학과, 국제경영학과, 농업경영학과, 병원경영학과, 부동산학과, 의료경영학과, 호텔경영학과, 호텔관광경영학과, 글로벌경영학과, 경제학과, 농업경제학과, 관광학과, 관광개발학과, 관광컨벤션학과, 항공관광학과, 항공운항학과, 광고홍보학과, 언론홍보학과, 금융보험학과, 세무학과, 세무회계학과, 회계학과, 응용통계학과, 무역학과, 국제통상학과 등	MIS전문가(경영정보시스템개발자), 경영컨설턴트, 공연기획자, 관세사, 광고기획자, 금융자산운용가, 기업인수합병전문가, 마케팅전문가, 보험계리사, 부동산컨설턴트, 세무사, 손해사정인, 스포츠마케터, 스포츠에이전트, 신용분석가, 외환딜러, 저작권에이전트, 증권중개인, 투자분석가(애널리스트), 헤드헌터, 홍보전문가, 행사기획자, 회의기획자, 회계사 등
법학	법학과	검사, 국회의원, 노무사, 법무사, 법률 관련 사무원(법무 법인, 특허사무소), 법무연구원, 변리사, 변호사, 사이버수사요원, 판사 등
사회과학	사회복지학과, 아동복지학과, 아동학과, 소비자아동학과, 청소년학과, 재활상담학과, 심리학과, 상담심리학과, 심리상담학과, 국제학과, 도시계획학과, 사회학과, 신문방송학과, 언론정보학과, 미디어커뮤니케이션학과, 외교학과, 정치외교학과, 군사학과, 경찰행정학과, 도시행정학과, 보건행정학과, 소방행정학과, 소방방재학과, 행정학과, 비서학과	여론조사전문가, 신문기자, 도시계획가, 도시설계가, 환경영향평가원, 환경컨설턴트, 감정평가사, 교도관, 경찰관, 심리전문가, 상담전문가, 놀이치료사, 미술치료사, 언어치료사, 웃음치료사, 이미지컨설턴트, 임상심리사, 직업상담사, 커리어코치, 외교관, 국회의원, 사회복지사 등

03.

사회계열 추천 선택과목

2025 고교학점제 시행

2025학년도부터 전국의 고등학교에서 고교학점제가 시행된다. 고교학점제란 학생들이 자신의 진로와 관련이 깊은 다양한 과목을 선택·이수하고 누적 학점이 기준에 도달할 경우 졸업을 할 수 있는 제도이다. 앞으로 각 대학은 학생들이 지원하고자 하는 전공과 관련이 있는 교과를 선택해서 배웠는지를 중요한 평가요소로 삼는다.

학생들은 국어, 수학, 영어, 사회, 과학 교과와 같은 공통과목을 통해 기초 소양을 함양한 이후, 선택과목을 통해 개개인의 적성과 진로에 따라 맞춤형으로 교육을 받을 수 있다. 선택과목은 다시 일반선택과목과 진로선택과목으로 구분된다.

일반선택과목은 고등학교 단계에서 필요한 각 교과별 학문에 대한 기본적 이해를 바탕으로 한 과목이고, 진로선택과목은 교과 융합 학습, 진로 안내학습, 교과별 심화학습, 실생활 체험학습 등이 가능한 과목으로 구성되었다. 또한 전문교과 I 는 특수목적고(과학·체육·예술·외국어·국제계열)를 대상으로 하는 교과이며, 전문교과 II 는 특성화고를 대상으로 한 교과이다.

2015 개정 고등학교 교육과정 편제구조는 아래와 같다.

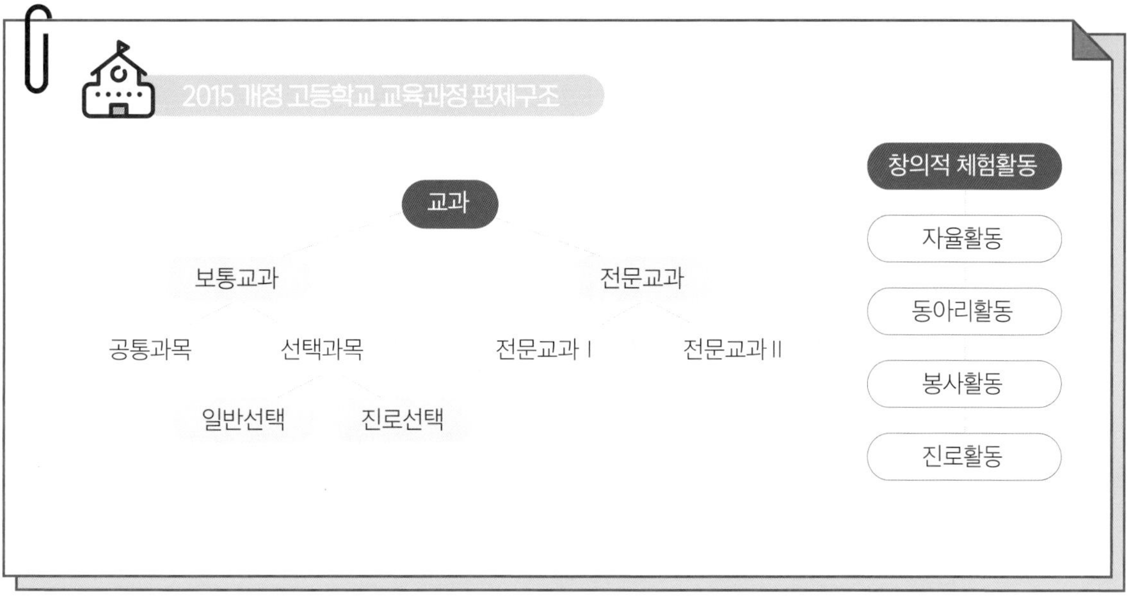

만약 경영학과 진학을 희망하는 학생이라면 아래와 같은 과목을 선택할 수 있다.

경영학과 선택과목 예시

일반선택
- 기초: 미적분, 확률과 통계
- 탐구: 경제, 세계지리, 정치와 법, 사회·문화
- 체육·예술
- 생활·교양

진로선택
- 기초: 기하, 경제 수학, 수학과제 탐구, 실용 영어, 영어권 문화
- 탐구: 사회문제 탐구
- 체육·예술: 제2외국어 II, 창의 경영, 지식 재산 일반
- 생활·교양

사회계열을 지원하고자 하는 학생들은 각 해당 학과별로 조금씩의 차이는 있지만, 일반적으로 다음과 같은 과목을 선택하면 대학 진학 시에 도움이 된다.

사회계열	추천 일반선택과목	추천 진로선택과목
경영 · 경제	미적분, 확률과 통계, 세계사, 정치와 법, 사회·문화, 생활과 윤리, 윤리와 사상, 한문 I, 철학, 논리학, 심리학, 교육학, 논술	기하, 경제 수학, 사회문제 탐구, 여행지리, 음악 감상과 비평, 미술 감상과 비평, 제2외국어 II (선택)
법학	확률과 통계, 세계사, 동아시아사, 경제, 정치와 법, 사회·문화, 생활과 윤리, 윤리와 사상, 정보, 한문 I, 철학, 논리학, 심리학, 교육학, 논술	고전 읽기, 사회문제 탐구, 여행지리, 고전과 윤리, 과학사, 생활과 과학, 융합과학, 음악 감상과 비평, 미술 감상과 비평, 가정 과학, 지식 재산 일반, 한문 II
사회과학	한국지리, 세계지리, 세계사, 동아시아사, 사회·문화, 정치와 법, 생활과 윤리, 윤리와 사상, 물리학, 미술, 음악, 기술·가정, 정보, 제2외국어 I, 한문 I, 철학, 논리학, 심리학, 교육학, 종교학, 보건, 환경, 실용 경제, 논술	사회문제 탐구, 고전과 윤리, 과학사, 생활과 과학, 음악 감상과 비평, 미술 감상과 비평, 가정 과학, 지식 재산 일반, 제2외국어 II, 한문 II

04.

사회계열 진출 경로

사회계열은 사회의 모든 현상을 과학적이고 체계적으로 연구하는 경험과학에 바탕을 둔다. 따라서 개인 혹은 국가의 지속적인 발전을 위해 사회 변화를 분석하고 대안을 제시할 수 있는 기본적인 소양을 기르는 것을 목표로 인간 생활의 다양한 측면과 관련된 기초 학문을 교육하고 연구한다.

사회계열 진학을 희망하는 학생은 사회의 여러 현상에 관해 관심이 있어야 한다. 인간과 사회를 과학적으로 탐구하는 분야이기에 합리적인 사고방식이 필요하며, 이를 논리적으로 표현할 수 있는 능력도 필요하다. 또한 사회 변화를 빠르게 파악하고 이에 대응할 수 있는 분석력과 적응력을 갖추면 도움이 된다. 사회 제반 현상에 대한 이해나 조사를 위해 수학이나 통계 교과에 대한 소질과 흥미도 필요하다.

진로 로드맵이란?

: 자신의 미래에 대한 진로 목표와 방향을 제시해 주는 인생 계획표라고 할 수 있다.

진로 로드맵을 구체적으로 계획하기 전에 제일 먼저 해야 하는 것은 자신의 목표를 구체화하는 것이다. 사회계열에 해당하는 직업에 필요한 적성과 흥미, 관련 직업, 진출 방법 등과 각 학과의 특징 등을 살펴보면서 아래의 예와 같이 구체화해하고 각 시기별 목표와 해야 할 일, 필요한 준비 사항 등을 꼼꼼하게 작성하는 것이 좋다.

프로파일러 진출 경로

흥미유형
- 실재형
- 탐구형

관련 기관
- 국립과학수사연구원
- 경찰청 과학수사센터
- 경찰서 과학수사계

관련 교과
- 국어
- 영어
- 사회/사회·문화
- 심리학
- 기술·가정
- 정보

준비방법
- 영어 및 컴퓨터 관련 역량 익히기
- 심리연구 및 컴퓨터 관련 동아리활동
- 경찰서 등 학과탐방활동
- 프로파일러 인터뷰
- 프로파일러 직업체험활동
- 정보 분야 교내외 대회 참여

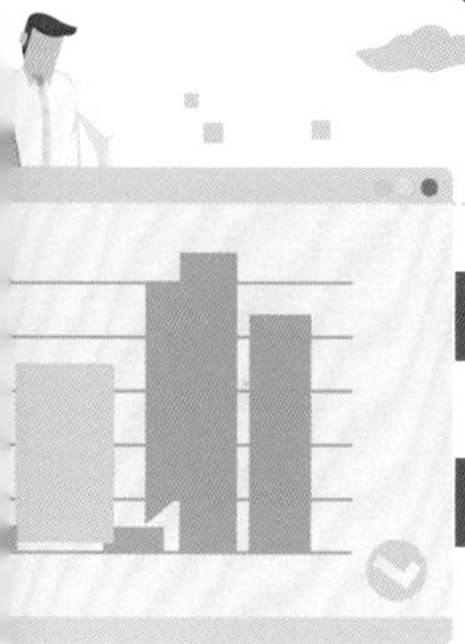

관련 학과
- 심리학
- 사회학
- 범죄심리학

관련 자격
- 일반심리사
- 범죄심리분석사

적성 및 흥미
- 정의감
- 책임감
- 인내심
- 사고력
- 유연한 사고
- 외국어능력
- 컴퓨터 능력

관련 직업
- 과학수사원
- 유전자감식연구원
- 범죄심리학자
- 범죄심리연구원
- 피해자전문상담사
- 심리학 교수

학생부 바이블
사회계열

PART.2 사회계열 맞춤형 학생부 관리

CHAPTER

01.

학생부종합전형 바로 알기

대학 입시 바로 알기

현행 대학 입시는 크게 '정시'와 '수시'로 나누어진다. 수능 성적을 중심으로 학생들을 선발하는 것이 정시라면, 수시는 학생부종합전형, 학생부교과전형, 기회균등전형, 논술전형, 실기전형, 적성고사 등 크게 6개 전형으로 이루어져 있다.

일반적으로 선발 인원이 가장 많은 전형은 전국 대학 기준으로 학생부교과전형-학생부종합전형-수능위주전형-논술위주전형 순이지만, 서울 주요 대학을 기준으로 한다면 학생부종합전형-수능위주전형-논술위주전형-학생부교과전형으로 보여진다. 2022학년도 이후 대입부터 정시의 비중이 40%까지 확대된다고 하더라도 여전히 수시 선발 인원이 정시보다 많고, 그중에서도 학생부종합전형의 비중이 가장 높다. 따라서 수시와 정시는 반드시 함께 준비해야 한다. 수시와 정시를 함께 준비하면 최대 9개의 대학에 지원할 수 있는데, 내신이 낮다는 이유로 미리 수시를 포기해버린다면 자신에게 주어진 기회를 제대로 활용하지 못하게 되는 격이 된다. 현행 대입전형을 알기 쉽게 표로 정리하면 다음과 같다.

대입전형 (2022학년도 기준)

정시		수능성적위주, 일부 학교는 내신 반영(10%이하)	최대 3개 대학 지원 가능 (가·나·다군 각각 1개 학교)
수시	학생부종합전형	내신 성적, 학교생활기록부, 면접	서울 주요 15개 대학 기준 가장 많은 선발인원
	학생부교과전형	내신 성적 중심, 서류 평가(일부 대학)	전국 대학 기준 가장 많은 선발인원
	기회균등전형	학교생활기록부, 자기소개서, 면접	농어촌, 국가유공자의 자녀, 다문화가정, 새터민 학생, 장애인 학생 등에 한해 실시
	논술전형	논술시험(각 대학 자체적으로 실시)	선발인원 적고 지원자 많아 매우 높은 경쟁률
	실기전형	예체능계열에 한해 실시	음악, 미술, 체육 전공

√CHECK 논술전형 : 2021학년도부터 폐지 유도

개편되는 대학입학제도

학생부종합전형의 전신은 입학사정관제이다. 입학사정관전형에서는 수능, 내신과 같은 객관적인 점수는 최소한으로 반영되었고, 학생의 '성장 가능성'과 같은 주관적인 판단이 합격 여부를 결정짓는 중요 요인이었다. 따라서 리더십, 봉사활동, 외부 수상실적, 어학성적, 특이한 경력, 전공 관련 스펙(Specification) 등이 중요한 선발 기준이었다.

그러나 이러한 내용은 지나친 스펙 경쟁과 외부 활동의 과열이라는 부작용을 낳았다. 이러한 상황의 개선을 위해 2013년부터는 학교생활의 충실성, 점수로만 평가할 수 없는 개인의 종합적인 영역을 정성적으로 평가하기 위한 학생부종합전형으로 바뀌었다. 이후 외부 활동이나 외부 수상경력, 외국어 성적, 부모의 사회경제적 지위를 암시하는 내용 등의 입력이 금지되기는 했지만 동아리활동, 학생자치회활동, 봉사활동, 자기소개서, 소논문, 교내 경시대회 등을 모두 반영하였기 때문에 여전히 금수저 특혜 논란이 있었다.

2010년대 후반, 대입전형의 중심이 된 학생부종합전형에 대한 다양한 불신들이 쌓여 개선에 대한 요구가 늘어났다. 이에 정부는 이러한 불신을 해소하고 대입전형 간 불균형을 개선하기 위해 학생부종합전형의 실태 조사를 진행하였다. 그리고 2019년 11월 22일, 대입전형의 공정성과 투명성을 더욱 강화하기 위해 <2020학년도 대학입학제도 개편방안>에 더하여 <대입제도 공정성 강화 방안>을 발표했다. 이에 따라 부모 배경, 사교육 등 외부 요인이 대입에 미치는 영향을 차단하고자 학교생활기록부와 자기소개서의 기재항목 및 대입 반영 사항을 축소하였다. 주요 내용으로는 사회통합전형 도입으로 사회적 배려대상자 선발을 10% 이상 의무화, 지역균형 선발을 10% 이상으로 할 것으로 권고했다. 또한 정시의 비중이 확대되고 학생부종합전형에서 외부 요인이 개입될 수 있는 항목들의 기록이 축소되거나 금지된다.

대입제도 개편 방안 비교표

	2021학년도	2022학년도 이후
수능위주전형 비율	비율 확대 유도	비율 40% 이상
수능 최저 학력 기준	대학자율(선발방법 취지 고려)	
수능 절대평가	영어, 한국사	영어, 한국사, 제2외국어/한문
수능 EBS 연계율	70% 영어 일부 간접연계	50% 간접연계 확대
면접·구술고사	대학자율(최소화 유도)	
논술전형	단계적 폐지	
적성고사	대학자율(최소화 유도)	폐지

*2022학년도 대학입학제도 개편방안 및 고교교육 혁신방향 (교육부, 2018)

'공정성'과 '투명성'을 강화하는 학생부종합전형

학생부종합전형이란?

: 입학사정관 등이 참여하여 학교생활기록부를 중심으로 자기소개서, 추천서, 면접 등을 통해 학생을 종합평가하는 전형이다.

따라서 학생들을 교과등급, 수능 성적 등과 같이 정량적 요소로만 평가하지 않는다. 성적만으로는 서로 다른 환경에서 성장한 지원자들의 학업 동기, 열정, 발전 가능성 등의 다양한 능력 및 잠재력을 확인하는 것이 불가능하기 때문이다. 학생부종합전형은 '지식을 정확히 알고 있는가?'보다는 '지식을 얼마나 잘 활용할 수 있는가?'에 중점을 두는 전형이라고 할 수 있다.

학생부종합전형의 도입은 학교 현장에 긍정적인 변화를 불러왔다. 성적만을 강조하여 점수로 줄 세우기 급급했던 학교들은 다양한 활동과 체험을 통해 학생들이 자신의 적성을 찾고 진로를 탐색하는 것의 중요성을 깨닫게 되었다. 그런데 그 이면에는 내신과 관련된 입시 비리, 실적을 위한 학교생활기록부 조작, 실적 부풀리기, 사교육을 활용한 학교생활기록부 및 자기소개서 컨설팅 등과 같은 문제점들이 여전히 존재했다. 이러한 문제점을 해결하기 위해서 2019년 교육부는 대입전형의 공정성과 투명성을 더욱 강화하는 대입제도 개편안을 발표했고, 이에 따라 학생부종합전형에도 많은 변화가 나타나게 되었다.

앞서 살핀 것처럼 이번 개편안의 중점은 '공정성'과 '투명성'이다. 학생이 외부의 도움 없이 교내에서 스스로 하는 활동을 더욱 중요시하겠다는 것이다.

2022~2023학년도는 이미 발표된 '대학입학제도 개편방안'에 따라 학생부종합전형의 공정성 강화 방안이 시행된다. 2024학년도 이후부터는 대입전형자료가 공정하게 기록될 수 있도록 부모 배경이나 사교육 등과 같은 외부 요인을 차단하고 학교와 교원의 책무성을 강화한다. 구체적인 내용을 다시 한번 정리하면 소논문의 기재를 금지하고, 교내 수상경력과 자율동아리 기재에 제한을 두게 된다. 또한 자기소개서의 문항과 글자수를 축소(2024학년도부터는 완전 폐지)하고, 교사 추천서가 폐지된다. 또한 사회적 배려대상자 선발 10% 이상 의무화, 수도권 대학 대상 지역균등 선발 10% 이상 등을 권고했다. 이에 따라 사회적 배려대상자의 기회 확대와 지역 균형 발전을 위한 사회통합전형 등이 시행될 예정이다. 여기에 발맞추어 서울대를 비롯한 16개 대학이 2022학년도까지 정시 비중을 40%로 확대하고, 학교생활기록부 비교과 영역(창의적 체험활동, 행동발달 특성, 동아리활동, 봉사활동, 독서활동 등)의 기록을 축소하며, 논술위주전형과 어학·글로벌 등 특기자전형의 폐지를 적극 검토하겠다는 내용을 발표했다.

이런 내용들을 종합하면, 학생부종합전형에서 부모의 배경과 사교육 등의 영향을 받을 수 있는 비교과 영역의 기재가 대폭 축소되거나 금지된다는 것을 알 수 있다. 이것은 학교생활기록부 비교과 영역들의 기재가 축소·폐지되고 정규교육과정 안에서 이루어지는 교육활동, 즉 수업시간에 이루어지는 여러 가지 활동이나 수행평가, 주제탐구 같은 교과 연계 활동의 중요성은 더욱 커진다는 것으로 해석할 수 있다. 또한 그동안 대학이 고등학교의 학업 역량 수준을 차별적으로 평가하기 위해 쓰였던 자료인 고교 프로파일이 전면적으로 폐지됨으로써 고교 정보 블라인드가 확대되고 외부공공사정관들이 평가에 참여하게 된다.

대입전형 공정화 방안 추진 로드맵

과제 \ 전형연도	2021학년도	2022학년도	2023학년도	2024학년도 이후
❶ 학교생활기록부 비교과 영역 축소	기재금지사항 검증 강화	학교생활기록부 기재항목 축소 (소논문 기재금지, 수상경력 기재 제한, 자율동아리 기재 제한 등)		정규교과 외 비교과활동 대입 반영 폐지
❷ 자기소개서 및 교사추천서	기재금지사항 검증 강화 및 불이익 조치 철저	자기소개서 개선 (문항 및 글자수 축소)		자기소개서 폐지
		교사추천서 폐지		
❸ 학생부종합전형 운영의 투명성 강화	▶ 고교정보 블라인드 확대(면접→서류+면접) 및 고교 프로파일 전면 폐지 ▶ 평가기준 공개 양식 개발 및 대입정보공개 강화 및 외부공공사정관의 평가 참여 ▶ 퇴직입학사정관 취업제한 규정 위반 시 제재 규정 신설 ▶ 전형유형별 고교유형 및 지역별 선발결과, 신입생의 국가장학금 소득 구간별 수혜율 등 정보공시 확대 ▶ 학생부종합전형 운영 가이드라인 내실화			
❹ 학생부종합전형 운영의 전문성 강화	▶ 입학사정관 수 등 정보공시, 입학사정관 공통교육과정 개발 ▶ 입학사정관 교육시간 강화 : 신임, 경력 모두 40시간			
❺ 정시 수능위주 전형 확대		16개 대학 수능 40% 이상 ('22학년도 조기달성유도)		16개 대학 수능 40% 이상
❻ 사회통합전형 도입·의무화	· 사회통합전형 법적근거마련 · 재정지원 연계로 확대	재정지원과 연계 (사회적 배려대상자 선발 10% 이상 의무화 및 지역균형 선발 10% 이상 권고)		
❼ 특기자 및 논술전형 폐지	▶ 재정지원사업과 연계하여 폐지 유도			

*대입제도 공정화 강화 방안(교육부, 2019)

1 학생부종합전형의 특징

학생부종합전형은 지원자가 제출한 서류를 바탕으로 학업역량, 진로역량, 공동체역량 등의 항목을 평가하는 것으로, 주로 **단계별 전형 방법**으로 선발하는 경우가 많다.

대부분 1단계에서 서류로 일정 배수를 선발하고 2단계에서는 서류 또는 면접으로 평가를 진행한다. 일부 대학의 경우 면접 없이 서류 100%로 선발하거나 서류와 면접을 합산한 일괄합산 전형으로 선발하기도 한다.
면접의 경우 대학별로 '서류 기반 확인 면접'과 '제시문 기반 면접'을 실시한다. 대부분 '서류 기반 확인 면접'을 실시하는데 서류평가항목과 같이 면접평가항목도 제시되어 해당 평가항목을 기반으로 전공적합성, 발전가능성, 인성 및 사회성을 평가한다.

2019 대입제도 공정성 강화 방안으로, 2021학년도 대입부터 학생부종합전형에서 블라인드 서류평가가 이루어졌다. 블라인드 서류평가란 대학이 학교생활기록부를 평가하는 과정에서 학교명, 개인정보(성명, 주민등록번호)가 노출되지 않도록 학교생활기록부를 블라인드 처리하는 것이다. 면접 평가 시에도 마찬가지로 블라인드 평가가 진행된다.

TIP

학생부종합전형 블라인드 서류 평가 항목

학교생활기록부 항목	기본 항목
인적사항	학교코드, 수험생 이름, 주민번호 등
학적사항	중·고등학교명(전·출입여부는 기록)
행동특성 및 종합의견	고교명이 기재된 모든 사항 등
수상경력, 창의적체험활동, 봉사활동, 교과학습발달상황	고교명이 기재된 모든 사항, 부모 및 친인척 정보 등

*2022학년도 대입전형의 이해와 대비(서울특별시교육청교육연구정보원, 2021)

또한 수능 최저학력기준을 적용하는 대학이 있음에 유의해야 한다. 수능 최저학력기준을 적용하는 대학에 지원하는 경우 가장 중요한 기준이 수능 최저학력기준 충족 여부가 될 수도 있기 때문이다. 학생부종합전형에서 서류평가항목은 학업 역량, 전공(계열)적합성, 인성, 발전가능성 등을 종합평가하는 것이 일반적이다. 그러나 대학마다 서로 매우 유사하면서도 다른 평가요소와 평가기준을 가지고 선택적으로 활용하기 때문에 지원자는 준비에 더 많은 고민이 생길 수밖에 없다. 일반적으로 대부분의 대학은 다음과 같은 학생들을 높이 평가한다.

CHECK

하나의 대학에 2개 이상의 학생부종합전형이 있을 수 있다. 이 경우, 평가요소와 반영 비율이 전형별로 다를 수도 있으므로 각 대학별 학생부종합전형 안내서를 반드시 참고하는 것이 좋다.

" 학생부종합전형의 가장 중요한 평가요소는 무엇일까? "

그것은 학교 교육과정 속 의미 있는 교내 활동과 교과연계 활동를 중심으로, 학생들이 지적 호기심을 충분히 발휘하여 얼마나 성장하였는가를 보는 것이다. 수치화된 내용보다는 '각자가 처한 환경 속에서 어떤 노력을 하고, 그 과정에서 무엇을 배웠는가?'에 평가의 초점을 둔다.

예를 들자면 A학생은 교내 대회에 나갔으나 수상하지 못했다. 그러나 A학생이 대회를 스스로 준비하는 과정에서 최선의 노력을 하여 자신의 성장과 발전에 의미가 있었고, 이와 같은 내용이 학교생활기록부에 잘 기록되어 있다면 충분히 좋은 평가를 받을 수 있다. 봉사활동도 마찬가지이다. 단순히 얼마나 많은 시간을 봉사했는지가 중요한 것이 아니라 진정성 있는 태도로 꾸준하게 봉사하였는지, 이 과정에서 어떤 성장을 했는지가 중요하다.

내신 2등급과 2.5등급이 있다면 교과전형에서는 당연히 2등급의 학생이 좋은 평가를 받겠지만 학생부종합전형에서는 알 수 없다. 학생부종합전형에서는 비록 수치상의 성적은 좀 떨어지더라도 이수한 과목의 내용, 수강자수, 교육환경과 여건 등을 종합적으로 고려하고, 비교과 영역을 비교하여 학생의 발전가능성과 인성, 전공적합성 등을 더욱 의미있게 바라보기 때문이다. 결국 학생부종합전형은 정량화된 결과보다는 점수의 이면에 있는 동기나 과정을 중시하는 평가방식이라고 볼 수 있다.

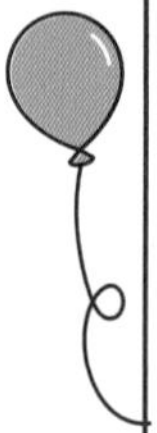

최근 대학은 학생부종합전형에서 학업역량 진로역량 공동체역량 등을 종합적으로 평가하여 학생들을 평가하겠다는 발표를 했다. 대학은 기본적으로 학업 역량이 뛰어난 학생을 선발하기를 원한다. 이 때문에 내신 성적만으로 대입이 결정되는 학생부교과전형에서는 대부분의 대학이 수능 최저학력기준을 두어 고교 간 학업 수준 차를 보완하고 있다. 그러나 학생부종합전형에서는 다르다. 당장의 학업 성적은 기대 수준을 충족하지 못하더라도 미래의 발전가능성이 충분한 학생을 선발한다. 성적이 꾸준히 상승하고 있는 학생의 경우에는 해당 항목에서 높은 평가를 받을 수 있다.

앞으로의 학생부종합전형은 기존에 비해 학생들이 준비하기가 좀 더 수월해질 것으로 보인다. 수상경력, 자율동아리, 자기소개서 등 비교과의 많은 부분이 축소되거나 폐지될 예정이기 때문이다. 그럼에도 불구하고 학생부종합전형은 오랜 시간 인내심을 가지고 준비해야 한다. 학년별로 필요한 사항이 무엇인지 미리 숙지하고, 학생부종합전형에 따른 자신만의 전략을 세우는 것이 도움이 된다. 고등학교 1학년이 되면 대학 전공을 위한 선택과목을 결정해야 하고, 비중이 늘어난 내신준비에 만전을 기해야 한다.

2015 개정교육과정으로 학생들의 과목선택권이 확대됨에 따라 자신의 진로와 연계된 과목을 선택할 경우, 전공에 대한 관심과 이해 영역에서 높은 평가를 받을 수 있다. 또한 학교에서 개설하기 어려운 심화교과나 전문교과목을 공동교육과정으로 이수한 경우에도 '자기주도성'이나 '학업의지'와 연결하여 좋은 평가를 받을 수 있을 것으로 보인다.

학생부종합전형으로 대입을 준비할 때에도 내신 성적은 무엇보다도 중요하다. 내신은 학교 성적뿐만 아니라 교과별 세부능력 및 특기사항(이하 교과세특)에도 포함된다. 교과세특은 학교생활기록부 전체 영역 중 가장 중요한 항목으로 입학사정관들은 교과세특에 기재된 내용을 바탕으로 학생의 실력과 학업에 대한 태도 등을 파악한다. 교과세특을 잘 받기 위해서는 수행평가에 신경을 써야 한다. 수행평가는 교과세특에 기재될 수 있는 최고의 핵심 소재다. 특정 주제에 대해 발표하거나 보고서를 제출하는 수행평가가 있을 때는 자신의 뛰어난 역량이 드러날 수 있도록 최선을 다해 준비해야 한다. 비교과 영역도 중요하다. 자신이 희망하는 전공에 대해 미리 고민한 후, 전공에 적합한 역량을 키워주는 동아리활동, 봉사활동, 진로활동을 한다면 일관성 있게 준비할 수 있다.

각 대학마다 평가의 항목과 배점에는 차이가 있다. 따라서 자신이 지원하고자 하는 대학의 평가기준을 미리 파악하고 학생부종합전형을 준비한다면 더 효율적인 전략을 세울 수 있다.

서울대 학생부종합전형 평가기준

평가내용 | 학업능력

평가기준

폭넓은 지식을 깊이 있게 갖추고 활용할 수 있는 학생인가?

- 교과 관련 성취수준(정성평가)
- 학업 관련 교내 수상
- 세부능력 및 특기사항(교과별 학습활동 및 과제 수행 내용)
- 창의적 체험활동(학업 관련 동아리활동, 탐구활동)
- 행동특성 및 종합의견

평가내용 | 학업태도

평가기준

스스로 알고자 하며 적극적으로 배우려는 학생인가?

- 세부능력 및 특기사항(수업참여도 및 태도 등)
- 학업 관련 교내 수상(교내대회 참여도 및 노력)
- 창의적 체험활동(동아리활동, 진로 관련 활동 참여도 및 노력, 탐구활동)
- 행동특성 및 종합의견

평가내용 | 학업 외 소양

평가기준

바른 인성과 공동체 의식을 지니고 나눔을 실천할 수 있는 학생인가?

- 창의적 체험활동
  (동아리 및 자율활동에서 드러난 리더십, 책임감, 공동체의식, 봉사활동에서 나타난 배려심 등)
- 학업 외 교내 수상
- 행동특성 및 종합의견
- 출결상황

1 학업능력

서울대학교가 학생 선발에서 가장 중요하게 고려하는 부분으로, 학생의 학업능력은 반드시 교과성적과 일치하지 않는다. 교과성적이 학생들의 학업능력을 판단할 수 있는 유일한 자료가 아니기 때문이다. 학생들의 학업능력은 교과 공부뿐 아니라 교내 탐구활동, 교내대회, 독서활동, 동아리활동 등을 통해서도 향상될 수 있다. 입학사정관은 학교생활기록부의 교과학습발달상황, 세부능력 및 특기사항, 창의적 체험활동상황(학업 관련 활동), 학업 관련 탐구활동, 독서활동상황, 행동특성 및 종합의견, 자기소개서 등을 통해서 학생의 학업능력을 판단하는 데 필요한 정보를 얻을 수 있다.

평가내용

- 교과 및 학업 활동 내용에서 우수한 학업 역량이 고르게 나타나는가?
- 단순 암기 수준 이상의 깊이 있는 이해를 바탕으로 한 지식을 갖추었는가?
- 의미 있는 학습경험은 무엇이었는가?
- 자신의 성취를 점검하고 더 필요한 공부가 무엇인지 고민한 경험이 있는가?
- 습득한 지식을 적절히 활용한 경험이 있는가?
- 노력을 통해 성장한 모습은 어떠한가?

2 학업태도

서울대학교는 학생들의 자기주도적 학습경험에서 나타나는 지적 호기심, 탐구 의지, 학업에 대한 적극성 및 진취성, 진로탐색의지 등을 고려하여 평가한다. 이와 같은 특성은 교과학습뿐 아니라 관심분야에 대한 적극적인 독서활동, 글쓰기, 탐구활동, 실험 수업, 교내대회 참여 등 다양한 학습경험에서 드러난다. 입학사정관은 학교생활기록부의 교과학습발달상황, 학업 관련 수상경력, 창의적 체험활동상황, 독서활동상황, 행동특성 및 종합의견, 그리고 자기소개서를 통해서 학생이 어떤 학업태도를 보여 왔는지 살펴본다. 예를 들어 수업에서 지원자가 학업 기회를 찾아 적극적이고 지속적으로 도전했던 내용이 보인다면 지원자의 학업태도를 긍정적으로 평가할 수 있다.

평가내용

- 열심히 공부한 이유는 무엇인가?
- 지식을 쌓기 위한 과정은 어떠하였는가?
- 적극적이며 지속적으로 노력하였는가?
- 학교생활 전반에 적극적으로 참여하였는가?
- 스스로 알고자 하는 호기심과 도전적 태도가 나타나는가?
- 자기주도적으로 학습하였는가?

3 학업 외 소양

서울대학교는 학교생활에 나타난 지원자의 성품뿐 아니라 리더십, 공동체 의식, 책임감, 사회 구성원으로서의 기여 가능성 등을 평가한다. 입학사정관은 학교생활기록부의 학업 외 교내 수상, 창의적 체험활동상황, 봉사활동, 행동특성 및 종합의견, 그리고 제출된 자기소개서를 통해 학생의 대인관계 및 인성 등 개인적 특성을 판단한다. 이때 학생의 개인적 특성을 경험의 유무나 활동의 양으로 판단하지 않는다. 예컨대 단순히 임원 활동 경력이 많은 학생을 리더십이 있다고 판단하지 않는다. 임원 활동의 횟수보다 맡은 역할과 활동 내용을 질적으로 판단하며, 봉사활동 역시 봉사활동의 양이 아닌 활동 내용과 학생에게 미친 영향을 중심으로 평가한다.

평가내용

- 바른 인성을 갖추려 노력하였는가?
- 학교생활을 통해 리더십을 발휘한 경험이 있는가?
- 공동체 의식을 지니고 있는가?
- 넓은 시야를 갖추기 위해 노력한 경험이 있는가?
- 학교생활에서 겪은 어려움은 무엇이며 이를 극복한 경험이 있는가?
- 사회적 약자를 배려하고 도움을 주고자 하는 마음이 있는가?

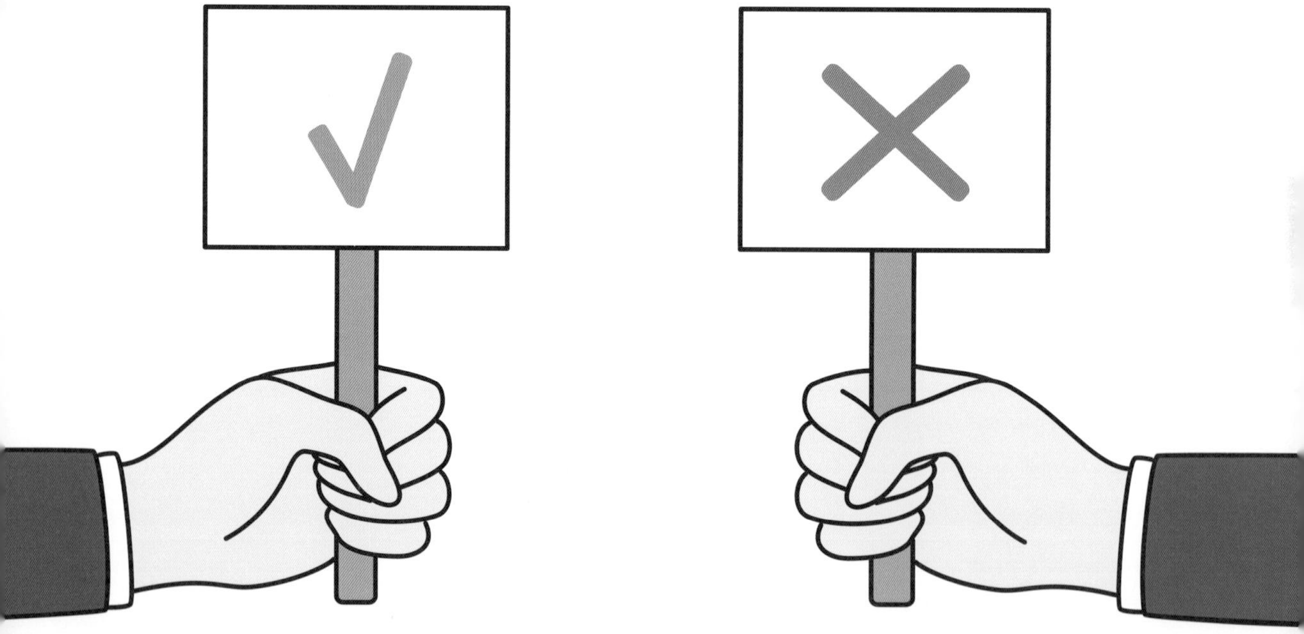

저자확인필요

주요 6개 대학의 서류평가기준과 평가지표

학생부종합전형을 준비하기 위해서는 자신이 지원하고자 하는 대학이 어떤 요소를 중요하게 평가하는지 알아야 한다. 다음은 건국대, 경희대, 연세대, 이화여대, 중앙대, 한국외대 등 6개 대학이 제시한 학생부종합전형 서류평가기준과 평가지표(2018)이다. 학업 역량, 전공적합성, 인성, 발전가능성의 평가기준과 각 기준에 해당하는 학교활동의 예를 살펴보도록 하자.

학생부종합전형 평가요소 및 평가항목 _예시

01 학업 역량

학업을 충실히 수행할 수 있는 기초 수학 능력

세부 평가 항목: 학업성취도, 학업태도와 학업의지, 탐구활동

02 전공적합성

지원전공(계열)과 관련된 분야에 대한 관심과 이해, 노력과 준비 정도

세부 평가 항목: 전공 관련 교과목 이수 및 성취도, 전공에 대한 관심과 이해, 전공 관련 활동과 경험

03 인성

공동체의 일원으로서 필요한 바람직한 사고와 행동

세부 평가 항목: 협업능력, 나눔과 배려, 소통능력, 도덕성, 성실성

04 발전가능성

현재의 상황이나 수준보다 질적으로 더 높은 단계로 향상될 가능성

세부 평가 항목: 자기주도성, 경험의 다양성, 리더십, 창의적 문제해결능력

1 학업 역량 평가기준

학업 역량은 학업을 충실히 수행할 수 있는 기초 수학 능력으로, 대학이 학생을 선발할 때 가장 중요하게 고려하는 요소이다. 대학은 이 역량을 통해 학생의 고등학교 시절과 대학 입학 후의 학업수행능력을 살펴볼 수 있다. 학업역량은 학업성취도, 학업태도와 학습의지, 탐구활동으로 나누어진다.

학업성취도

: 교과목의 석차등급 또는 원점수(평균/표준편차)를 활용해 선정한 학업능력 지표와 교과목 이수 현황, 노력 등을 기반으로 평가한 교과의 성취수준이나 학업적 발전의 정도

- 전체적인 교과성적은 다른 지원자에 비해 어느 정도인가?
- 학기별/학년별 성적은 고르게 유지되고 있는가?
- 학기별/학년별 성적은 상승/하락하고 있는가?
- 희망전공과 관련한 기본 과목은 어느 정도 이수하였는가?
- 희망전공과 관련해 도전적인 과제나 과목을 이수하기 위해 어떤 노력을 했는가?
- 과목별 이수자 수의 규모는 어느 정도인가?

학업태도와 학업의지

: 학업을 수행하고 학습을 해나가는 자발적인 의지와 태도, 학습자가 스스로 학습 목표를 설정하고 적절한 학습전략을 선택하여 계획을 수립, 실행하는 과정

- 새로운 지식을 획득하기 위해 자기주도적인 태도로 노력하고 있는가?
- 자발적인 성취동기와 목표의식을 가지고 넓고 깊게 학습하려는 의지와 열정이 있는가?
- 교과활동을 통해 지식의 폭을 확장하고 새로운 것을 창출하려는 노력을 하고 있는가?
- 교과수업에 적극적이고 집중력이 있으며 스스로 참여하고 이해하려는 태도와 열정을 보이는가?

탐구활동

: 어떤 대상에 대해 호기심을 가지고 깊고 폭넓게 탐구할 수 있는 능력

- 교과에서 이루어지고 있는 탐구활동에 적극적으로 참여하고 있는가?
- 각종 교과탐구활동을 통해 창의적인 결과물을 산출하고 있는가?
- 탐구활동에서 표출되는 학문에 대한 열의와 지적 관심을 가지고 있는가?
- 성공적인 학업생활을 위해 적극적인 탐구 의지와 호기심을 가지고 있는가?

*대입전형 표준화방안 연구 (건국대, 경희대, 연세대, 이화여대, 중앙대, 한국외대, 2018)

위의 표에서 알 수 있듯이 학업성취도는 성적이나 학업발전의 정도이다. 학생부종합전형에서는 등급, 원점수, 이수과목, 이수자수, 평균과 표준편차 등을 종합적으로 고려하여 학업성취도를 판단한다. 학업태도와 학업의지는 현재의 학업 역량을 갖기 위해 어떤 노력을 했는지가 중요하다.

탐구활동은 어떤 대상에 대해 호기심을 가지고 깊게 탐구하는 능력을 말한다. 수업시간, 동아리활동, 창의적 체험활동 등의 시간에 이루어지는 활동 중 의문이 들거나 더욱 알고 싶은 문제들을 스스로 찾아서 탐구하고 해결하는 자세가 중요하다.

다음은 학업 역량을 키워주는 학교활동 사례이다.

학업 역량을 키워주는 학교활동 사례

- 수업 중 관심 있는 내용을 스스로 심화학습하기
- 수업시간에 이해되지 않는 부분을 선생님께 질문하기
- 관심 있는 책을 읽고 과목 선생님께 감상문 제출하기
- 희망전공과 관련한 과목 수업을 열심히 듣고 진로 상담하기
- 자신의 진로와 관련된 교과 성적 올리기
- 수업 끝난 뒤 5분 동안 그날 배운 내용 복습하기
- 담당 과목 선생님과 의사소통 잘하기
- 계획을 세워 자기주도적 학습 실천하기
- 수행평가를 지필고사 이상으로 열심히 준비하기
- 나만의 공부법을 찾아 각 교과학습에 적용해보기
- 자신의 진로와 관련된 동아리에서 적극적으로 활동하기
- 최선을 다하는 끈기와 성실함 보이기
- 영어공부를 계획적으로 꾸준히 하기
- 수업 중 배운 내용을 다른 교과와 연결해 창의적으로 탐구하기
- 모둠수업에서 친구들과 협업하며 함께 성장하기

*대입제도 공정화 강화 방안(교육부, 2019)

2 전공적합성 평가기준

지원전공(계열)과 관련된 분야에 대한 관심과 이해 정도를 평가하는 것으로 대학 입학 후 전공 공부를 할 수 있는 자질을 말한다.

많은 대학에서 전공적합성을 평가하지만 일부는 학업 역량이나 발전가능성에 포함시키기도 하고, 아예 평가하지 않는 대학도 있다. 전공적합성은 전공 관련 교과목 이수 및 성취도, 전공에 대한 관심과 이해, 전공 관련 활동과 경험 항목으로 나누어진다.

전공 관련 교과목 이수 및 성취도

: 고교 교육과정에서 지원전공(계열)에 필요한 과목을 수강하고 취득한 학업성취의 수준

- 지원전공과 관련된 과목을 어느 정도 이수했는가?
- 지원전공과 관련해 스스로 선택해 수강한 과목은 얼마나 되는가?
- 지원전공과 관련된 교과성적이 우수한가?
  (이수단위, 수강자수, 원점수, 평균, 표준편차 참고)

전공에 대한 관심과 이해

: 지원전공(계열)에 대한 궁금증을 해결하기 위해 주의를 기울인 태도와 알고 있는 정도

- 지원전공에 대한 흥미와 관심을 가지고 있는가?
- 지원전공에 대해 올바르게 이해하고 있는가?
- 자신의 경험과 지원전공의 연관성을 설명할 수 있는가?

전공 관련 활동과 경험

: 지원전공(계열)에 대한 관심을 충족시키기 위해 노력한 과정과 배운 점

- 지원전공과 관련된 교과 관련 활동이 있는가?(세부능력 및 특기사항, 수상 등)
- 지원전공과 관련된 창의적 체험활동(자율/동아리/봉사/진로)이 있는가?
- 지원전공에 관련된 독서가 있는가? 적절한 수준인가?

*대입전형 표준화방안 연구 (건국대, 경희대, 연세대, 이화여대, 중앙대, 한국외대, 2018)

전공과목 교과목 이수 및 성취도는 전공 관련 과목의 학업성취도를 말한다. 지원전공과 관련된 과목을 어느 정도 이수했는지, 스스로 선택해서 수강한 과목은 얼마나 되는지도 살핀다. 국어국문학과 지원 희망자라고 한다면 '국어' 성적이 가장 중요하다.

전공에 대한 관심과 이해는 관련 과목만 이수했다고 좋은 평가를 받는 것은 아니다. 스스로의 관심과 호기심을 가지고 지원 계열에 대한 궁금증을 해결하기 위해 탐구했는지가 드러나야 한다. 또한 자신의 경험과 지원전공의 연관성을 설명할 수 있어야 한다. 전공 관련 활동과 경험에는 지원전공과 관련된 활동으로 수업시간이나 창의적 체험활동, 독서활동 등에서 지원전공에 대한 관심을 충족시키기 위해 노력한 과정과 배운 점이 나타나도록 해야 한다.

다음은 전공적합성을 키워주는 학교활동 사례이다.

전공적합성을 키워주는 학교활동 사례

· 지원전공과 관련 깊은 교과의 높은 성취도 유지하기
· 전공과목 관련 독서 후, 독후감 제출하기
· 전공 관련 선택과목 수강하기
· 모든 교과에서 희망전공과의 관련성 찾아 연결하기
· 지원전공 관련 대회나 행사에 적극 참여해 결과물 만들기
· 교내 신문이나 교지에 지원전공 관련 활동 및 학습경험 등 기고하기
· 전공 관련 정보(신문, 잡지, 방송) 스크랩하기
· 지원전공 관련 꿈노트를 만들어 매 학기 과목 선생님께 의견 구하기
· 지원학과에 진학한 대학 선배 인터뷰 후 진로 선생님께 제출하기
· 교내 행사에 전공 관련 활동을 기획해 참여하기
· 전공 관련 미드나 영화로 영어공부 후 선생님에게 조언 구하기
· 관심분야 관련 설문조사 후 교과활동 보고서 작성하기
· 생활 속 전공 관련 활동을 찾아 하기
· 전공 관련 봉사활동 꾸준히 성실하게 임하기

*대입전형 표준화방안 연구 (건국대, 경희대, 연세대, 이화여대, 중앙대, 한국외대, 2018)

3 인성 평가기준

공동체의 일원으로서 필요한 바람직한 사고와 행동을 말한다. 대학의 인성 평가 도입은 인재선발의 기준을 '알고 있는 지식의 양'보다는 실행할 수 있는 실제 능력으로서의 '역량 중심'평가로 전환하고 있음을 보여주고 있다. 인성 평가 항목에는 협업능력, 나눔과 배려, 소통능력, 도덕성, 성실성 등이 있다.

협업능력

학습과 단체활동과정에서 학생이 얼마나 적극적으로 돕고 함께 행동하는가를 보고 판단한다.

나눔과 배려

미래 인재가 갖춰야 할 필수 역량 중의 하나로 나누고 배려할 줄 아는 태도를 말한다. 여기에서 중요한 것은 지속성이 있어야 한다는 것이다. 일회성으로 그치는 봉사활동은 나눔과 배려를 실천했다고 볼 수 없다.

소통능력

모둠활동이나 단체활동에서 나와 다른 친구들의 의견을 열린 마음으로 적극적으로 받아들이는 태도를 보일 때 인정받을 수 있다.

도덕성

자신에게 손해가 생길 줄 알면서도 규칙을 준수하거나 규칙을 어긴 사실을 인정하고 개선하기 위해 노력하는 태도가 드러나야 한다.

협업능력

: 공동체의 목표를 달성하기 위해 상호신뢰를 바탕으로 함께 돕고 생활할 수 있는 역량

- 자발적인 협력을 통하여 공동의 과제를 완성한 경험이 자주 나타나는가?
- 협력이 부족한 상황에서 사람들을 설득하여 협동을 이끌어낸 경험을 가지고 있는가?
- 공동과제나 단체활동을 즐겨하고, 구성원들로부터 좋은 동료로 인정받고 있는가?

나눔과 배려

: 상대방을 존중하고 이해하여 원만한 관계를 형성하며, 타인을 위하여 기꺼이 나누어 주고자 하는 태도와 행동

- 타인을 위하여 자신의 것을 나누고자 한 구체적 경험이 지속적으로 나타나는가?
- 봉사활동 등을 통하여 나눔을 생활화하고자 하는 경험이 지속적으로 나타나는가?
- 나와 다른 생각을 가진 상대방의 입장을 이해하고 존중하는 노력을 기울이고 있는가?
- 학교생활에서 타인을 배려한 본보기로 언급되거나 모범이 된 사례가 있는가?

소통능력

: 상대방의 의견을 경청하고 공감할 수 있으며, 자신의 정보와 생각을 효과적으로 전달할 수 있는 역량

- 공동과제 수행이나 모둠활동, 단체활동 등에서 타인의 의견을 경청하고, 상대방의 관심사항과 요구를 공감적으로 이해하고 있는가?
- 수업이나 교과 외 활동 등에서 자신의 의견을 효과적으로 표현하고 있는가?
- 자신의 생각이나 의견을 논리적·체계적으로 기술하는 경험이 나타나는가?
- 새로운 지식이나 사고방식에 대하여 열린 마음으로 적극적으로 받아들이고 있는가?

도덕성

: 공동체의 기본 윤리와 원칙에 따라 행동하고, 부정 또는 부당한 행동을 하지 않는 태도

- 자신이 속한 집단이 정한 규칙과 규정을 준수하고, 자신에게 불리한 경우라 하더라도 이를 지키기 위하여 노력하고 있는가?
- 자신이 속한 구성원들에게 인정과 신뢰를 얻고 있으며, 바람직한 행동으로 모범이 되는가?
- 규칙이나 규정을 어긴 경우, 자신의 잘못을 인정하고 개선하려는 노력을 기울이는가?

성실성

: 책임감을 바탕으로 꾸준히 노력하여 자신의 의무를 다하는 태도와 행동

- 학업활동에 있어 지속적인 노력을 통하여 꾸준함을 보여주고 있는가?
- 자신의 관심분야나 진로와 관련한 활동을 지속적으로 수행한 경험이 있는가?
- 어려운 상황이 발생하여도 일관된 모습으로 최선의 노력을 기울이는 경험이 있는가?
- 출결상황이나 단체활동 참여 등 학생으로서 당연히 해야 하는 의무를 책임감 있게 수행하고 있는가?

*대입전형 표준화방안 연구 (건국대, 경희대, 연세대, 이화여대, 중앙대, 한국외대, 2018)

인성을 키워주는 학교활동 사례

- 단체활동에 적극적으로 참여하기
- 공동체나 약자를 위한 봉사활동에 참여하기
- 나와 다른 생각을 가진 친구의 말을 경청하고 이해하기
- 서로 다른 의견들을 존중하여 합의된 결과물 만들기
- 학업성취도가 부족한 친구의 학습법 도와주기(멘토/멘티)
- 면학적인 학습 분위기 만들기
- 멀티도우미, 분리수거도우미, 교과수업도우미로 활동하기
- 학교 및 학급 규칙 잘 지키기
- 소외된 친구에게 먼저 다가가기
- 프로젝트형 봉사활동에 참여하기
- 자신의 진로와 연관된 봉사활동을 꾸준히 하기
- 친구의 고민 들어주기
- 자신의 잘못을 인정하고 고치기

*대입전형 표준화방안 연구 (건국대, 경희대, 연세대, 이화여대, 중앙대, 한국외대, 2018)

4 발전가능성

발전가능성은 현재의 상황이나 수준보다 질적으로 더 높은 단계로 향상될 가능성을 말한다. 세부 평가요소로는 자기주도성, 경험의 다양성, 리더십, 창의적 문제해결력 등이 있다.

자기주도성

: 스스로 목표를 설정하고 적절한 전략을 선택하여 계획을 수립하고 실행하는 성향

- 교내에서 다양한 활동을 주도적, 적극적으로 수행하는가?
- 새로운 과제를 주도적으로 만들고 성과를 내었는가?
- 기존에 경험한 내용을 바탕으로 스스로 외연을 확장하려고 노력하였는가?

경험의 다양성

: 학교교육의 다양한 영역에서 직접 겪거나 활동하면서 얻은 성장과정 및 결과

- 자율활동, 동아리활동, 봉사활동, 진로활동 등의 체험활동을 통해 다양한 경험을 쌓았는가?
- 독서활동을 통해 다양한 영역의 지식과 문화적 소양을 쌓았는가?
- 예체능 영역에서도 적극적이고 성실하게 참여하였는가?
- 자신의 목표를 위해 도전한 경험을 통해 성취한 경험이 있는가?

리더십

: 공동체의 목표 달성을 위해 구성원의 화합과 단결을 이끌어가는 역량

- 학생회, 동아리 등에서 역할을 수행할 수 있는가?
- 구성원의 화합과 단결을 이끌어가기 위한 구체적인 행동 경험이 있는가?
- 공동체 목표를 위해 계획하고 실행을 주도한 경험이 있는가?

창의적 문제해결력

: 창조적이고 논리적인 사고로 문제를 해결하는 능력

- 교내 활동과정에서 창의적인 발상을 통해 일을 진행한 경험이 있는가?
- 교내 활동과정에서 나타나는 문제점을 적극적으로 해결하기 위해 노력하였는가?
- 주어진 교육환경을 극복하거나 충분히 활용한 경험이 있는가?

*대입전형 표준화방안 연구 (건국대, 경희대, 연세대, 이화여대, 중앙대, 한국외대, 2018)

자기주도성은 어떤 활동에서 주도적이고 적극적인 태도로 일정한 성과를 이루었는가를 평가한다. 경험의 다양성은 성적의 향상을 위해 공부만 열심히 하는 것보다는 다양한 활동에 참가하여 얼마나 성장하였는가에 초점을 둔다. 리더십은 리더를 했다는 것보다는 리더를 하면서 어떤 역할을 했는지가 더욱 중요하다. 창의적 문제해결력은 활동과정에서 얼마나 창의적으로 문제를 해결하려고 노력하였는가, 그로 인해 어떤 성과를 보였는가를 중심으로 평가한다.

다음은 발전가능성을 키워주는 학교활동 사례이다.

발전가능성을 키워주는 학교활동 사례

- 자신만의 노력이 드러나는 수행평가 결과물 만들기
- 관심분야를 탐구하는 동아리에서 리더로 활약하기
- 모둠수업에 무관심한 친구를 설득해 적극적으로 참여시키기
- 자율, 동아리, 봉사, 진로활동을 스스로 계획하고 실행하기
- 다양한 분야의 책 읽기
- 독서록 만들어 독서활동을 체계적으로 기록하기
- 학급회의 때 적극적으로 의견을 내고 실행하기
- 학교나 학급에서 일어난 문제를 리더십을 발휘해 해결하기
- 가정형편이 어렵거나 몸이 불편한 친구에게 도움이 되는 일을 계획해 실행하기
- 학교 행사에 적극적으로 참여하여 능동적 분위기 조성하기
- 나와 다른 의견을 배척하지 않고 모두가 만족할 만한 새로운 대안 찾기
- 열악한 교육환경에 좌절하지 않고 극복 방법을 찾아 실행하기
- 지역 사회 활동에 적극 참여하기

*대입전형 표준화방안 연구 (건국대, 경희대, 연세대, 이화여대, 중앙대, 한국외대, 2018)

주요 6개 대학의 서류평가기준과 평가지표

학교생활기록부의 평가요소와 평가내용은 대학별로 조금씩 차이가 날 수 있다. 그렇기 때문에 가장 중요한 것은 원하는 대학의 모집요강을 꼼꼼하게 살펴보는 것이다. 일반적으로 학생부종합전형은 서류와 면접을 통해 인지적 특성과 정의적 특성을 종합적으로 평가한다. 학교생활기록부의 교과 및 비교과활동이 어떤 내용을 평가하는지 정리하면 다음과 같다.

1 교과 영역

학업 역량은 학업을 충실히 수행할 수 있는 기초 수학 능력으로, 대학이 학생을 선발할 때 가장 중요하게 고려하는 요소이다. 대학은 이 역량을 통해 학생의 고등학교 시절과 대학 입학 후의 학업수행능력을 살펴볼 수 있다. 학업 역량은 학업성취도, 학업태도와 학습의지, 탐구활동으로 나누어진다.

교과영역 평가요소

영역 : 교과 관련 활동

평가요소	평가내용
1. 전체 교과성적	상위 등급 과목은 몇 개나 있는가?
2. 학년별 교과성적 추이	3개년 동안 전 과목 평균등급이 향상되었는가?
3. 학업 관련 탐구활동	전공 관련 과목의 평균등급 성적은 우수한가?
4. 전공 관련 교내수상	전공 관련 과목의 교내 경시대회 실적이 있는가?
5. 자기주도학습	자기주도적 학습 능력이 있는가?

2 비교과 영역

비교과활동은 자신의 관심을 구체화하는 과정이다. 관심분야와 관련된 역량을 키우기 위해 1학년 때부터 장기적인 계획을 세우고 적극적으로 활동해야 한다. 자신이 원하는 진로와 비교과활동의 내용들이 일관성이 있고, 관심 전공에 대한 역량을 갖추기 위해 꾸준히 준비했다는 것을 보여주는 것이 좋다.

비교과영역 평가요소

영역 : 창의적 체험활동

평가요소	평가내용
1. 독서활동	☑ 독서량이 풍부하고, 태도의 변화를 가져왔는가?
2. 동아리활동	☑ 전공 관련 동아리활동을 지속적이고 주도적으로 하였는가?
3. 봉사활동	☑ 진정성 있고 지속적인 봉사활동을 하여 태도의 변화가 있었는가?
4. 진로활동	☑ 전공 관련 과목의 교내 경시대회 실적이 있는가?

영역 : 학교생활 충실도 및 인·적성

평가요소	평가내용
1. 공동체의식과 협동심	☑ 학교/학급 행사 등에서 적극적으로 활동하였는가?
2. 리더십	☑ 학교/학급 등에서 임원을 맡아 실적을 남겼는가?
3. 학업의지	☑ 5개 학기 동안 개근하면서 계획한 학습목표를 달성하였는가?
4. 교우관계 및 의사소통능력	☑ 학교생활기록부 행동특성 및 종합의견란에 교우관계/의사소통능력에 관한 긍정적인 평가가 있는가?
5. 인성 평가	☑ 학교생활 중 학교폭력 문제해결을 위해 배려, 나눔, 협력, 갈등관리, 규칙준수, 타인존중, 관계지향성 등을 실천한 사례가 있는가?

학생부종합전형 Q&A

서울대, 고려대, 연세대, 성균관대

다음은 학생부종합전형에 대한 학생들의 질문에 대한 주요 대학의 답이다. 학생부종합전형 준비에 도움이 될 수 있도록 잘 살펴보도록 하자.

서울대학교 학생부종합전형 Q&A

Q

서울대가 생각하는 리더십이란 무엇인가요?

A

반장, 부반장과 같은 임명장이 리더십을 보여주는 것은 아닙니다. 단순히 '앞에서 이끄는 리더가 되는 것'과 '리더십을 갖춘 리더'가 되는 것은 차이가 있습니다. 리더십을 갖추기 위해서는 노력이 필요합니다. 공동체 생활, 협동 학습 등에서 구성원을 배려하며 이끌어가기 위해 노력한 경험은 리더의 자질을 배우고 성장하게 만듭니다. 수업 중 모둠과제 수행을 성공적으로 이끌 수 있는 능력, 토론 활동에서 함께 결론을 이끌어가며 설득력 있게 자기 의견을 주장할 수 있는 능력, 학교생활 내에서 구성원 간의 갈등을 조화롭게 해결할 수 있는 능력, 동아리활동에서 부원들을 행복하게 만들 수 있는 능력, 모두가 주저할 때 친구들을 독려하여 청소를 주도할 수 있는 능력 등에서 리더십을 확인할 수 있습니다.

Q

학교에서 개설하지 않은 과목을 인터넷 강의를 통해 공부했다면 자기소개서에 쓸 수 없나요?

A

자기소개서는 고등학교 재학 기간 중 지원자가 학습하고 경험한 내용을 중심으로 작성합니다. 그러나 사교육 유발요인이 큰 사항은 쓸 수 없습니다. 관련 제한 사항은 자기소개서 공통 양식의 유의사항을 반드시 참고하시기 바랍니다. 표기된 제한 사항 이외에 지원자가 고등학교 재학 중 추가로 학습하고자 노력했던 독서활동, 방송 강좌 수강 등의 내용은 자기소개서에 기록할 수 있습니다. 그러나 일차적으로 학습경험은 학교 내 교육과정 속에서 이루어져야 합니다. 학교 교육활동 참여를 소홀히 한 채 개인적으로 공부한 기록을 앞세우는 것은 바람직하지 않습니다.

Q

소수인원으로 구성된 과목을 이수해서 석차등급이 다소 낮아지면 평가에 불리한가요?

A

무조건 불리한 것은 아닙니다. 서울대학교에서 교과성적을 평가할 때 단순히 등급만 고려하여 평가하지는 않습니다. 지원자가 이수한 과목과 함께 수강한 학생들의 인원 및 구성 등을 고려하여 평가하므로 소수 학생이 이수한 과목 때문에 등급이 낮아졌다고 해서 불리한 것은 아닙니다. 오히려 학생이 자신의 진학 목표를 고려하여 소수 선택과목을 이수하는 노력을 보일 때 긍정적인 평가를 받을 수도 있습니다.

Q

동아리활동은 지원 모집단위 관련 학문 분야와 일치해야 유리한가요?

A

그렇지 않습니다. 창의적 체험활동 내에서의 동아리활동은 학생의 소양을 넓히는 기회입니다. 학습동아리, 체육동아리, 예술동아리, 봉사동아리, 여가동아리 등 지원자가 선택한 동아리의 종류를 평가하는 것이 아니라 동아리활동을 통해 학생이 무엇을 배우고 어떻게 성장하였는지에 관심을 기울입니다. 따라서 동아리활동이 지원 모집단위와 일치해야 유리한 것은 아닙니다.

Q

봉사활동 시간이 많을수록 유리한가요?

A

봉사활동의 형식을 고려하는 것이 아니라 봉사활동의 배경, 과정 등 학생이 경험한 봉사활동의 내용을 고려합니다. 아울러 봉사활동은 종합평가의 일부분이며, 무조건 많이 한다고 긍정적으로 평가하지 않습니다.

Q

성적이 꼭 향상되어야만 좋은 평가를 받나요?

A

정해진 모습은 없습니다. 성적이 향상되면 떨어지는 것보다 긍정적인 평가를 받을 수 있지만 고학년이 될수록 학생들의 과목 선택에 따른 동일과목 수강자가 적어진다는 점을 염두에 두고 평가합니다. 단순히 선택한 과목의 수준과 수강자 인원 및 구성으로 인하여 등급이 나빠지는 경우도 많으므로 이러한 상황을 충분히 고려하여 평가합니다. 오히려 성적에 유리한 과목만 이수하여 결과적인 수치만 높게 유지하려고 한 의도가 드러날 경우, 긍정적인 평가를 받지 못하는 경우도 있습니다.

고려대학교 학생부종합전형 Q&A

Q

학생부종합전형에서 좋은 평가를 받기 위해 해야 하는 중요한 활동이 정해져 있나요?

A

정해져 있지 않습니다. 지원자가 진로를 고민하는 과정에서의 활동과 학업성취를 위해 수행한 활동 모두 지원자가 고등학교 생활을 어떻게 했는지 보여주는 자료입니다. 활동에 대한 평가에서는 활동의 지속성과 의미 그리고 활동을 하면서 어떤 변화를 보였는지가 중요합니다. 지원하고자 하는 전공과 이름이 같은 동아리를 굳이 만들어서 하거나 찾지 않아도 됩니다. 활동의 명칭보다는 내용이 평가에 반영되기 때문입니다. 따라서 어떤 활동을 할지 보다는 어떻게 활동할지를 고민하셔야 합니다.

Q

모집단위별로 반영교과가 정해져 있나요?

A

특정 교과가 정해져 있는 것은 아닙니다. 전공이나 계열과 관련된 교과에서 우수한 성취를 나타낸다면 지원자가 해당 전공이나 계열에 관심을 두고 노력한 것으로 평가합니다. 하지만 학교마다 지원하고자하는 분야와 관련된 교과목이 개설되지 않은 경우도 있고 도중에 지원자의 진로가 변경된 경우도 있습니다. 이런 경우 해당 모집단위에서 특정 교과만 반영된다면 지원자를 올바르게 평가할 수 없습니다. 따라서 반영되는 교과가 별도로 정해진 것이 아니라 지원자가 관심을 둔 과목이 무엇이지 살펴보고 어떤 노력을 기울였는지를 종합적으로 바라보고 있습니다. 더불어 특정한 교과만을 열심히 하기보다는 모든 과목에 노력을 기울이는 자세도 중요합니다.

Q

다른 대학교에 제출한 자기소개서를 고려대학교에 제출해도 되나요? 유사도 검색에서 문제가 되지 않나요?

A

네, 괜찮습니다. 1명의 지원자가 동일 대학의 다른 전형 또는 다른 대학교에 지원할 때 동일한 자기소개서를 제출하더라도 유사도 검색에서 문제가 되지 않습니다. 재수생의 경우도 전년도에 제출했던 자기소개서와 동일한 자기소개서를 제출해도 됩니다.

Q

학생부종합전형 서류 평가 시 교과와 비교과 반영비율은 각각 얼마나 되나요?

A

정해진 비율은 없습니다. 교과와 비교과 모두 중요합니다. 물론 교과가 기본이 되지 않은 상황에서 비교과의 우수성이 크게 부각되지는 않습니다. 반대로 비교과활동이 없고 교과만 우수한 학생의 경우도 학생부종합전형의 취지에는 맞지 않습니다. 교과전형이 아닌 학생부종합전형에서의 서류 평가는 제출한 모든 서류를 살펴보기 때문에 교과·비교과를 나눠서 정해진 반영비율로 평가하지는 않습니다. 고려대학교 학생부종합전형 서류 평가에서는 지원자의 교과·비교과의 균형을 중요하게 생각하고 있습니다.

Q

고려대학교 주최 프로그램에 참여하는 것이 유리한가요?

A

특정 프로그램 참여가 합격 여부에 영향을 주지는 않습니다. 물론 다양한 프로그램에 참여하여 자신의 적성과 진로에 대해 고민하는 시간을 갖는 것은 중요합니다. 진로를 탐색하는 과정에서 고려대학교 주최 프로그램에 참여할 수도 있습니다. 그러나 그것만으로 평가에 유리하게 작용하지는 않습니다. 프로그램 참여를 통해 지원자가 진로에 대해 고민하고 발전하는 과정 자체가 평가에 반영되기 때문입니다. 여러 진로 관련 프로그램에 참여하면서 관심분야를 넓혀나가고 깊이를 더해가는 시간을 가지는 것이 중요합니다. 이런 활동들이 구체적인 내용으로 학교생활기록부나 자기소개서에 기재된다면 좋은 평가를 받을 수 있습니다.

연세대학교 학생부종합전형 Q&A

Q

특정 고교 유형을 선호하시나요?

A

학생부종합전형 평가 시 고교 유형은 지원자의 학교생활과 활동을 이해하기 위한 정보로만 참고합니다. 아울러 고교 프로파일과 공개 정보를 통해 각 학교의 교육과정, 프로그램, 교내 수상 등 학교의 특성을 파악하여 학생 평가에 활용합니다. 학생부종합전형은 학교의 우열을 가려내거나 평가하는 것이 아니라 지원자를 평가하는 전형입니다. 따라서 지원자에게 주어진 고등학교 환경 속에서 학교생활의 성실함을 기반으로 한 최선의 노력을 찾고자 합니다.

Q

교과성적이 꾸준히 상승하지 않으면 평가에서 불리한가요?

A

학생부종합전형 평가에서는 단순히 교과성적이 상승 또는 하락했다는 것으로 지원자의 역량을 판단하지 않습니다. 성적이 일시적으로 하락했다 하더라도 제출한 서류에서 그에 대한 합당한 이유가 발견된다면 해당 상황을 평가에 반영할 수 있습니다. 예를 들어, 학생회 활동, 봉사활동, 동아리활동 등 다양한 학교 활동에 적극적으로 참여하려다 보니 성적이 하락하는 경우도 있고, 개인적인 방황이나 잦은 전학, 가정문제 등에 영향을 받기도 합니다. 평가자는 제출된 서류에서 지원자의 교육환경이나 지원자의 다른 역량을 살펴보고 최종적으로 종합하여 평가합니다.

Q

전공 관련 활동이나 수상의 개수가 적으면 평가에서 불리한가요?

A

평가자는 단순히 지원자의 기록을 정량적으로 평가하는 것이 아니라 지원자의 고교 현황 및 특성에 대한 이해를 바탕으로 평가합니다. 지원자의 교육환경을 이해하고 주어진 환경에서 지원자가 어떤 노력을 했고 어떤 성취를 보였는지 고려하여 평가합니다. 전공 관련 활동은 반드시 전공과 직접적으로 연관된 동아리나 봉사활동일 필요가 없으며, 주어진 학교 수업에서 전공과 관련성이 있는 주제를 깊이 탐색해보는 것도 전공 관련 활동이 될 수 있습니다.

Q

소인수과목이나 심화과목을 많이 이수하는 것이 평가에서 유리한가요?

A

학생이 선택하여 이수한 과목은 학생의 흥미를 보여주는 것이므로 전공적합성의 측면이나 학업태도, 탐구활동 등의 관점에서 평가에 반영될 수 있습니다. 하지만 지원자마다 학교의 조건과 상황이 다양하기 때문에 이러한 과목의 이수 여부나 교과성적에 따라 일괄적으로 가중치를 두고 평가하지 않습니다. 전공 관련 심화과목을 이수하지 않았다고 해서 단순히 이수 여부만을 가지고 평가하는 것은 아닙니다. 소속 학교의 교육과정을 확인하여 지원자의 환경을 파악하고 지원자가 입학 후 전공과목을 수학할 역량을 가지고 있는지를 종합적으로 평가합니다. 지원자가 자신이 처한 교육환경에서 적극적으로 관심을 보이면서 열정을 가지고 교육과정에 참여하여 높은 성과를 냈다면 충분히 평가에 긍정적인 영향을 줄 수 있습니다.

성균관대학교 학생부종합전형 Q&A

Q

봉사활동이나 독서활동은 많이 할수록 유리한가요?

A

어떠한 활동이든 무조건 많이 하는 것이 반드시 유리하거나 좋은 것은 아닙니다. 봉사활동은 시간이 중요한 것이 아니라 그 활동을 통해 봉사의 의미와 가치를 깨닫는 것이 필요합니다. 독서활동 역시 몇 권의 책을 읽었는지 하는 권수보다는 독서를 통해 본인의 지적 호기심을 자극하고 역량을 키우는 것이 무엇보다 중요할 것입니다.

Q

교과성적은 수치로 나와 있는데 어떻게 정성평가하나요?

A

지원자의 학업 역량을 평가할 때에는 교과성적의 결과로 산출되는 수치화된 등급뿐만 아니라 각 과목별 원점수, 평균, 표준편차 등을 전반적으로 고려하여 평가합니다. 또한 과목별 이수 학생 수가 등급 산출에 영향을 미치므로 이에 대한 고려도 함께 이루어집니다. 이와 함께 과목 담당 선생님이 수업시간에 관찰한 내용을 기록해주시는 세부능력 및 특기사항의 내용도 중요한 평가 자료로 활용되고 있습니다.

Q

수강하고자 하는 과목 또는 심화과목이 학교에 미개설되어 수강할 수가 없는데, 이로 인해 불리한 평가를 받을 수도 있나요?

A

학교에 개설되지 않은 과목의 미수강으로 인해 불리한 평가를 받지 않게 하기 위해 입학사정관은 학교의 교육과정편성표를 꼼꼼히 살핍니다. 다만 본인 스스로 필요하다고 생각한 과목이 개설되지 않았을 경우에는 그 과목의 내용을 학습할 수 있는 다양한 방법을 모색해보는 노력이 필요하며 그 과정에서 자기주도성을 발휘할 수 있을 것입니다.

Q

진로선택과목은 어떻게 평가하나요?

A

진로선택과목의 경우 석차등급이 주어지지 않지만 교과학습발달상황에 드러나는 과목 성취도, 성취도별 분포 비율, 원점수, 과목 평균, 이수자 수 등을 활용하여 과목별 성취 수준을 평가하며, 성취도별 분포 비율에 대한 정량적인 공식은 없습니다. 또한 이수 과목의 난이도 및 위계, 전공 관련 과목 이수 여부, 세부능력 및 특기사항, 학업과 연계된 활동 내용 등을 종합적으로 고려하여 지원자의 역량을 살펴보고자 합니다.

Q

반장이나 임원 경험이 없는데도 자기주도활동성 영역에서 좋은 평가를 받을 수 있나요?

A

자기주도성이란 임원의 경험 유무를 평가하는 항목이 아닙니다. 임원 경험뿐만 아니라 학급이나 학교 활동 전반에 걸쳐 본인이 주도적으로 활동한 모든 경험이 평가내용에 포함됩니다. 따라서 창의적 체험활동의 자율, 동아리, 봉사, 진로활동 영역에서 본인의 적극적인 참여와 활동이 이루어질 수 있도록 노력해야 합니다.

02.

학교생활기록부 바로 알기

학교생활기록부의 중요성

학교생활기록부는 학생이 고등학교 3년간 어떻게 생활했는지를 보여주는 공식적인 자료로써 학생의 학교생활태도·인성·학습성장 변화를 담아내는 종합보고서라고 할 수 있다. 담임선생님과 각 과목 담당 선생님들, 그리고 창의적 체험활동 담당 선생님들이 학생을 수시로 관찰·평가하여 학업성취도뿐만 아니라 학교생활 및 인성 전반에 대한 내용을 기록한다.

학교생활기록부는 학생부종합전형 지원 시 제출되었던 자료(자기소개서, 추천서, 면접 등) 중 가장 객관적이고 신뢰성 있는 자료로 평가된다. 왜냐하면 학교생활기록부는 누구 한 사람의 기록물이 아니라 담임교사를 비롯하여 수많은 교사들이 평가한 공동기록물이며, 3년 동안의 누적된 기록물이기 때문이다. 대학의 입학사정관들은 학교생활기록부를 통해서 이 기간 동안 학생의 변화 양상이나 성장과정, 성취도의 변화 등을 다각도로 바라볼 수 있다. 고등학교 졸업예정자의 경우 3학년 1학기까지, 졸업자의 경우는 3학년 2학기까지 기재된 모든 내용이 평가에 반영되며, 항목별 반영 비율이 정해져 있는 것은 아니다. 따라서 학생들은 고등학교에 입학하는 순간부터 자신의 전공에 대해 고민하고, 그에 맞춰서 학교생활기록부가 잘 작성되도록 관리해야 한다.

학교생활기록부에 기재된 모든 항목이 똑같은 기준으로 평가의 대상이 되는 것은 아니다. 각 항목에 따라 대학별로 평가하는 중요도는 다르기 때문이다. 일반적으로 학교생활기록부에서 가장 중요한 것은 교과학습발달상황이라고 할 수 있다. 교과학습발달상황은 내신을 기록하는 영역으로 학생의 학업 역량과 성실성을 파악할 수 있다. 또한 교과세특은 교과수업 중 학생의 활동 사항을 적는 항목으로, 학생들의 적극적인 활동과 태도를 엿볼 수 있다. 하지만 학교마다 학업 수준이 다르기 때문에 내신만으로 학생들은 평가하기가 어렵다. 이러한 내신 등급의 한계 때문에 따라서 학생부종합전형에서는 '활동 기록'이 아주 중요한 평가기준이다. 따라서 무엇보다도 각 교과수업에서 적극적이고 성실한 모습을 보여서 이러한 태도가 교과세특에 기록될 수 있도록 노력해야 한다. 다음은 학교생활기록부의 일반적인 중요도 순위이다.

학교생활기록부 기재 항목 중요도 순위

중요도 순위	학교생활기록부 기재 항목
1	교과학습발달상황(교과 내신)
2	세부능력 및 특기사항
3	동아리활동
4	행동특성 및 종합의견
5	진로활동
6	독서활동상황
7	수상경력
8	자율활동
9	봉사활동

*학교생활기록부 기재요령(교육부, 2021)

위의 표에서 알 수 있듯이 창체 동아리활동과 행동특성 및 종합의견도 중요하게 평가된다. 동아리활동은 학생들의 전공적합성과 탐구 역량 등을 확인할 수 있으며, 행동특성 및 종합의견에서는 학생의 전반적인 학교생활을 파악할 수 있다. 하지만 영향력이 가장 낮은 봉사활동이 탁월하다는 이유로 합격되는 사례도 있다는 것을 명심하고, 전 분야에 자신의 역량이 고르게 드러날 수 있도록 하는 것이 좋다.

학교생활기록부 영역과 입력 가능 최대 글자수

학교생활기록부는 총 11개 영역으로 구성되어 있다. 학교생활기록부의 영역과 세부항목, 입력 가능 최대 글자수를 정리하면 다음과 같다.

학교생활기록부 세부항목별 입력 가능 글자수

영역	세부항목	최대 글자수 (한글 기준)	비고
인적·학적사항	학생 성명	20자	영문 60자
	주소	300자	
	특기사항	500자	
출결상황	특기사항	500자	
수상경력	수상명	100자	
	참가대상(참가인원)	25자	
자격증 및 인증 취득상황	명칭 또는 종류	100자	
창의적 체험활동상황	자율활동 특기사항	500자	
	동아리활동 특기사항	500자	
	진로활동 특기사항	700자	
	봉사활동 특기사항	미기재	
교과학습발달상황	일반과목 세부능력 및 특기사항	과목별 500자	전문교과 II 능력단위별 500자
	체육·예술과목 세부능력 및 특기사항	과목별 500자	일반선택과목에 한함
	개인별 세부능력 및 특기사항	500자	
독서활동상황	공통	500자	
	과목별	250자	
행동특성 및 종합의견	행동특성 및 종합의견	500자	

*학교생활기록부 기재요령(교육부, 2021)

학교생활기록부 영역별 평가내용과 학생부종합전형 평가기준

학교생활기록부 각 영역에서 각 대학의 입학사정관들이 평가하는 주요 내용은 다음과 같다.

학교생활기록부 영역별 평가내용

*동국대학교 학생부종합전형 가이드북(2020, 동국대학교) 참조

	영역	평가내용
01	인적·학적사항	학습 및 학교 환경 파악, 준법성
02	출결상황	성실성, 학업의지, 준법성
03	수상경력	자기주도, 학업 역량, 전공적합성 등
04	자격증 및 인증 취득상황	한 분야에 대한 관심과 열정
05	창의적 체험활동상황	자기주도성, 갈등관리, 지원동기
06	교과학습발달상황 -세부능력특기사항	학업 역량, 상호작용, 도전정신, 성실성
07	독서활동상황	지적 호기심, 상호작용, 전공적합성
08	행동특성 및 종합의견	인성, 공동체, 리더십, 사회성 등

학교생활기록부 영역은 크게 교과 영역과 비교과 영역으로 나뉜다. 교과 영역은 원점수, 과목 평균, 표준편차, 이수/미이수, 석차등급, 이수자 수 등의 정보를 살핀다. 비교과 영역에는 자율활동, 봉사활동, 동아리활동, 진로활동, 독서활동상황, 행동특성 및 종합의견 등이 있다. 이를 간단하게 표로 정리하면 다음과 같다.

학생부종합전형 요소 및 평가기준

*학종 학생부 평가 비밀, EBSi, 2021. 05.10일자에서 발췌

<table>
<tr><th>전형 자료</th><th colspan="2">평가 준거</th><th>평가요소 및 기준</th></tr>
<tr><td>학교생활기록부
교과 영역</td><td>• 원점수
• 과목평균
• 표준편차
• 이수/미이수
• 석차등급
• 이수자 수</td><td>• 교과목 이수현황
• 단위수
• 지원학과(부) 관련 교과성적
• 과목별 세부능력 및 특기사항</td><td rowspan="2">• 학업 역량(기초 수학 능력)
• 발전가능성
• 전공적합성
• 사회성, 인성
• 자기주도학습능력
• 경험의 다양성</td></tr>
<tr><td>학교생활기록부
비교과 영역</td><td>• 자율활동
• 동아리활동
• 독서활동상황</td><td>• 봉사활동
• 진로활동
• 행동특성 및 종합의견</td></tr>
</table>

변경되는 학교생활기록부 주요 항목

2022학년도부터 학교생활기록부의 많은 부분이 변경된다. 먼저, 인적사항과 학적사항이 통합되고 인적사항의 학부모 정보나 특기사항 등은 삭제된다. 자격증 및 인증 취득상황과 진로희망사항은 대학 평가요소에서 제외되며 대학에 제공되는 수상의 개수도 제한된다.

*2021학년도 기준, 고1부터 수상 미반영, 고2 이상 학기당 1개 반영

2024학년도부터는 외부요인의 영향을 차단하기 위해서 학교생활기록부의 기재 항목이 축소되고, 정규 교육과정 외의 비교과활동을 학교생활기록부에 기재할 수 없다. 이에 따라 사실상 학생기록부에 대한 학생들의 부담은 이전보다 줄어들게 될 것이다.

'블라인드 평가'의 실효성을 강화하기 위해서 학생이 재학(또는 졸업예정)한 고등학교를 알 수 있는 내용은 '학적사항', 수상경력의 '수여기관', 봉사활동 실적의 '장소 또는 주관기관명'을 제외한 어떠한 항목에도 기재할 수 없다. 기재 제한 사항에 학교명, 재단명, 학교 축제명, 학교 별칭 등 학교를 알 수 있는 내용 등이 추가됐다.

'셀프 학교생활기록부' 논란과 관련하여 '학교교육계획에 따라 실시한 교육활동 중 교사 지도하에 학생이 직접 작성한 자료'에 대해서만 학교생활기록부 기재 시 활용이 가능하도록 했다. 활용자료는 동료평가서, 자기평가서, 수업산출물(수행평가 결과물 포함), 소감문, 독후감 등으로 한정했다. 단, 수업산출물은 '수행평가 결과물'에 한정된 것에서 그 범위가 확대됐다.

수상경력은 '학교생활기록부 작성 시 유의사항'에서 금지하는 실적을 근거로 한 수상실적은 기재하지 않으며, 수상명에 학생이 재학(또는 졸업예정)한 고등학교를 알 수 있는 내용을 입력할 수 없다.

변경되는 학교생활기록부 주요 항목 내용을 정리하면 아래와 같다. 내용을 살펴보면 앞으로의 대입에서 교과활동의 비중은 더욱 강화되고, 비교과활동의 비중은 축소되는 것을 쉽게 알 수 있다.

학교생활기록부 대입 반영 변화

구분		2022~2023학년도 대입	2024학년도 이후 대입
교과활동		· 과목당 500자 · 방과후활동(수강) 내용 미기재	· 과목당 500자 · 방과후활동(수강)내용 미기재 · 영재·발명교육 실적 대입 미반영
종합의견		연간 500자	연간 500자
창의적 체험활동	자율활동	연간 500자	연간 500자
	동아리활동	· 연간 500자 · 자율동아리는 연간 1개 (30자)만 기재 · 청소년단체활동은 단체명만 기재 · 소논문 기재 금지	· 연간 500자 · 자율동아리 대입 미반영 · 청소년단체활동 미기재 · 소논문 기재 금지
	봉사활동	· 특기사항 미기재 · 교내외 봉사활동 실적 기재	· 특기사항 미기재 · 개인 봉사활동실적 대입 미반영 (단, 학교교육계획에 따라 교사가 지도(실시)한 실적은 대입 반영)
	진로활동	· 연간 700자 · 진로희망분야 대입 미반영	· 연간 700자 · 진로희망분야 대입 미반영
수상경력		교내수상 학기당 1건만 (3년간 6건) 대입 반영	대입 미반영
독서활동		도서명과 저자	대입 미반영

미기재
: 학교생활기록부에서 삭제

미반영
: 학교생활기록부에서는 기재 하되 대입자료로 미전송

CHECK

2024학년도 대입(졸업생 포함)부터 **상급 학교 진학 시 미반영**되는 항목

- 수상경력
- 자율동아리 실적
- 영재·발명교육실적, 독서활동상황
- 학교교육계획에 의한 정규교육과정 이외 청소년단체활동
  *단, 2021학년도 고1부터 미기재
- 개인 봉사활동 실적, 학교교육계획에 포함되지 않은 개인으로 등록된 사항

입학사정관들이 중요시하는 평가 중점 내용과 전략

학교생활기록부는 학생들이 하는 활동과 역량 등에 따라서 그 양이 다르다. 양이 많다고 무조건 좋은 평가를 받는 것은 아니지만, 그래도 적절한 양이 기록되어 있어야 평가의 대상이라도 될 수 있다. 학교생활기록부에 내용이 기록되려면 학생 스스로가 학교에서 이루어지는 여러 활동에 열심히 참여해야 한다.

학교생활기록부는 각 영역별로 입력가능한 글자수가 제한되어 있고 앞으로는 더욱 간소화되기 때문에 제한된 글자수 안에서 얼마나 알찬 내용이 포함되어 있는지가 중요하다. 입학사정관들은 학교생활기록부의 모든 항목이 다 중요하다고는 하지만 중점적으로 보는 내용은 다음과 같다.

IMPORTANT

입학사정관들의 **평가 중점** 내용

지원자의 성실성과 자기관리 능력
인적·학적사항, 출결사항

학업의 기초소양능력
교과성적, 세부능력 및 특기사항

모집단위에 대한 관심과 열정
진로활동, 수상경력(교내), 독서활동상황

사회성과 인성
자율활동, 동아리활동, 봉사활동

지원자의 성장가능성 및 잠재력
세부능력 및 특기사항, 행동특성 및 종합의견

이 중에서 앞으로 가장 중요한 평가자료로 활용될 항목은 교과학습발달상황과 세부능력 및 특기사항(교과세특)이다. 2022학년도부터 비교과 영역의 입력이 축소되거나 폐지되면서 그 비중은 더욱 커졌다. 각 교과의 담당교사는 이 항목에서 수행평가 활동, 발표 활동, 과제 수행, 독서활동, 수업 참여 태도와 노력 등에 관한 내용을 구체적인 사례와 함께 제시한다. 예전에는 우수한 학생에게만 써주었던 교과세특을 앞으로는 모든 학생에게 기재해야 한다. 교과세특에는 과목별 성취기준과 특성, 학습 활동 참여도, 태도, 능력 등 수업과 관련된 모든 내용을 쓸 수 있다. 따라서 대학이 평가하고자 하는 학업 역량, 전공적합성, 인성, 발전가능성과 같은 평가요소를 모두 확인할 수 있는 중요한 자료이다. 즉, 교과세특은 합격 여부에 가장 중요한 평가요소가 될 것이다.

수상경력 전공적합성, 발전가능성 등을 파악할 수 있는 부분이다. 단, 학교에서 미리 계획된 교내상만 입력이 가능하다. 따라서 자신의 전공과 관련되는 교내대회의 개최여부를 미리 확인하고 대회 참가 계획을 세워야 한다. 2022~2023학년도 대입에 제공되는 수상경력의 개수가 학기당 1개로 제한됨에 따라 수상의 양보다는 질이 더욱 중요해졌다고 할 수 있으며, 2024학년도 대입부터는 수상경력이 미반영된다.

동아리활동 전공적합성과 전공에 대한 열정, 발전가능성, 인성, 협동심과 리더십 등을 평가할 수 있는 중요한 활동이다. 따라서 동아리는 흥미 위주가 아닌 지원할 전공과 관련된 동아리를 선택하는 것이 더욱 좋다. 동아리활동을 많이 했다는 것보다는 활동과정에서 어떤 역할을 했고, 의미 있는 경험을 했는지가 중요하다. 지금까지는 자신이 지원할 전공과 관련된 동아리가 없다면 자율동아리를 다양하게 만들어서 활동하면 도움이 되었다. 그러나 2022~2023학년도에는 자율동아리 기재 개수를 학년당 1개로 제한하고, 2024학년도부터는 자율동아리활동은 대입에 미반영된다. 따라서 앞으로는 교육과정 내 정규 동아리활동을 더욱 충실히 하는 것이 도움이 될 것이다.

학교생활기록부 작성 시 유의사항

학교생활기록부는 대학 입시 및 취업에서 중요한 서류로 활용되므로 모든 고등학생에게 매우 중요한 법정 장부이다. 그러므로 무엇보다도 공정하고 객관적으로 기재되어야 한다.

학교생활기록부는 학생의 성장과 학습 과정을 상시 관찰·평가한 누가 기록 중심의 종합기록이어야 함.

학교생활기록부에는 학교교육계획이나 학교교육과정에 의거하여 학교에서 실시한 각종 교육활동의 이수상황(활동 내용에 따른 개별적 특성이 드러나는 사항 중심)을 기재하는 것이 원칙임.

*2021학년도 학교생활기록부 기재요령(교육부, 2021)

'항목과 관련이 없거나 기록해서는 안 되는 내용의 기재', '단순 사실을 과장하거나 부풀려서 기재', '사실과 다른 내용을 허위로 기재' 등 학교생활기록부의 신뢰도를 저하시키는 사례가 발생하지 않도록 특히 유의하여야 함.

*특히, 학교생활기록부 서술형 항목에 기재될 내용을 학생에게 작성하여 제출하도록 하는 행위 금지

아래는 사교육 유발 요인이 큰 사항으로 '행동특성 및 종합의견'란을 포함하여 학교생활기록부의 어떠한 항목에도 기재할 수 없음.

- 각종 공인어학시험 참여 사실과 그 성적 및 수상실적
- 교과·비교과 관련 교외대회 참여 사실과 그 성적 및 수상실적
- 교외 기관·단체(장)등에게 수상한 교외상(표창장, 감사장, 공로상 등도 기재 불가)
- 교내·외 인증시험 참여 사실이나 그 성적
- 모의고사·전국연합학력평가 성적(원점수, 석차, 석차등급, 백분위 등 성적 관련 내용 일체) 및 관련 교내 수상 실적
- 논문을 학회지 등에 투고 또는 등재하거나 학회 등에서 발표한 사실
- 도서출간 사실
- 지식재산권(특허, 실용신안, 상표, 디자인) 출원 또는 등록사실
- 어학연수, 봉사활동 등 해외 활동실적 및 관련 내용
- 부모(친인척 포함)의 사회·경제적 지위(직종명, 직업명, 직장명, 직위명 등) 암시내용
- 장학생·장학금 관련 내용
- 구체적인 특정 대학명, 기관명, 상호명, 강사명 등(기관명의 경우 교육부 및 소속기관, 시도교육청 및 직속기관·교육지원청 및 소속기관에 한하여 입력 가능)
- 교내대회 참여 사실과 그 성적 및 수상실적('수상경력' 이외 항목 입력 불가)
- 자격증 명칭 및 취득 사실

03.

사회계열 실전 학교생활기록부

학교생활기록부에 기재되는 항목은 크게 학생기본사항, 비교과활동, 교과학습발달상황, 행동특성 및 종합의견으로 나누어진다. 각 항목을 구체적으로 살펴보면 다음과 같다.

학생생활기록부 기재 항목

비교과활동

- 창의적 체험활동상황 공통 (자율,동아리,봉사,진로희망 사항 안전한 생활 초 / 시간& 특기사항)
- 자유학기활동상황 중
- 독서활동상황 중 고 (도서명&저자)

학생기본사항

- 인적·학적사항 공통
- 출결상황 공통
- 수상경력 중 고
- 자격증 및 인증 취득상황 고

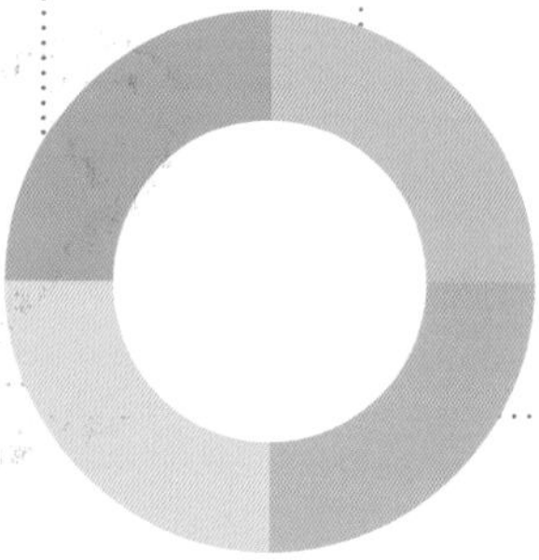

행동특성 및 종합의견

- 수시로 관찰하여 누가 기록한 학생의 행동특성 공통
- 총체적으로 학생을 이해할 수 있는 종합의견 공통

교과학습발달상황

- 교과목 공통
- 원점수, 과목평균 (표준편차) 중 고
- 성취도(A, B, C, D, E) 중 고
- 석차등급(1~9등급) 고
- 세부능력 및 특기사항 (교과활동&성장과정) 공통

인적·학적사항

인적사항은 주소, 생년월일, 주소 등을 기재하고, 학적사항은 졸업한 중학교와 현재 재학 중인 고등학교, 전학을 왔다면 이전 고등학교와 재학기간, 졸업일 등을 기재한다. 인적·학적 사항은 기본 정보로써 학생부종합전형의 평가요소가 아니므로 따로 관리할 필요가 없다.

이전에는 고교명이 대학에 제공되어 학교별 평가가 가능한 면도 없지는 않았지만, 현재는 학생의 주소와 학교명을 블라인드 처리하기 때문에 학교별 평가는 할 수 없다.

인적·학적 사항

학생정보	성명 : 홍** 성별: 여 주민등록번호: 주소 :
학적사항	년 월 일 ○○중학교 제3학년 졸업 년 월 일 □□고등학교 제1학년 입학
특기사항	

TIP 이렇게 기재하세요

- 학생의 성명은 성과 이름 사이에 공백을 두지 않는다.
- 외국인의 경우 여권에 표기된 영문 또는 한글의 성명과 성별을 입력한다.
- 우리나라 주민등록번호가 미부여된 외국국적자의 경우, 외국인등록번호를 입력한다.
- 학생 정보가 변경된 경우 증빙서류를 첨부하여 학교생활기록부 정정대장을 통하여 정정한다.

출결상황

대학의 평가 관점

학교생활기록부 영역	학업역량	진로역량	공동체역량
출결상황			O

출결상황은 학생의 개인적인 특성과 학업 환경을 이해하는 요소이다. 이를 통해 학교생활의 성실성을 파악하거나 학교폭력으로 인한 조치사항을 확인할 수 있다. 결석·지각·조퇴·결과 등의 사유가 특기사항란에 기재되지 않은 경우에는 자기소개서나 면접 시에 직접 그 사실을 서술하여 사유를 설명할 수 있다. 출석, 결석, 지각, 조퇴 등을 기재한다.

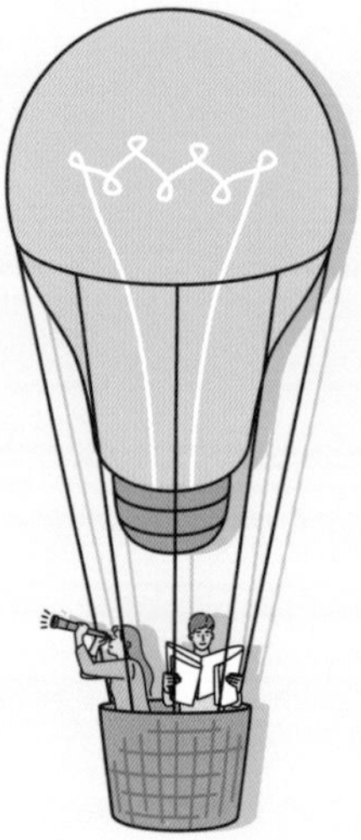

질병결석과 기타결석은 평가에서 불이익을 받지 않는다. 그러나 질병지각과 질병조퇴가 지나치게 많다면 특기사항에 반드시 이유를 기재하는 것이 좋다. 그렇지 않다면 부정적으로 평가받을 수 있다.

또한 합당하지 않은 사유나 고의로 결석하는 미인정 결석·지각·조퇴가 잦은 경우에는 '성실성'의 항목에서 불이익을 받을 수 있다. 장기결석 기간, 등교시각, 하교시간은 학교장이 정하므로 학교마다 다를 수 있다.

결석의 종류

- **질병결석** : 질병으로 인해 아파서 결석한 경우
- **미인정결석** : 합당하지 않은 사유나 고의로 결석한 경우
- **기타결석** : 가족 봉양, 가사 조력, 간병 등 부득이한 개인 사정에 의한 결석임을 학교장이 인정하는 경우
  : 공납금 미납을 사유로 결석한 경우
  : 기타 합당한 사유에 의한 결석임을 학교장이 인정하는 경우

출결상황

학년	수업일수	결석일수	지각	조퇴	결과	특기사항
1		20		8		교통사고입원(20일)
2			3			부모간병 (3일)
3						개근

TIP 이렇게 기재하세요

- 전출일과 전입일이 동일한 경우 전입일만 수업일수로 산정한다.
- 학교폭력 가해학생이 교육감이 정한 기관에서 특별교육을 이수하거나 심리치료를 받은 교육기간은 출석인정 결석으로 처리한다.
- 특기사항에 결석(단기, 장기, 기타)의 사유를 입력한다. 지각·조퇴·결과의 경우에는 사유를 입력하지 않으나 반복적일 경우 사유를 입력할 수 있다. 입력 가능한 반복적인 지각·조퇴·결과 횟수는 학교장이 정한다.
- 특기사항에 해외봉사활동, 해외어학연수, 교외대회 참가 등 학교생활기록부에 기재할 수 없는 내용은 입력할 수 없다.
- 해당 학년 동안 1회의 결석·지각·조퇴·결과도 없는 경우 특기사항에 '개근'으로 입력한다.
- 장기결석 기간, 등교시각, 하교시간은 학교장이 정하므로 학교마다 다를 수 있다.

수상경력

*교내수상만 가능

대학의 평가 관점

학교생활기록부 영역	학업역량	진로역량	공동체역량
수상경력	O	O	O

교내에서 수상한 상의 명칭, 등급, 수상연월일, 참가인원 등을 통해 학생의 관심사, 성취 수준, 교내 활동에서의 적극성을 확인할 수 있다. 지원하고자 하는 계열과 연관된 수상뿐만 아니라 다양한 영역의 재능과 특기 등도 확인 가능하며, 비록 수상은 하지 못했더라도 대회를 준비하는 과정에서 자신의 역량을 개발하기 위한 노력이 학교생활기록부의 다른 영역에서 드러난다면 의미 있는 평가를 받을 수 있다.

지원자의 관심분야, 전공적합성, 자기주도성, 열정 등을 파악하고 학생의 다양한 관심 영역과 적극성을 바탕으로 의미 있는 수상을 확인하는 영역이다. 학교생활기록부에는 교내대회명과 등급, 수상연월일 등을 기재한다. 학교교육계획서 내 시상계획이 있는 교내의 대회와 행사명은 '수상경력'란에만 입력하고, 이와 관련된 활동 내용은 학교생활기록부 어떤 항목에도 입력할 수 없다.

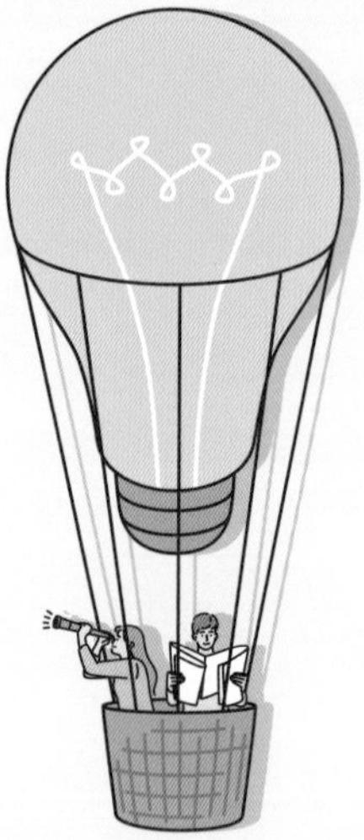

입학사정관은 단순히 수상실적이나 횟수만을 보고 학생을 평가하지는 않는다. 교내의 각종 대회 중 어떤 분야에 관심을 가지고 주도적으로 참여하여 노력을 보였는지를 정성적으로 평가한다. 자신이 지원하고자 하는 전공에 적합한 역량을 증명할 수 있는 수상이라면 더욱 좋다. 광고홍보학과를 지원하고자 하는 학생이라면 현장체험보고서대회나 다독상보다는 토론대회나 발표대회처럼 창의성을 요구하는 대회에서 수상하는 것이 더 의미 있는 평가를 받을 수 있다.

무분별한 수상경력 쌓기를 막기 위해서 2022~2023년도에는 한 학기에 1건의 수상기록만 대학에 제공되고 2024년도부터는 대학에 미반영된다. 이러한 변화로 인해 수상실적의 중요도가 낮아졌다고 볼 수도 있지만, 반대로 자신이 희망하는 학과에서 중요하게 여기는 역량을 보여줄 수 있는 수상기록이라면 학생부종합전형에서 더욱 유리할 수 있다.

수상경력

학년(학기)	수상명	등급(위)	수상연월일	수여기관	참가대상(참가인원)
	교과우수상 (국어, 통합사회)		2023.07.20	○○학교장	수강자
	○○논술대회	최우수상(1위)	2023.11.09	○○학교장	1학년(410명)

학생들을 위한 꿀팁

TIP 이렇게 준비하세요

TIP.1 교내대회 중 자신이 관심 있는 대회 정보를 미리 파악한다.

TIP.2 2022학년도 대입부터 한 학기에 한 개의 수상경력만 반영되기 때문에 수상의 개수는 의미가 없다.

TIP.3 자신의 강점이나 지원전공과의 관련성을 드러내는 대회에 참여한다.

TIP.4 비록 수상하지 못했더라도 대회 준비 과정의 경험으로 의미 있는 성장을 한 내용을 기록한다.

TIP.5 학업 역량, 창의성과 관련된 대회에서의 수상이라면 더욱 좋은 평가를 받을 수 있다.

학교마다 학년초에 교내대회와 행사를 알리는 책자를 제공하거나 홈페이지에 학교교육계획서를 탑재한다. 이를 참고하여 다양한 교내대회 중에서 자신이 관심 있는 분야의 대회 정보를 미리 파악하고 대비하여 적극적으로 참여하는 것이 좋다. 그 과정에서 수상을 한다면 수상경력란에 기록되는데, 수상을 하지 못했더라도 대회 준비 과정에서 의미 있는 경험을 했다면 자신의 대회 참여 동기와 노력의 과정을 자기소개서(2024학년도부터 폐지 예정)에서 언급할 수 있다. 또한 수업시간에 한 활동으로 상을 받았다면 수상과 관련된 내용은 기재할 수 없지만, 학생의 활동 내용은 세부능력 및 특기사항에 기재할 수 있다는 것을 명심하자. 동아리에서 활동 보고서를 작성해서 수상을 했다면, 수상과 관련된 내용을 제외한 동아리 시간에 한 학생의 활동은 동아리 활동 특기사항에 기재할 수 있다.

우측의 표를 보고 자신이 받은 상을 분류해보자.

수상분류

분류	예
성적 우수상	교과우수상/학업우수상
인성 우수상	리더십, 봉사상, 표창장, 공로상
성실성 우수상	보고서, 과제연구, 독서활동기록상
창의성 우수상	경시대회, 토론대회, 발표대회 등

2024학년도 대입부터는 수상경력이 대입에 미반영되기 때문에, 앞으로는 교내 대회보다는 다양한 교내 행사가 증가할 것으로 예상된다. 즉 '국어경시대회, 수학경시대회, 나의 꿈 발표대회' 등이 각각 '국어탐구주간, 수학탐구주간, 나의 꿈 탐색주간' 등으로 바뀌고, 여기에서 활동한 내용은 자율활동 특기사항이나 진로활동 특기사항에 입력할 수도 있으므로 학교에서 이루어지는 다양한 행사에 적극적으로 참여하는 것이 좋다.

TIP 이렇게 기재하세요

- 학년초 학교교육계획서에 따라 실시한 교내상만을 기재한다.
- 수상 사실은 수상경력 이외의 어떠한 항목에도 입력하지 않는다(대회 참가 사실 등 기재 불가).
- 수상명에는 학생이 재학(또는 졸업예정)한 고등학교를 알 수 있는 내용을 입력하지 않는다.
- 수상명은 연간 시상 계획의 수상명과 일치하게 입력한다.
- 교과우수상을 여러 과목에서 수상한 경우에는 소괄호 안에 수상과목을 병기한다.
- 교과우수상의 경우 '참가대상(참가인원)'란에 참가대상은 '수강자'로 입력하되, 참가인원은 입력하지 않는다.
- 표창장의 경우 어떤 내용의 표창인지 알 수 있도록 소괄호 안에 세부 표창 내용을 입력한다.
  (예) 표창장(선행부문)
- 등위는 등급에 대한 등위를 나타내는 것으로 대회 결과 확정된 등위를 입력한다.
  (예) 최우수상(1위)
- 수여기관에는 기관명이 아닌 기관장을 입력한다.
- 대안교육기관 위탁교육·직업과정 위탁교육 위탁학생·공동교육과정 수강학생과 국내학교 간 교환학생(도·농 교류 등)이 위탁기관 및 교환학교에서 받은 상은 교내상으로 입력할 수 있다.
- 학교생활기록부 작성 시 유의사항에서 금지하는 실적을 근거로 한 수상실적은 기재하지 않는다.

자격증 및 인증 취득상황

대학의 평가 관점

학교생활기록부 영역	학업역량	진로역량	공동체역량
자격증 및 인증 취득상황	2024학년도 대입부터 대입전형자료로 미제공		

고등학생이 재학 중에 취득한 자격증의 명칭 또는 종류, 번호 또는 내용, 취득연월일, 발급기관을 입력하며 원본을 대조한 후에 취득한 순서대로 입력한다.

'고등학교 선진화를 위한 입학제도 및 체제 개편 방안'에 따라 외고 등 특목고 진학을 위한 선행학습으로 인해 발생하는 사교육 유발 대입전형 요소를 배제하기 위하여 초·중학교는 2010학년도부터, 고등학교는 2011학년도 이후부터 각종 인증 취득사항은 학교생활기록부에 입력하지 않는다. 그러나 고등학생이 재학 중 취득한 기술 관련 자격증으로 '국가기술자격법'에 의한 국가기술자격증, 개별 법령에 의한 국가자격증, '자격기본법'에 따른 국가공인을 받은 민간자격증은 입력한다.

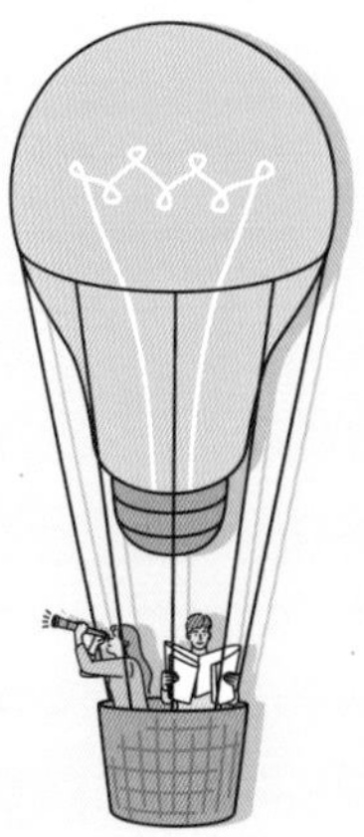

자격증 및 인증 취득상황

구 분	명칭 또는 종류	번호 또는 내용	취득연월일	발급기관
자격증	컴퓨터활용능력2급	20-K4-010622	2020.08.28.	대한상공회의소

또한 특성화고·마이스터고 학생들이 학교교육계획에 따라 국가직무능력표준을 이수한 경우 학교생활기록부에 등록하여 그 결과를 관리한다. 국가직무능력표준(NCS:National Competency Standards)은 산업현장에서 직무를 수행하기 위해 요구되는 능력을 체계적으로 가르치고 평가하여 기록할 수 있게 만든 자료이다. 일반고 학생들은 해당 사항이 없다.

국가직무능력표준 이수상황

학년	학기	세분류	능력단위 (능력단위코드)	이수시간	원점수	성취도	비고
2	2	측정	비교측정 (1502010506_14v2)	30	95	A	① [실무과목]측정

각종 자격증의 유무는 학생부종합전형 평가에서 중요한 요소가 아니다. 2022 대입개편안에 따르면 자격증 및 인증 취득상황은 이전과 같이 학교생활기록부에 기재는 하되 사교육을 유발한다는 점에서 대입전형 자료로 제공하지 않는다. 따라서 자격증 및 인증 취득에 관심을 두기보다는 학교 수업에 충실히 참여하는 것이 실질적인 도움이 된다.

TIP 이렇게 기재하세요

- 교내·외 인증은 학교생활기록부의 어떠한 항목에도 입력하지 않는다.
- 고등학교의 경우 재학 중 취득한 기술 관련 자격증에 한해 입력할 수 있으며, 그 외의 각종 민간자격증과 국제공인자격증은 입력할 수 없다.
- 고등학교의 경우, 자격증의 명칭 및 취득 사실은 '자격증 및 인증 취득상황'란에만 입력하고, 학교생활기록부의 어떠한 항목에도 입력하지 않는다.
- 기술 관련 국가공인 민간자격증은 급수와 취득연도를 확인하고 공인기간 내 공인효력이 있는 것만 입력한다.
- 자격증 번호 입력 시 숫자와 영문을 구분하여 정확하게 입력한다.
- 자격증의 취득연월일은 자격증 합격일(등록일)을 기준으로 입력한다.
- 자격증 발급기관에는 기관장이 아닌 기관명을 입력한다.
- 고교 재학 중 취득한 자격증은 누가하여 기록한다.
  (이전 학년도에 취득한 자격증도 학교생활기록부 정정 불필요) - 신설

창의적 체험활동상황

자율활동, 동아리활동, 봉사활동, 진로활동

대학의 평가 관점

입학사정관은 학생이 고교생활 중에 다양한 경험을 했는지, 학생의 관심분야나 진로 및 전공과 관련하여 지속적으로 수행한 활동이 있는지를 중심으로 평가한다. 또한 교내 행사나 탐구 활동을 통해 지식을 심화시키거나 창의적인 결과물을 산출하려는 노력을 기울이고 있는지, 활동 가운데 어떤 역할을 수행했는지, 경험을 통해 변화된 모습은 무엇인지 등을 파악하고자 한다.

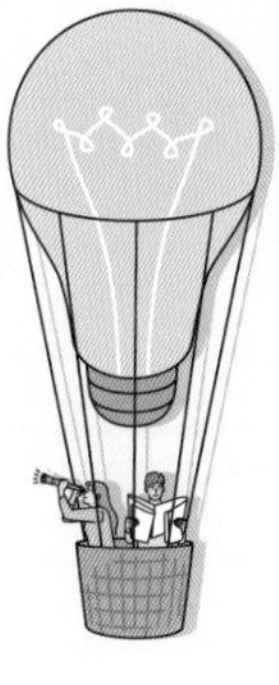

국어, 영어, 수학 등과 같이 교과수업 이외의 시간에 이루어지는 비교과활동으로 자율활동, 동아리활동, 봉사활동, 진로활동으로 구성된다. 창의적 체험활동은 학생의 관심 영역을 파악하고, 자기주도성과 인성 및 태도를 확인하는 항목이다. 능동적이고 적극적인 참여와 공동체 활동의 협력적인 태도, 지속적인 참여 과정을 바탕으로 진정성 있는 활동을 확인하고, 학생을 이해하는 근거로 활용된다. 학생 본인의 관심과 흥미, 적성에 따라 충실히 활동하고 그 우수성이 드러나는 경우에 긍정적인 평가를 받을 수 있다. 자율활동·동아리활동·진로활동의 특기사항은 모든 학생을 대상으로 입력한다. 특기사항이 좋은 평가를 받기 위해서는 아래의 표에 제시된 내용이 기재되어 있어야 한다.

좋은 평가를 받기 위한 특기사항 기재 내용

학업 역량	수업과 관련된 학업적 우수성을 보여주는가?
전공적합성	전공적합성을 보여주는가?
차별성	우리 학교의 특성화된 교육과정이나 지역적 특성을 활용한 경험인가?
자기주도성	내가 주도적으로 한 경험인가?
인성	다른 사람을 배려하고, 협업하는 모습이 드러나는가?

창의적 체험활동 특기사항에 기재할 수 있는 활동은 많아야 5개 정도이며, 글자수도 학년당 1,700자 정도이다. 따라서 학업 역량이나 전공적합성과 관련된 내용을 위주로 기재하는 것이 더욱 도움이 될 수 있다.

창의적 체험활동상황

학년	창의적 체험활동상황		
	영역	시간	특기사항
	자율활동		
	동아리활동		
	진로활동		

학년	봉사활동 실적				
	일자 또는 기간	장소 또는 주관기관명	활동내용	시간	누계시간

TIP 이렇게 기재하세요

- 학생의 영역별 활동에 대해 교사가 상시 관찰 및 평가한 누가 기록을 바탕으로 구체적 활동 사실과 학생의 활동 태도 및 노력에 의한 행동 변화와 성장 등을 기재한다.

- 정규교육과정 이수과정에서 사교육 개입 없이 학교 내에서 학생 주도로 수행한 자율탐구활동에 한하여 학생의 특기사항만을 기재할 수 있다.

  *자율탐구활동 : 학생들이 자율적으로 주제 선정부터 보고서 작성까지 전 과정을 수행하는 일련의 활동
  *특기사항의 기재 예시: 자료수집능력 및 분석능력 탁월, 주제 선정 시 진로와 사회문제 연결 노력 등
  *창의적 체험활동상황에 자율탐구활동 학생활동 산출물(소논문 포함) 실적은 기재할 수 없음.

- 창의적 체험활동 중에 자율탐구활동을 기재할 경우 학교에서는 정규교육과정 중에 이루어진 활동임을 증빙하기 위한 자료(학교교육계획서, 학교장의 승인을 받은 각종 문서, 학생활동 산출물 등)를 보관해야 한다.

- 특기사항에는 활동 실적(내용)의 단순한 나열식 입력은 지양하며, 구체적인 특정 대학명, 기관명(기구, 단체, 조직 등 포함), 상호명, 강사명은 입력하지 않음.

  *교육 관련 기관(교육부 및 소속기관, 시도교육청 및 직속기관, 교육지원청 및 소속기관에 한함)의 경우 기관명 입력 가능
  *특정 강사명은 강사로 활동하고 있는 사람 모두를 지칭하는 것이 아니라, 학생들이 참여한 강의(또는 교육활동)의 강사를 말함.

- 창의적 체험활동의 실적은 한 개 영역에 입력하고, 다른 영역에 중복하여 입력하지 않는다.

1 자율활동

대학의 평가 관점

학교생활기록부 영역	학업역량	진로역량	공동체역량
자율활동	O	O	O

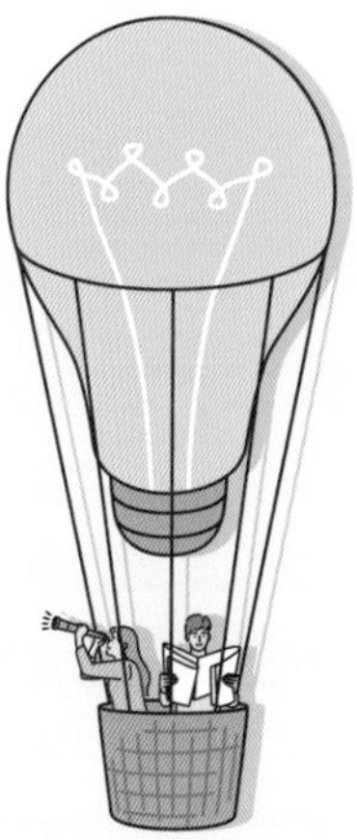

자율활동 특기사항은 학교 단위나 학급 단위에서 학생 전체가 참여한 행사에 대한 기록이 대부분이지만, 평가자는 활동과정에서 드러나는 개별적인 행동 특성, 참여도, 협력도 등을 파악하고자 한다. 즉 학교 및 학급 활동에 단순 참여하는 것보다는 활동의 목적이 무엇인지 깨닫고 활동 안에서 의미를 찾고 자신의 역할을 수행하는 것이 바람직하다. 학생 주도 활동에서의 역할 수행을 통해 리더십 경험을 확인할 수 있고, 공동체 구성원으로서 맡은 바 솔선수범하는 자세를 통해서도 학생의 책임감과 문제해결능력 등의 자질을 파악할 수 있다.

자율활동은 입학식, 학급회의, 학생회활동, 교내특강, 수학여행, 체육행사, 토론회, 학교축제, 안전교육, 학술제 등 동아리활동과 진로활동을 제외한 학교 내의 모든 교과 외 활동을 말한다. 자율활동의 세부활동 내용은 다음과 같다.

TIP

자율활동 세부 활동 내용

적응활동	학교적응, 입학, 진급, 진학, 기본 생활습관 형성, 축하, 친목, 사제동행, 학습·건강·성격·교우 등의 상담활동 등
자치활동	학급회, 학생회 협의활동, 모의 의회, 토론회, 자치법정 등
행사활동	의식행사, 발표회, 체육행사, 현장체험학습, 수련활동 등
창의적 특색활동	학생·학급·학년·학교·지역 특색활동(학습신문만들기, 지역문화재 답사 등), 학교전통수립·계승활동 등

기재예시

자율활동	2	학급의 체육부장(2023.03.02.-2023.12.30.)으로 활동하면서 체육활동 시 반 친구들의 체력증진 및 안전을 위해 노력함. 교내 체육행사(2023.05.17.)에서 체육행사 이후 앉았던 자리의 쓰레기와 응원도구 등을 정리하여 뒤처리를 깔끔하게 함. 축제(2023.09.03.)에 학급 부스 제작 및 운영 담당자로서 학생들의 선호도를 조사하고 전년도 부스 운영 사례를 분석하여 콜팝이 가장 수익률이 높을 것이라는 안을 구체적 수치를 통해 설득력 있게 제시함. 교내학술발표회(2023.11.23.)에서 '교내 매점 가격과 서비스 개선' 에 대한 토론에 발제자로 나가 교사와 학생 모두가 공감할 수 있는 안을 제시하여 주목을 받음. 이후 매점 가격의 가격인하를 일으켰고 시장 경제에 영향력을 행사하는 소비자의 역할을 체험함.

학생들을 위한 꿀팁

TIP 이렇게 준비하세요

TIP.1 대학에서 평가하고자 하는 것은 학교가 아니라 학생 개개인이다. 따라서 학교에서 계획한 행사에 참여하더라도 개인이 드러나는 활동을 통해 '나'를 보여줄 수 있도록 한다.

TIP.2 리더십 평가는 단순히 반장, 부반장 등의 임원 경력이 아니라 본인이 한 역할을 중심으로 하는 평가이다. 따라서 비록 임원이 아닌 부원이라고 하더라도 자신의 역할을 충실히 수행하여 자신이 속한 팀에 긍정적으로 기여할 수 있도록 한다.

TIP.3 자율활동을 한 후에는 본인의 활동을 중심으로 한 자기평가서(소감문)를 작성하여 담임선생님과 소통하는 것이 좋다.

자율활동은 학교에서 이루어지는 단체활동으로 운영되는 경우가 많기 때문에 학생의 개별적인 특성이 잘 나타나지 않는 경우가 많다. 또한 각종 활동에 단순히 참여만 한 기록은 의미 있는 평가 자료로 활용하기 어렵다. 바로 여기에 능동적 참여 자세의 중요성이 있다고 할 수 있다. 학생들은 자신이 한 의미 있는 역할과 자율활동의 참뜻을 생각하며 주도적으로 활동하는 것이 좋다.

단순히 수동적으로 주어진 대로 따라만 가는 것보다는 여러 활동에서 적극성을 띈 '리더'의 역할을 한다면 높은 평가를 받을 수 있다. 리더라고 해서 꼭 회장, 부회장만을 의미하는 것은 아니다. 임원이 아니더라도 '축제 부스 담당자', '체육대회 조장', '수업 모둠장' 등 학교생활 등에서 보여준 작은 리더십으로 자신이 맡은 역할을 충실히 수행하고, 자신이 속한 그룹에 긍정적으로 기여하려는 노력이 필요하다.

남들이 보기에는 대단한 것이 아니더라도 자신에게 의미가 있었던 작은 사례를 제시하고, 이 과정에서 본인만의 특별한 경험을 찾으면 된다. 학교 활동에서 자신이 어떻게 참여했고 어떤 역할을 하였으며 자신의 역량이 어디에서 중점적으로 나타났는지에 대한 구체적인 활동 사실과 성장의 내용이 기록되어 있다면 긍정적 평가를 받을 수 있다. 따라서 평소 자신이 어떻게 능동적으로 활동하였으며, 어떤 노력을 기울였는지 자세히 기록해두고, 이 사실을 담임선생님께 말씀드리는 것이 좋다. 담임선생님이 학생 개개인의 역할을 자세히 알고 있지 못한 경우가 많기 때문이다.

TIP 이렇게 기재하세요

- 특기사항은 모든 학생을 대상으로 입력한다.
- 활동결과에 대한 평가보다는 활동과정에서 드러나는 개별적인 행동특성, 참여도, 협력도, 활동실적 등을 평가하고 상담기록 등의 관련 자료를 참고하여 실제적인 역할과 활동 위주로 입력한다.
- 정규교육과정 또는 학교교육계획에 의해 실시한 학생 상담활동, 자치법정 등은 특기사항에 입력한다.
- 자치활동 관련 특기사항에 입력하는 임원의 활동기간은 1학년은 입학일부터 학년말, 2학년은 3월 1일부터 학년말, 3학년은 3월 1일부터 졸업일까지로 입력한다.

  * 학기단위로 임명하는 경우의 임원의 재임기간은 학기 시작일부터 학기 종료일까지로 입력함
- 자치활동 관련 내용을 입력할 때에는 구체적인 임원의 종류를 알 수 있도록 '전교', '학년', '학급' 등을 입력하고, 재임기간을 소괄호 안에 병기한다.

  *예시) 학급 체육부장(2023.03.02.-2023.12.30.)
- 아래의 예와 같이 학교 행사만 나열하거나 학생이 참가한 교내활동만을 보여주는 식의 특기사항은 지양한다.

학교 행사 위주로 기재하여 좋은 평가를 받지 못하는 예시

특기사항
학급 정·부회장 선거(2023.03.07.)를 통해 학급에서 필요한 역할을 정하고 학급자치회를 구성함. 학교폭력예방교육(2023.03.13.)을 통해 학교폭력의 심각성을 살펴보는 계기가 됨. 수학여행(2023.05.14.-2023.05.16.)을 통해 학급의 단합을 돈독하게 하고 학창시절의 좋은 추억을 만듦. 성폭력예방교육(2023.05.27.)을 통해 성폭력, 성매매의 의미와 심각성에 대해 이해함. 양성평등교육(2023.11.08.)을 통해 불평등한 성 역할을 인식하고 건전한 가정과 사회 구성을 위한 인식 변화의 필요성을 느낌.

사회계열 추천 자율 활동

LIST

학급임원활동, 모의의회활동, 모의UN총회, 독서프로그램, 시사토론회활동, 학생자치회활동, 자치법정, 학급신문 만들기, 리더십프로그램, 사회NEWS 제작, 독서나눔토론 프로젝트(사회·경제 분야) 활동, 집단상담프로그램, 주제탐구형 공동연구 프로젝트학습(경제 신문 제작, 방송국 견학, 국회 견학, 국세청 답사), 1인 1기 만들기, 나의 꿈 발표, 나의 희망찾기 프로젝트, 칭찬릴레이, 민주시민 아카데미, 세계시민교육, 발표회, 전시회, 문화답사, 국토순례, 지역문화제답사, 사제동행, 과학행사 등

사회계열 맞춤형 자율활동 기재 예시

01. 전 사회계열

1학기 학급자치 회장(2023.03.02.-2023.07.20.)으로 학급의 단합을 이끌고 학급자치 시간에 주어진 안건에 대한 의견을 민주적인 방식으로 수렴하고 조정하는 역할을 훌륭히 수행하여 리더십을 보여줌. 아침에 일찍 오면 교실 창문을 열고 환기를 하고 수능 준비 청소에 자발적으로 지원하는 등 남을 배려하고 봉사하는 마음이 예쁜 학생임. 학교에서 주최하는 저자 초청 강연의 사전 토론에서 토론 주제에 대한 자신의 생각을 논리적으로 표현하고 자신의 진로 목표인 정치외교 분야의 전문가로 성장할 수 있는 가능성을 보여줌. 학급 친구들이 학급이나 학교에 요구하는 사항을 파악하고 학급 자치 안건 상정을 위한 의견을 모으기 위해 학급 의견함을 만들어 시행함. 소극적인 성향의 친구들로부터 자치 시간에 자신의 의견을 말하기 힘들었는데 학급 의견함을 통해서 자신의 의견을 반영할 수 있어 좋았다는 평가를 받음. 자신도 이러한 학급 운영 경험을 바탕으로 소수의 의견이라도 경청하고 받아들이려는 태도를 가진 정치외교가나 행정가로 성장하겠다는 포부를 밝힘.

제10회 학생자치회 홍보부장(2023.03.02.-2023.12.30.)으로 새내기 학교에서 선보일 학교 홍보 영상물과 코로나19 예방 홍보 영상을 기획하고 총 연출을 맡아 방송반과 학생자치회 학생들의 협조를 얻어 촬영과 편집을 하여 선보임. 재미와 목표한 취지를 잘 살려 역대 영상 중 가장 좋았다는 평을 들음. 이러한 자치회 경험을 통해 광고 홍보나 문화 콘텐츠나 미디어 분야의 전문가로 성장하고 싶다는 포부를 밝힘. 학생들의 무분별한 엘리베이터 사용 자제를 위해 자치회 홍보국 팀원들과 아이디어를 모아 휠체어 탄 소녀가 "엘리베이터를 기다렸는데, 일반 사람들이 가득 차 있고 양보를 해 주지 않아 한참을 기다렸어요."라고 말하는 인터뷰 장면과 '당신은 몸이 불편한가요?'라는 질문을 담은 포스터를 엘리베이터 문 앞에 게시함. 또한 학생들이 가장 많이 이용하는 등교, 점심, 하교 시간에 캠페인 활동을 진행하여 학생들의 무분별한 엘리베이터 사용에 관한 문제의식을 심어주는 계기가 됨. 제10회 학생자치 선거의 선거관리위원으로 학생자치 선거 일정에 따라 학생자치 회장과 부회장 지원자들의 홍보 과정을 점검하고 공정하게 진행될 수 있도록 관리 감독하는 일을 책임감 있게 수행함.

제11회 학생자치회 바른생활부장(2023.03.02.-2023.12.30.)으로 학생자치회와 학급자치회 학생들이 아침맞이와 교통지도 일정을 계획하고 관리하는 일을 책임감 있게 수행함. 등굣길 학부모 차량과 학생이 탄 자전거 접촉 사고가 발생하였는데 이러한 일이 다시는 일어나지 않도록 바른생활부원과 TF를 조직하여 '학생 등굣길 안전 확보 방안'을 주제로 2주간 방과 후에 매일 모여 회의를 진행함. 차량 진입로와 학생 통학로를 분리하고, 자전거는 학교 입구 50m 전부터 타지 않고 걸어서 가지고 오는 방안을 제안하였으며 자치회의와 교직원회의를 거쳐 실행이 결정됨. 이 방안이 실행된 후 등굣길 접촉 사고가 발생하지 않아 학교의 안전지킴이로 불림. 이러한 경험이 경찰행정학과 진로 목표에 가까워진 것 같아 기쁘고 가슴이 벅찬 기분이 들었다는 소감을 밝힘.

02. 무역학과

1학기 학급자치 회장(2023.03.02.-2023.07.20.)으로 학기초 어색한 학급 분위기에 반전을 일으키고 학급 친구들끼리 우호적인 관계 형성을 위해 '당신의 이웃을 사랑하십니까?', '친구 캐리커처 그리기', '친구를 칭찬합니다.' 등 다양한 프로그램을 홍보팀원들과 협의하여 진행함. 가족 같고 항상 웃음이 넘치는 학급 분위기를 형성하여 학급에서 갈등 상황이 잘 일어나지 않도록 돕고, 갈등이 있더라도 금방 화해하여 관계를 더욱 돈독하게 유지하는 모습을 관찰함. 매주 1회 진행된 '관심분야 상식 알아보기'에서 자신의 관심분야인 무역에서 사용되는 용어를 알기 쉽게 설명한 글과 최근 우리나라 무역 거래량 1~10위를 제시하여 학급 친구들이 무역 분야에 관심을 갖는 기회를 제공함. 주제탐구형 프로젝트로 '우리나라 무역 지도'를 팀원들과 기획하여 세계 지도에 우리나라에서 수출되는 물품은 파란색 화살표, 수입되는 물품은 빨간색 화살표로 표시하고 물류량을 화살표 굵기로 상대적으로 표현함. 물품 이미지를 화살표 위에 붙여 학급원들이 인식하기 쉽게 제작하는 과정에서 문제해결능력과 창의적 사고력을 발휘함.

03. 경영·경제학과

한 달에 한 번씩 학급 게시판에 게시하는 '진로 연계 학급 신문'에서 '청소년이 알아두면 좋은 경제 용어 베스트 10'을 주제로 경제 용어가 가진 의미와 적용 사례를 적절하게 제시하여 학급 친구들의 호응을 얻음. 사회적 협동조합 학생 이사로서 총회(2023.04.20.)에서 사회자를 맡아 총회가 원활히 진행되도록 함. 신입생 대상으로 한 새내기 교육 기간에 사회적 협동조합이란 무엇이며 우리 학교에서 어떤 활동이 진행되고 있는지 설명하여 이해를 높임. 학교 사회적 협동조합에서 학생 조합원의 참여율을 높이기 위해 조합원 가입 시 자체 디자인한 사회적 협동조합 배지를 배부하여 소속감을 높이고, 조합원의 날을 만들어 조합원 대상 1+1이나 할인 이벤트를 진행하자는 아이디어를 제시하여 문제해결 역량을 발휘함. 학교 사회적 협동조합 이사로서 활동하면서 좋은 먹거리에 대한 고민, 지역 사회와 연계하여 바람직한 경제활동은 무엇이며 어떤 노력을 해야하는가에 대하여 조합원들과 함께 이야기하고 문제를 해결하는 과정에서 앞으로 미래 경제를 이끌어나갈 리더로서 철학을 세울 수 있었던 계기가 되었다고 소감문을 작성함.

04. 광고홍보학과

제10회 학생자치회 홍보부장(2023.03.02.-2023.12.30.)으로 '코로나19 지속 상황 속 학급 문제 되돌아보기'를 주제로 한 토의에서 '음식물 나눠 먹지 않기'와 '물리적 거리 두기'가 잘 지켜지지 않고 있는 문제 상황을 제시하여 캠페인을 통해 해결하고자 의견을 모음. 부원들과 협업하여 학급 규칙 내용을 인식하기 쉽게 이미지로 표현하고, '친한 친구일수록 한 발자국씩 물러나세요. 그것이 친구와 자신의 안전을 지키는 방법입니다.'라는 캠페인 홍보 문구로 호응을 얻음. 또한 학생자치회에서 '음식물은 정해진 장소에서', '친구들의 안전을 위해 마스크를 착용합시다.' 등의 문구를 스케치북에 적어놓고 규칙을 어긴 학생에게 말을 하지 않고 보여주는 '무언 캠페인'을 실시하여 학생들의 태도 변화를 이끌어냄. 이러한 경험을 통해 홍보물과 캠페인이 사람들의 인식과 행동 변화를 일으킬 수 있다는 믿음이 생겨났으며, 좋은 문화와 형성에 이바지할 수 있는 광고홍보 분야의 전문가로 성장하고 싶다는 포부를 밝힘.

05. 부동산학과

2학기 학급자치 부회장(2023.08.20.-2023.12.30.)으로 학급 친구들에게 신뢰를 얻고 있으며, 학급 자치회 회장을 도와 학급 운영에 적극적으로 참여함. 매일 조회 시간에 진행된 '자신의 꿈 발표하기'에서 'RICH DAD(로버트 기요사키)'를 읽고 부자 아빠가 되는 것이 꿈이며 자신의 꿈을 실현하기 위해 부동산학과에 진학하여 관련 법률, 경제, 정책, 경영, 금융, 투자 등 다양한 공부를 통해 부동산전문가로 성장할 것이라는 포부를 밝힘. 학급 멘토-멘티 활동에서 경제 교과의 멘토로 지원하여 멘티들과 주기적인 만남을 통해 교과 개념을 복습하고 적용하는 활동뿐만 아니라 부동산 관련 독서 토론 모임을 병행하여 배움과 삶을 연결하려는 노력이 지속적으로 관찰됨. 학급 친구들과의 자율적인 소모임을 통해 부동산전문가로서 성장하고 싶다는 꿈이 확고해지고 스스로 성장하고 있어 친구들과 자신이 대견하다는 소감을 밝힘.

06. 금융학과

금융전문가를 초빙한 아카데미에 참여하여 금융전문가란 무엇인지, 어떤 역할을 하는지에 대한 이해를 높이는 계기가 되었으며, 질의응답 시간에 "좋은 금융전문가는 어떤 사람일까요? 그리고 어떻게 하면 될 수 있나요?"라고 진지하게 질문을 하는 모습이 인상적임. 금융전문가의 "학생은 좋은 금융전문가가 어떤 사람이라 생각하세요?"라는 물음에 "신뢰를 바탕으로 한 상담 과정이 필요하며 금융 정보가 필요한 사람에게 실질적으로 도움이 되는 정보를 제공할 수 있는 전문가가 좋은 금융전문가라고 생각합니다."라고 답하여 평소 금융전문가의 역량이나 자세에 대하여 깊이 있는 고민을 하는 학생임을 알 수 있음. 금융 분야 학습 모임을 만들어 방과후 1주일에 2회 정도 꾸준히 만나 금융 상식, 금융 시장 동향 분석 등 다양한 주제로 학습 및 토의를 함. 이런 활동을 통해 자신뿐만 아니라 함께한 친구들과 더불어 성장하는 기회를 갖게 되어 뿌듯했다는 소감문을 작성함.

07. 세무·회계학과

'학급별 주제별 별 따러가자'라는 공정여행에서 총무로 지원하여 여행 경로에 따른 비용을 계산하고 개인당 부담해야 하는 금액을 산출하여 알려줌. 공통 지출비 관리 및 정산을 책임감 있게 수행하여 담임교사와 학급 친구들의 신뢰를 얻음. 학급 친구들의 진로에 따라 다양하게 선택할 수 있도록 공정 여행지를 서울로 정하고, 각 분야의 전문가를 만나 인터뷰를 해서 자신의 진로에 대한 궁금증을 해결하자는 의견을 제안함. 해당 의견이 친구들의 지지를 얻어 선택됨. 경제 수학의 멘토로 지원하여 멘티들과 '일찍 일어난 새가 벌레를 잡는다'는 영어 속담에서 착안한 '일찍 일어난 새모임'을 만듦. 매일 조회 30분 전에 모여 수열, 통계 등 수학 개념을 확인하고 회계, 금융 등 실생활 문제에 적용하기 위해 노력함. '우리반 성장판'이라는 학급 게시판에 실생활 문제에 적용한 사례를 게시하고, 관심을 가지는 친구들에게 관련 내용을 설명하는 등 앎과 삶을 연결하며 자신의 앎을 친구들과 나누려는 자세를 보임.

08. 법학과

1학기 학급자치 회장(2023.03.02.-2023.07.20.)으로 학급 규칙을 제정하고 규칙이 자율적으로 진행되도록 자치법정을 기획하여 운영에 참여함. 사전에 학급친구들이 자치법정에 올린 사안을 바탕으로 수업 중 핸드폰 사용 금지, 지각, 마스크 착용, 교실에서의 음식물 섭취 등의 학급문제를 자치 회의 시간에 다룸. 이를 해결하기 위하여 학급원들의 토의, 토론을 거쳐 합의된 사안을 학급 규칙으로 만들고 공지함. 학교 게시판에 '이번 달 학교 규칙, 얼마나 지키고 있을까요?'라는 코너를 만들어 잘 지켜진 규칙에는 스마일 스티커를, 잘 지켜지지 않은 규칙에는 눈물 스티커를 붙여 학급 친구들이 이행정도를 스스로 파악할 수 있도록 함. 해당 달에 잘 지켜지지 않은 규칙은 학급 자치 안건으로 선정하여 지켜지지 않는 이유에 대한 나눔의 시간을 가지고, 잘 지키기 위한 방안을 토의하는 등 개선을 위해 지속적으로 노력함. 이러한 과정에서 책임감과 문제해결 역량을 보여줌. 학급 멘토링에서 정치와 법 교과멘토로 멘티들과 1주일에 1~2회 모여 꾸준히 학습함으로써 멘티들의 성적 향상에 도움이 되었다는 소감을 들음.

09. 심리학과

공감능력이 우수한 학생으로 학급 또래 상담가로 활동하면서 '코로나 블루'로 어려움을 겪는 학급 친구의 고민을 들어주어 친구들의 신망을 얻음. 코로나19로 인해 서로 대화가 어려운 학급 상황인만큼 관계 형성을 위해 하루에 한 명씩 돌아가면서 '마음 일기'를 작성하고 일기 밑에 응원과 공감의 댓글을 작성하자는 아이디어를 제안함. '마음 일기' 작성을 시작한 후 두 달 만에 눈에 띄게 학생들의 안정감이 느껴지고, 가족적인 학급 분위기가 형성되어 놀라움을 줌. 주 1회씩 '나는 그래도 날 잘 안다고 생각했는데(우르술라 누버)', '청소년에게 심리학이 뭔 소용이람?(이남석)' 등의 책을 돌아가면서 읽고 자신의 생각을 나누는 독서 모임을 진행함. 심리 상담 분야에 진로 목표를 가진 세 명으로 시작하였으나 시간이 지날수록 함께 하고자 하는 친구들이 많아져 네 명씩 다른 요일에 진행하는 형태로 발전함. 독서 모임의 리더로서 스케줄을 짜고 운영 방식에 대한 노하우를 전수하여 또래 전문가를 양성하는 모습을 보임. 혼자만의 성장이 아닌 더불어 성장하는 즐거움을 알고 리더십이 탁월한 학생임.

10. 사회복지학과

2학기 학급자치 회장(2023.08.20.-2023.12.30.)으로 학급의 운영에 적극적으로 참여하며, '친구를 칭찬합니다', '우리 반의 좋은 점과 개선할 점' 등 협력적인 학급 문화를 만들기 위해 아이디어를 모으고 추진력 있게 진행함. 조용한 성격임에도 불구하고 친구들의 이야기를 잘 들어주고 도와주는 등 친구들에게 신뢰감이 깊어 학급자치 회장 후보로 추천되고 압도적인 표 차이로 선출됨. 몸이 불편한 친구가 이동 수업을 할 때 함께 이동하고, 수업에 참여할 수 있도록 돕는 '장애 학생 도우미'를 1년 동안 성실하게 활동함. 도움을 받은 친구와 해당 학생의 부모님이 진심으로 대해주고 편안하게 학교생활을 할 수 있게 도와주어 고맙다는 인사에 오히려 자신이 봉사하는 즐거움을 깨닫고 사회복지학자가 되겠다는 진로 목표를 분명히 하는 계기가 되어 감사하다는 인사를 전함. 자신이 맡은 일도 아닌데 아침과 점심에 교실 창문을 열어 환기를 하고, 남들이 꺼리는 분리수거 담당자로 활동하는 등 평소 남을 배려하고 봉사하는 자세가 남다른 학생임.

11. 사회학과

'사회문제 탐구하기'를 주제로 한 사회참여 프로그램에 참여하여 학교에서 학생들의 무분별한 엘리베이터 이용 대신 계단 사용을 장려하기 위해 계단에 올라갈 때마다 소모되는 칼로리를 부착하는 아이디어를 제안하고 실행에 옮겨 학생들의 호응을 얻음. 학급 1인 1역의 시사반장으로서 주 1회 사회문제를 다룬 기사를 게시하고, 그 밑에 질문과 답변을 진행할 수 있도록 만들어 학급 친구들의 궁금증을 해결할 수 있도록 하였으며, 학급 친구들로부터 이러한 시사 코너를 통해 시사 상식이 높아지게 되었다는 긍정적인 평가를 받음. 일본 위안부 피해자분들의 고통과 우리의 아픈 역사를 기억하기 위해 작은 평화 소녀상 설치를 위한 모금 운동과 모금 이유에 대한 설명회를 매일 점심시간마다 사회적 협동조합 앞 공간에서 진행함. 6개월의 모금 과정이 쉽지 않았지만 큰 성취감을 느낄 수 있었고, 함께한 친구들, 선후배들, 선생님들께 감사하다는 소감을 밝힘. 아픈 역사라도 기억해야 다시 반복되지 않는다는 자기 철학이 확고하며 실천 의지가 강한 학생임.

12. 정치외교학과

학급 내에서 한 달에 한 번 진행하는 '시사 뉴스'에서 자신의 진로와 연관이 있는 정치 외교 분야의 이슈에 관한 기사를 스크랩하여 게시함. 기사에 관련된 질문과 답변 코너를 마련하여 포스트잇을 이용해 질문을 받고 답변을 해주어 학급 친구들이 큰 도움이 되었다는 평가를 받음. 학급 자치 시간에 학급 내 문제나 주제 토의를 할 때 논리적인 근거로 설득력 있는 의견을 제시함. 손을 들어 말하기 쑥스러워하는 친구들이 의견을 자유롭게 이야기할 수 있도록 각자 1~2가지의 의견을 포스트잇에 적고 4명으로 구성된 모둠에서 모둠의 의견 1~2가지를 모아 칠판에 붙이고 유목화하여 학급의 의견을 완성하는 안을 제시하여 시행함. 소수의 의견이라도 수용하는 것이 진정한 의미의 공동체라고 생각하며, 소외된 이웃들을 위한 정치외교 분야의 전문가로 성장하고 싶다는 포부를 밝힘. 학급 내 학습 멘토링 활동에서 가장 자신 있는 정치와 법 교과 멘토를 지원하여 아침이나 점심 시간을 활용해 꾸준히 학습함으로써 멘티들의 성적 향상에 도움을 주고 더불어 성장하는 모습을 보임.

13. 아동학과

진로탐색 여행에서 '유아 교육팀'의 팀장을 맡아 팀원들과 협업하여 장소 섭외와 유아 대상 교육 프로그램을 기획함. 신체 활동, 미술 활동, 과학 실험 체험 등 팀원들의 강점을 잘 살린 다양한 유아 대상 프로그램을 진행한 결과, 아이들이 지루하지 않고 침착하게 참여하여 관계자분들의 칭찬을 받음. 한 달에 한 번씩 제작되는 학급 신문에서 '아동 폭력'을 주제로 하여 아동 폭력의 정의와 사례를 제시함. 아동 폭력의 발생 원인 분석 및 감소 방안에 대한 의견을 제안하여 학급 친구들이 아동 폭력의 심각성을 인식하게 하고, 함께 고민하는 기회를 가짐. 아동 폭력 및 가정 폭력 예방을 위해 출산 전과 출산 후 2년마다 학부모 교육을 의무화하여 가까운 동사무소나 경찰서 등 관공서에서 전문가의 실질적 활동 교육을 받도록 하자는 정책을 제안함. 아이디어 제시에 머무르지 않고 '국민 아이디어 공모'에 글을 올렸으며, 학교에 정책 홍보글을 게시하여 댓글 등 실천을 촉구하자는 캠페인을 진행함. 생각에서 멈추지 않고 행동으로 옮기는 것이 중요하며, 함께 할 때 우리도 할 수 있다는 자신감이 생겼다는 소감을 밝혀 감동을 줌.

14. 소비자학과

주 1회 학급에서 진행하는 '나의 미래 직업 소개하기' 활동에서 경제활동이 활발해지면서 소비자의 역할이 중요해졌고, 소비 패턴 분석을 통해 우리나라 경제 증진에 기여하고자 소비자학과에 진학하고 싶다는 포부를 밝힘. 학급 친구들을 대상으로 '나의 용돈 활용법 공모전'을 기획하고 운영하여 자신의 소비 성향을 반성하고 분석하는 기회를 제공함. 만원으로 1주일 동안 생활하는 '만원의 행복'이라는 코너를 진행하여 학급 친구들이 적은 금액으로 어떤 활동을 계획하고 진행했는지 이야기를 나눔. 적은 돈이라도 의미 있게 사용하고, 좋아하는 일을 할 때가 중요하다는 자신의 철학을 이야기하며 '좋은 소비, 착한 소비, 행복한 소비'를 고민하는 소비문화를 이끌고 싶다는 이야기로 공감을 얻음. 학급 멘토링 활동의 경제 교과 멘토로서 멘티들이 각자 단원을 나누어 개념을 설명하고 적용 문제를 만들어 함께 풀어보는 시간을 가질 수 있도록 운영함. 이러한 과정을 통해 멘티들로부터 문제해결능력 향상에 큰 도움이 되었다는 평가를 받음.

15. 문화콘텐츠학과

학급 신문 제작부 편집장으로 매달 1회 발행하는 학급 신문에 넣을 콘텐츠를 기획함. 기획 의도와 맞는 학급 친구들을 섭외하고, 그들이 글을 써오면 수정 및 편집과정을 걸쳐 학급 신문을 게시하는 일을 책임감 있게 수행함. 자신이 맡은 역할이 아닌데도 '벚꽃과 함께 온 친구의 생일을 축하합니다.' 등 매월 학급 친구 생일 축하 이벤트를 기획하여 실행하는 것을 즐기는 자세를 보여줌. 이런 학급 행사로 학급 친구들이 소속감을 느끼고 학교생활에 만족도가 높아졌다는 평가를 받음. '알쓸상식(알아두면 쓸데 있는 상식)'을 기획하여 주 1회 학급 게시판에 게시하고 도움이 되었다면 스티커를 붙이게 하여 학급 친구들의 호응도를 시각적으로 파악함. 이러한 과정에서 창의적 사고 역량과 추진력을 보여줄 뿐만 아니라, 친구들의 행복감이 자신에게 더 큰 행복감을 준다고 말하는 마음 따뜻한 학생임.

16. 지리학과

11회 학생자치회 홍보부장(2023.03.02.-2023.12.30.)으로 1학년 신입생들의 학교 적응을 돕는 프로그램인 '새내기 학교'에서 '학교 안내하기' 팀장을 맡음. 도서관, 사회적 협동조합, 미술관, 과학실 등 특별실을 안내하고, 이용하는 방법에 대한 교육을 진행함. 이용 꿀팁을 넣은 학교 안내 지도를 제작하여 프로그램에 사용함. 학급별 여행 기획팀장으로 장소 탐색 및 여행 경로 설정을 담당함. 팀원들과 함께 학급 친구들이 진로에 따라 다양한 활동을 할 수 있는 지역을 사전 조사를 통해 알아보고, 지역별 특색 및 활동 가능한 내용을 발표자료로 제작하여 학급 친구들의 여행 장소 선정 및 여행 일정 설정에 도움을 줌. '우리 지역 온라인 답사 기행'에 참여하여 지역명의 역사, 문화, 특산물, 지리적 특성 등을 온라인 지도와 사진으로 이해하기 쉽게 제시함으로써 실제로 방문해 체험한 것 같은 착각을 불러일으킬 정도로 짜임새 있게 구성하여 좋은 평가를 받음.

17. 경찰행정학과·행정학과

15회 학생자치회 안전부장(2023.03.02.-2023.12.30.)으로 등굣길 교통사고 안전 캠페인에서 '등교 학생은 여기서 내려주세요.', '등굣길 안전을 위해 교문 100m 전에 자녀를 내려주세요.' 등의 문구가 적힌 피켓을 제작하여 1학기 동안 주 1회씩 꾸준히 참여함으로써 등굣길 차량 정차 문제의 개선에 공헌함. 또한 '학교 안전지킴이'를 기획하여 도움반 친구들이 이동 경로에서 불편한 점이나 위험 요인이 없는지 체크하고, 3주체 간담회에서 진단 결과를 바탕으로 개선을 촉구하는 의견을 제출함. '사회문제 정책 제안'에서 안전모 미착용인 채로 전동 킥보드를 타고 등하교를 하는 학생들의 안전을 위해 안전모에 전동 킥보드와 연계되는 바코드를 부착하여 안전모를 의무적으로 착용해야 탈 수 있도록 하자는 정책 제안을 발표하여 정책 제안에 참여한 많은 친구들의 호응을 얻음. 학교에서 마련한 정책을 국민 참여 마당에 공모함. 이러한 과정에서 생각에 머무르지 않고 행동으로 옮기는 추진력과 문제해결 역량을 보여줌.

18. 문헌정보학과

학급 독서 부장으로 학급 친구들의 월간 독서 목록을 취합하고 관리하는 일을 성실히 수행함. 학급 독서 시간에 학급 친구들이 책을 챙겨 올 수 있도록 공지하고, 독서 관리 시스템에 입력했는지 꼼꼼하게 확인하여 학급 친구들의 신망을 얻음. '30분의 기적'이라는 아침 독서 모임을 만들어 친구들과 함께 읽고 싶은 책을 선정한 후 돌아가면서 읽고 '감상평 한 줄 남기기'를 꾸준히 진행함. 한 달 동안 읽은 책 중 학급 친구들에게 소개하고 싶은 도서의 줄거리와 추천 이유를 작성한 홍보물을 부착하는 '이달의 추천 도서'를 진행함. 함께 읽고 생각을 나누는 과정에서 독서의 즐거움을 느꼈으며, 자신의 철학을 정립하고 꿈을 이루기 위한 추진력을 얻을 수 있었다는 학급 친구들의 지지와 평가를 받음. 엄청난 정보로 발전하고 쏟아지는 정보들 속에서 정보를 가장 효율적으로 활용할 수 있고, 다른 사람들에게 그 노하우를 전할 수 있는 정보 전문 인력으로 성장하고 싶다는 포부를 밝힘.

19. 군사학과

1학기 학급자치 회장(2023.03.02.-2023.07.20.)으로 학급자치 시간에 올라온 안건에 대하여 학급 구성원들이 의견을 자유롭게 제시할 수 있도록 분위기를 조성함. 손을 들어서 지목하는 방식의 경우 몇 명의 적극적인 학생들의 의견만 수용하게 된다는 문제점을 해결하기 위해 모둠별로 안건에 대한 이야기를 나눈 후 모둠 대표 학생이 모둠의 의견을 발표하는 방식으로 변경하여 구성원들의 모든 의견을 반영하기 위해 노력함. 수업시간에 몰래 핸드폰을 사용하는 문제를 해결하기 위해 모둠별 핸드폰 보관함을 만든 후 필요할 때만 꺼내서 사용함. 수업을 방해하는 친구들과 이야기를 나누어보니 '아는 게 없어서, 어려워서'라는 말에 공부 잘하는 친구가 짝꿍이 되어 도움을 주는 '1대 1 멘토'를 추진해보자는 의견을 내고 아이들의 동의를 얻어 추진함. 학습 분위기가 많이 좋아지고, 자는 학생이 없는 학급으로 평가받는 데 큰 공헌을 함. 체육행사에서 재미있는 응원가에 맞추어 간단한 율동을 만들어 다같이 응원하면서 학급의 단합을 이끌고, 뛰어난 체력으로 각종 경기의 대표로 참여하여 좋은 결과를 얻음. 교사와 학급 친구들에게 신망이 두터우며, 항상 즐거운 학급 운영을 고민하고 추진하는 문제해결 역량과 공감 역량이 우수한 학생임.

2 동아리활동

대학의 평가 관점

학교생활기록부 영역	학업역량	진로역량	공동체역량
동아리활동	O	O	O

동아리활동은 학생의 흥미와 관심사를 가장 잘 보여주는 항목 중 하나이다. 따라서 희망진로나 전공(계열)과 관련한 깊이 있는 활동을 통해 전공적합성을 파악할 수 있다. 하지만 단순히 희망 진로 또는 전공과 직접적으로 관련된 동아리의 선택 여부가 아니라 해당 전공이나 진로에서 필요로 하는 자질이나 역량을 기를 수 있는 활동을 하였는지를 살펴본다. 전공 및 진로와 직접적으로 관련이 없는 동아리활동을 하였더라도 학업 관련 동아리활동을 통해 지적 호기심이나 탐구 역량이 드러나기도 한다. 또한 인성적인 측면에서 상대방을 존중하고 배려하는 태도나 목표 달성을 위해 주도적으로 행동한 경험에 대하여 긍정적인 평가를 받을 수도 있다. 동아리활동은 지원자의 관심 영역을 바탕으로 탐구 역량, 자기주도성, 적극성을 파악할 수 있는 요소이다. 동아리활동은 교내에서 참가한 동아리명과 활동 내용을 기록한다. 동아리활동은 크게 창의적 체험동아리, 자율동아리로 구성되고, 세부적인 특성을 반영하면 학술동아리, 교양동아리, 스포츠동아리 등 다양하게 나타난다.

기재예시

동아리활동	1	(언론홍보반) 언론홍보동아리 부장으로 매시간 동아리활동을 기획하고 열심히 준비함. 언론의 기능과 역할에 대해 고민하고 언론이 나아갈 방향에 대해 모색함. 특히 상업 광고의 심층 분석을 바탕으로 상업 광고에 나타나는 문제점을 분석하고 보완하는 방안을 검토하여 광고의 역할과 기능에 대한 토론활동에 적극적으로 참여함. 축제 때 학생들이 우리 학교를 홍보할 수 있도록 부스를 설치하는 계획을 세워 실천함. 부원들을 잘 이끌어 각자의 역할을 정하여 부스 운영이 원활하게 이루어지도록 하였으며, 특히 우리 학교의 상징물로 '○○○' 을 만드는 등 창의적인 발상으로 의미 있는 축제를 만들어 냄.

학생들을 위한 꿀팁

TIP 이렇게 준비하세요

TIP.1 자신의 진로와 관련된 동아리를 선택한다.

TIP.2 참여 동기, 활동과정에서 본인의 경험과 노력이 드러나도록 한다.

TIP.3 자신의 성장과, 활동과정에서 발전적으로 변화한 내용을 보여주도록 한다.

TIP.4 동아리활동을 독서나 탐구활동 등으로 연계하여 심화 확장하도록 한다.

TIP.5 자신의 전공과 관련 없는 동아리라면, 그 안에서 전공과의 연계점을 찾고 전공에 필요한 역량을 키우고 발전시키도록 한다.

매 학년의 학기초가 되면 동아리 선택으로 늘 고민하게 된다. 동아리를 선택하는 기준으로 가장 중요한 것은 전공과의 연관성이다. 정치외교학을 전공하고자 한다면 정치외교 관련 동아리에 가입하는 것이 좋다. 그러나 여러 가지 이유로 전공과 직접적으로 관련된 동아리에 가입하지 못했다면, 전공 이수에 필요한 학업 역량을 보여주는 동아리에 가입하면 된다. 정치외교를 전공하기 위해서는 국어, 영어, 사회 교과에 대한 관심과 역량이 필요하다. 따라서 영어회화반, 시사토론반, 논술반, 역사탐구반 등에 가입하여 열심히 참여한다면 충분히 좋은 평가를 받을 수 있다. 학술동아리라면 어떠한 주제 의식을 갖고 활동을 진행하였는지 또는 문제해결 방법 등 구체적인 활동과정이 나타날 수 있도록 동아리 일지를 꾸준히 기록하면 도움이 된다.

동아리에 가입을 했다면 적극적인 참여와 주도적 활동이 도움이 된다. 단순히 동아리 부장이라는 직책으로 좋은 평가를 받는 것이 아니므로 리더십을 보일 수 있는 활동이 있어야 한다. 따라서 리더가 아닌 부원으로 활동했더라도 자신의 역할에 충실히 임하고, 자신이 속한 동아리에 긍정적인 기여를 한 노력의 과정, 그리고 협업할 수 있는 능력을 보여준다면 충분하다. 2021년도 고등학교 신입생이 대학에 지원하는 2024년도부터는 자율동아리활동은 학교생활기록부에 기재는 되지만 대입에는 미반영된다. 따라서 정규 교육과정 내 동아리활동의 중요성이 더욱 커졌다고 할 수 있다. 동아리활동은 전공적합성, 동아리에서 성과를 내기 위한 노력의 과정, 리더십, 협업능력, 그리고 열정이 평가의 주요 내용이라는 점을 명심하자.

TIP 이렇게 기재하세요

- 동아리활동 영역은 자기평가, 학생상호평가, 교사 관찰 등의 방법으로 평가하여 참여도, 협력도, 열성도, 특별한 활동실적 등을 참고하여 실제적인 활동과 역할 위주로 입력한다.
- 학교교육계획에 의한 학생의 자율동아리활동은 학년당 한 개만 입력한다.
- 자율동아리는 학교교육계획에 따라 학기 초에 구성할 수 있으며, 학기 중에 구성된 자율동아리활동은 입력하지 않는다.
- 특기사항의 첫 문구는 동아리 이름보다는 동아리에서 학생이 한 역할로 시작하는 것이 좋다. 특별한 직책이 없는 경우에는 '부원으로서'로 시작하여 학생의 주도성이 돋보이도록 한다.
- 아래와 같이 학생 개인의 활동보다 전체가 한 활동을 중심으로 기술된 특기사항은 지양한다.

동아리 전체 활동 위주로 기술되어 좋은 평가를 받지 못하는 예시

특기사항
(역사탐구반) 역사에 관심을 갖고 다양한 활동에 성실하게 참여함. 역사의식을 기르기 위한 캠페인 활동에 참여함. '역사저널 그날'을 시청하면서 '5.18 민주화운동'의 의미와 이것이 오늘에 던지는 메시지에 대해 토론함. 동아리 축제를 위해 열심히 노력함.

사회계열 추천 동아리활동

LIST

NIE반, 방송반, 신문제작반, 영상제작반, 시사탐구반, 창업과 창직반, 메이커반, 독서토론반, 시사토론반, 사회참여탐구반, 사회문제토론반, 경제경영연구반, 자산관리연구반, 언론탐구반, 광고홍보반, 경제신문반, 소비자탐구반, 법학연구반, 모의법정반, 시민탐구반, 국제시사연구반, 심리학탐구반, 식생활탐구반, 스타트업, 디자인씽킹, 공공정책제안반, 인권운동반, 논술반, 미래사회연구반, 미래도시탐구반, 국제사회탐구반, 법과정치연구반, 아동문화연구반, 사회복지탐구반, 노동법탐구반, 성평등을위한정책만들기반, 민주주의탐구반, 다문화연구반, 봉사와나눔반, 생태지질연구반, 예비승무원반 등

추천 동아리활동

경영·경제학과

시사탐구반, 창업과창직반, 메이커반, 마케팅연구반, 기업윤리탐구반, 경제경영연구반, 경제신문반, 독서토론반, 글로벌기업탐구반, 경제사연구반, 디자인씽킹반, 스타트업반, 영어토론반, 수학탐구반

무역학과

무역학연구반, 경제연구반, 국제마케팅탐구반, 자유무역협정분석반, 독서토론반, 창업과창직반, 시사무역탐구반, 디자인씽킹반, 국제통상정책탐구반, 지적재산권연구반, 비즈니스영어회화반

광고홍보학과

광고홍보연구반, 영상광고제작반, 광고심리연구반, 뉴미디어와광고분석반, 인문학반, 카피라이터반, 광고캠페인연구반, 홍보영상제작반, NIE반, 방송반, 디자인씽킹반, 미디어탐구반, 디자인연구반, 광고홍보마케팅반

부동산학과

부동산탐구반, 도시재생연구반, 도시계획연구반, 시사토론반, 지리연구반, 논술반, 기업가정신반, 부동산과경제반, 부동산개발사례연구반

금융학과

금융탐구반, 자산관리연구반, 경제연구반, 시사토론반, 영어회화반, 창업과창직반, 주식과경제연구반, 수학탐구반, 금융경영학술반

세무·회계학과

세무·회계탐구반, 경제연구반, NIE반, 독서토론반, 마케팅연구반, 국제조세법연구반, 경영통계연구반, 세법탐구반

법학과

법학연구반, 공정과정의반, 모의법정반, 신문반, 시사토론반, 독서논술반, 노동법탐구반, 인권토론반, 법전토론반, 법과정의탐구반, 국제법연구반, 지적재산권 탐구반

심리학과

상담심리탐구반, 또래상담반, 심리학탐구반, 고전읽기반, 독서토론반, 시사탐구반, 논술반, 발달심리학연구반, NIE반 등

사회학과

사회참여탐구반, 시사토론반, 독서토론반, 신문반, 사회문제연구반, 미래사회탐구반, 방송반, 창업과창직반, 논술반, 디자인씽킹반, 시민탐구반, 공공정책제안반, 인권운동반, 국제사회탐구반, 다문화연구반

정치외교학과

정치학토론반, 한국외교사탐구반, 한국정치연구반, 북한문제탐구반, 독서토론반, 정치외교탐구반, 신문반, 정치가탐구반, 시사탐구반, 논술반, 시민탐구반, 공공정책제안반, 성평등을위한정책만들기반, 다문화연구반

아동학과

아동탐구반, 신문반, 독서토론반, 아동문화연구반, 아동심리탐구반, 아동인권연구반, 특수아동연구반, 아동문학토론반, 그림책창작반, 아동복지탐구반, 논술반

사회복지학과

사회복지탐구반, 복지정책연구반, 시사토론반, 독서토론반, 사회봉사반, 디자인씽킹반, 미래사회탐구반, 공공복지제안반, 인권연구반, 다문화연구반, 환경정화반, 사회복지윤리와철학탐구반, 한국사회보장제도분석반

소비자학과

소비자문제탐구반, 토론반, 신문반, 경제연구반, NIE반, 디자인씽킹반, 시민탐구반, 식생활탐구반, 소비문화연구반, 소비자트렌드분석반, 금융시장연구반 등

문화콘텐츠학과

영상제작반, 방송반, 신문반, 컴퓨터활용반, 문화탐구반, 문화콘텐츠제작반, 콘텐츠토론반, 시사탐구반, 고전연구반, 박물관탐방반, 한국문화콘텐츠분석반, 게임문화연구반, 글로벌문화탐구반, 영화캐릭터연구반

지리학과

생태지질연구반, 세계지리탐구반, 지리신문제작반, 독서토론반, NIE반, 미래도시탐구반, 환경정화탐구반, 아시아지역연구반, 세계기후와문화탐구반, 기후변화토론반, 도시지리탐구반, 관광지리연구반, 논술반

경찰행정학과·행정학과

시사토론반, 공공정책연구반, 신문반, 경찰탐구반, 행정연구반, 법과행정토론반, 현대민주주의탐구반, 공공관리이론연구반, 정책평가반, 복지정책연구반

문헌정보학과

도서반, 도서관탐방반, 정보미디어역사탐구반, 빅데이터반, 독서토론반, 신문제작반, 교지편집반, 문헌정보탐구반, NIE반, 저작권과정보윤리탐구반

지리학과·군사학과

국제관계연구반, 시사토론반, 정치연구반, 태권도반, 군사학탐구반, 국방조직연구반, 손자병법탐구반, 군사지리탐구반, 현대전쟁사연구반, 군사심리학탐구반, 리더십탐구반

사회계열 맞춤형 동아리활동 기재 예시

01. 경제학과

(경제문제탐구반)(OO시간) 동아리 학년 대표로서 동아리활동을 기획하고 실천하는 데 주도적 역할을 하였으며, 다수의 경제 문제 프로젝트를 수행할 정도로 경제 문제에 대한 열정과 문제해결능력이 탁월한 학생임. 특히, 경제 문제가 발생하는 근본적인 원인이 '자원의 희소성'에 있음에 지적하고 물가 상승의 원인을 다양한 사례를 제시하여 설명함으로써 청중들의 호응을 얻음. 청소년 실업 문제를 주제로 한 토론에서 자신의 의견을 조리 있게 발표하고 상대의 의견을 경청하는 모습이 돋보였으며, 문제해결을 위해 제안한 의견이 구체적이고 현실적이어서 청중들의 지지를 받음. 코로나19로 인한 경제현상을 우리나라뿐만 아니라 전 세계의 경제 문제와 연계하여 해석하고 설명한 부분이 좋은 평가를 받음.

02. 무역학과

(무역학연구반)(OO시간) 평소 경제, 사회 분야에 관심이 많은 학생으로 틈틈이 경제 신문이나 경제 뉴스를 챙겨 보고 내용을 정리하는 습관이 있음. 특히, 국가 간에 이루어지는 상품의 수출입과 그에 따른 여러 가지 경제활동에 관해 연구하는 무역학에 흥미를 갖고 동아리활동에 참여하게 됨. 개발도상국 생산자의 경제적 자립과 지속가능한 발전을 목적으로 생산자에게 정당한 대가를 지불하는 공정무역의 중요성을 강조하고, 관련 자료를 수집하여 쓴 보고서가 좋은 평가를 받음. 공정무역을 주제로 동아리원들과 협력하여 UCC 제작, 캠페인 활동, 토론 등 다양한 과제를 수행하였으며, 자신이 맡은 역할에 최선을 다하는 모습이 타의 모범이 됨.

03. 광고홍보학과

(광고홍보연구반)(OO시간) 광고 및 홍보 분야에 관심이 많은 학생으로 동아리 구성 및 활동에 주도적인 역할을 하였으며, 다양한 탐구과제를 성실하게 수행함. 광고와 홍보를 주제로 한 토론에서 광고와 홍보의 공통적 본질은 '사람들의 마음을 움직이는 것'이라고 주장하고, 광고 홍보의 역할과 중요성을 강조하여 청중들의 공감을 얻음. 시대별 광고를 구체적 사례로 들어 광고가 사회현상과 연계되어 있음을 설명하고, 기업의 광고 홍보 전략이 기업의 성공에 큰 영향을 미침을 주장함. 자신이 주도하여 제작한 학교 홍보 영상이 학교 축제 때 상영되어 학생, 학부모, 교사들로부터 좋은 평가를 받았으며 이를 계기로 더욱 자신감을 갖게 됨.

04. 항공서비스학과

(예비승무원반)(00시간) 동아리 홍보물을 직접 제작하여 동아리 회원을 모집하고, 동아리 운영 계획을 수립하는 데 많은 의견과 아이디어를 제안하는 등 매사에 적극적임. 성격이 밝고 미소가 예쁜 학생으로 특유의 친절함과 사회성으로 교우 관계가 매우 좋음. 진로희망이 승무원으로 항공 서비스학에 대한 기본 지식과 자질을 습득하기 위해 다양한 자료를 수집하여 정리하고 동아리원들과 토론하는 등 진로 개척을 위해 부단히 노력하는 모습이 보기 좋은 학생임. 항공 승무원 체험 프로그램에 참가하여 승무원의 역할과 중요성에 대해 더욱 깊이 인식하게 되었으며, 승객들에게 마음으로 다가가는 승무원이 되겠다고 다짐함.

05. 소비자학과

(소비자문제탐구반)(00시간) 동아리 학년 대표를 도와 동아리 발표회를 주도하고, 동아리 관련 행사에 적극적으로 참여하는 등 매사 적극적인 모습이 타의 모범이 됨. 평소 소비 및 소비자 문제에 관심이 많아 관련 자료를 수집하여 주제탐구 프로젝트를 진행하였으며, 소비자의 심리 파악은 기업의 필수 과제라는 의견을 제시함. '왜 상품을 구매하고도 그 이유를 설명하지 못할까?'를 주제로 한 토론에서 소비자들의 충동구매를 지적하고, 소비를 인간의 심리와 연계하여 설명하여 많은 공감을 얻음. 최근 자주 발생하고 있는 노쇼, 블랙컨슈머 등의 사례를 제시하고 올바른 소비자의 역할에 대한 자신의 의견을 소신 있게 발표하여 청중들로부터 큰 호응을 얻음.

06. 부동산학과

(도시계획연구반)(00시간) 지역조사 탐구 프로젝트를 수행한 후 자신이 살고 있는 지역의 장·단점을 파악하게 되고, 낡고 오래된 건물을 보면서 도시 재개발의 필요성을 인식하게 됨. 미래도시 설계하기 활동에서 자연과 인간을 주제로 설계한 도시계획도가 많은 사람으로부터 호평을 받으면서 더욱 자신감을 갖게 됨. 도시설계 계획을 세우기 위해 실내조사뿐만 아니라 동아리 부원들과 함께 직접 도시 여러 곳을 답사하며 자료를 수집하고 정보를 공유하는 모습이 매우 인상적임. 최근 부동산 경제의 흐름을 알기 위해 신문과 뉴스 등을 즐겨 보고, 관심 있는 주제를 모아 토론을 주도하였으며, 부동산은 규제의 대상이 아니라 투자 자산임을 주장함.

07. 세무학과

(자산관리연구반)(00시간) 꼼꼼하고 합리적인 성격의 학생으로 소비는 평생 이어지지만 반대로 소득을 얻을 수 있는 기간은 한정적이기 때문에 일생에 걸쳐 자신이 벌어들일 소득을 예상하고 이를 언제, 얼마만큼 소비하고 어떻게 저축해 자산을 키울지 미리 계획을 세우는 자산 관리에 관심을 갖게 됨. 틈틈이 관련 도서와 경제 신문을 읽고 현재의 소비에 문제가 없는지, 앞으로 자산이 어떻게 증가하고 변화할지, 노후 대비는 충분한지 등을 구체적으로 살피면서 생애주기에 따라 계획과 대책을 세워봄. 동아리 회원들과 자산관리를 주제로 정기적인 독서 토론회를 진행하는 등 진로 개척을 위해 노력하는 모습이 인상적임. 돈은 많을수록 좋지만 그에 못지않게 돈을 잘 관리하는 것이 더욱 중요하다고 주장함.

08. 법학과

(공정과정의반)(OO시간) '사회가 있는 곳에 법이 있다'라는 말처럼 법은 사회의 질서를 유지시켜주는 가장 중요한 규범이라는 신념하에 본 동아리활동에 참여하게 됨. 사회 각 분야의 정의와 민주주의 실현을 위한 다양한 사례의 법 적용을 찾아 내용을 분석하고 토론함. 토론의 준비과정이 철저하고 주장하는 내용이 명확하여 토론 분위기를 주도함. '미투 운동'을 주제로 한 모의재판에서 검사의 역할을 맡아 여성 인권의 중요성과 사회적 인식 변화의 필요성을 주장함. 사회적 약자를 대상으로 한 범죄의 사례를 제시하고, 이들에게 도움을 줄 수 있는 공정하고 정의로운 사회가 될 수 있도록 전문적인 자질과 지식을 갖춘 법조인이 되겠다고 다짐함.

09. 심리학과

(또래상담반)(OO시간) 마음이 따뜻하고 포용력이 있어 친구들과 의사소통을 잘하고 효율적인 방향으로 대화를 이끌어나가는 능력이 뛰어난 학생임. '이 친구는 왜 힘들어 할까?', '나는 왜 마음이 힘들까?' 등 인간 개별의 심리 상태에 의문을 품고 전문적으로 공부해보고 싶은 바람을 가짐. 또래 상담자로서 기본 자질과 능력을 기르기 위해 관련 자료나 도서를 꾸준히 읽는 등 상담 분야에 관심과 열정이 남다름. 교내에서 교우 간 갈등이 발생했을 때 특유의 합리적 판단력과 공감능력으로 문제를 원만히 해결하여 급우들로부터 신뢰가 두터움. 정기적으로 동아리 회원들과 비밀 보장을 통한 사례 나눔을 하는 등 문제해결을 위해 부단히 노력하는 모습이 인상적임.

10. 사회학과

(시사토론반)(OO시간) 평소 사회현상 및 시사 문제에 관심이 많은 학생으로 틈틈이 뉴스나 신문을 챙겨보고, 주요 내용을 정리하여 스크랩하는 습관이 있음. 코로나19로 인한 개인정보침해 문제를 주제로 한 토론에서 개인의 이익보다 공공의 이익이 중요함을 주장함. 토론 준비과정에서 팀원들과 협력하여 자료를 수집하고 문제를 해결하는 모습이 보기 좋으며, 말하는 자세가 진지하고 명료하여 청중들을 집중하게 만드는 능력이 있음. 최저 임금을 주제로 한 독서 토론에서 최저임금은 노동자가 사용자로부터 부당하게 저임금을 받는 것을 막을 수는 있겠지만, 물가 상승 등 경제에 미치는 영향도 함께 고려해야 함을 주장하여 팀원들의 공감을 받음.

11. 정치외교학과

(국제문제토론반)(OO시간) 국제 정치 및 세계 분쟁 지역에 대해 흥미가 있어 관련 자료를 수집하고 뉴스나 신문을 보며 국제 문제를 보는 안목을 기르고자 노력하는 학생임. 영토 분쟁과 역사 분쟁으로 국가 간 갈등이 일어나는 국제사회에서 정치 외교의 중요성을 깨닫고 관련 직업과 학과를 찾아 분석함. 위안부 문제, 일본의 경제 보복 등 역사적 현안에 관심을 갖고 참여한 토론대회에서 좋은 평가를 받았으며, 이외 자원을 둘러싼 세계 각 지역의 분쟁 지역에도 관심을 갖고 원인과 해결방안을 찾는 보고서를 작성하여 제출함. 다양한 국제 문제를 중심으로 토론을 진행하였고, 토론 과정에서 자신의 의견을 명확히 표현하였을 뿐만 아니라 상대의 의견을 경청하고 존중하는 자세가 타의 모범이 됨.

12. 사회복지학과

(사회봉사반)(OO시간) 어려운 이웃을 보면 그냥 지나치지 못하는 따뜻한 심성을 가진 학생으로, 봉사동아리 회원들과 꾸준히 봉사활동을 실천하여 주변 사람들로부터 칭찬이 자자함. 특히, 사회적 약자들의 어려움을 이해하고 사회적 편견을 없애기 위해 UCC 제작, 캠페인 운동, 해시태그 달기 등 다양한 활동에 주도적으로 참여하여 사람들의 주목을 받음. '송파 세모녀법' 관련 기사를 읽고, 복지 사각지대에 놓인 사람들에게 도움을 줄 수 있는 정책 제안서를 작성하여 제출함. 정기적으로 다문화 가정 아이들의 학습을 돕는 봉사활동에 참여하는 등 타인을 돕는 과정에서 행복을 느낄 줄 아는 학생으로, 사회의 다양한 문제를 연구하고 해결하는 직업에 관심이 많음.

13. 국제관계학과

(국제사회문제 탐구반)(OO시간) 세계적 이슈나 시사 문제에 관심이 많은 학생으로 모둠별로 주제를 정해 탐구 프로젝트를 수행함. 주제를 선정하고 문제를 해결하는 과정에서 동아리 회원들과 협력하여 자료를 수집하고, 내용을 분석하는 모습이 인상적임. 국제사회문제 중 각 나라의 노동자 인권 문제를 중심으로 작성한 보고서가 좋은 평가를 받았으며, 청소년 실업 문제를 주제로 참여한 3분 스피치에서 명료하고 자신감 있는 자세가 청중들을 몰입하게 만듦. '아랍의 봄' 사례를 통해 한 나라의 정치적 문제가 주변 국가 전체에 영향을 줄 수 있음을 주장함. 동아리원들과 주기적으로 국제시사 토론을 진행하며 시사 상식을 쌓고 친구들과 소통하는 모습이 타의 모범이 됨.

14. 문화콘텐츠학과

(방송반)(OO시간) 동아리를 홍보하고, 부서를 조직하는 데 주도적 역할을 하였으며 방송반의 역할과 중요성을 잘 이해하고 실천하는 학생임. 방송반에서 아나운서역을 맡아 교내 안내 방송을 1년간 진행하였으며, 정확한 발음과 편안한 목소리로 급우들로부터 좋은 평가를 받음. 자신이 맡은 역할이 아니어도 방송일에 어려움을 겪는 부원이 있으면 적극적으로 도움을 주는 등 남을 배려하는 자세가 남다름. 아나운서가 희망 진로인 학생으로 훌륭한 아나운서가 되기 위해 TV 뉴스 아나운서의 모습을 모니터링하고 틈틈이 발음 연습을 하는 등 목표를 향해 부단히 노력하는 모습이 보기 좋음. 동아리 발표회, 졸업식, 입학식 때 실수 없이 원활하게 방송을 진행하여 교사와 학부모들로부터 칭찬을 받음.

15. 지리학과

(세계지리탐구반)(OO시간) 세계 정치와 역사에 관심이 많은 학생으로 지리가 개인의 운명, 세계사, 세계 경제를 좌우한다고 주장함. 세계지도 보기를 좋아하여 각 나라의 지정학적 위치를 살펴보고, 장단점을 파악해 봄. 특히, 한국의 위치와 한반도의 지리적 특성 때문에 한국이 강대국들의 경유지 역할을 할 수밖에 없음을 지적하고 안타까워함. 세계 여러 분쟁 지역 가운데 자원을 둘러싼 갈등 지역을 대상으로 원인을 분석하여 해결안을 제시하였으며, 난민을 주제로 참여한 토론대회에서 난민 인권 문제를 깊이 있게 다루어 사람들의 주목을 받음. 주기적으로 동아리 회원들과 함께 신문을 읽고 토론하며 주요 내용을 공유하는 모습이 매우 인상적임.

16. 행정학과

(공공정책제안반)(OO시간) 동아리 학년 대표를 맡아 동아리 발표회를 비롯한 모든 동아리 관련 행사를 자발적으로 기획하고 운영하는 데 주도적인 역할을 하였으며, 다수의 공공정책 제안 활동을 수행할 정도로 공공정책 분야에 대한 열정이 남다른 학생임. 최근 자신이 사는 지역의 주차 공간 부족과 가로등 부족으로 안전에 문제가 있음을 지적하고 해결을 위한 대안을 제시함. '내가 만일 시장이라면 내 고장을 위해 무엇을 할 것인가?'에 관한 3분 스피치에서 녹지 공원 확대와 문화 시설 확충을 제안하여 청중들의 호응을 얻음. 공공정책은 사회의 문제를 해결하기 위한 필수 과제임을 주장하고, 국가는 공공의 이익을 위해 정책을 시행해야 한다는 의견을 제시함.

17. 아동학과

(아동탐구반)(OO시간) 인간의 성장과정에서 아동기가 중요한 시기임을 인식하고 아동의 심리·발달·사회적응 등에 관한 자료를 수집하고, 내용을 분석하였으며, 어린이는 우리 사회의 미래라는 점에서 아동을 올바르게 이해하고 교육하는 일이 무엇보다 중요함을 주장함. 문제아동의 행동특성을 다룬 프로그램을 동아리원들과 함께 시청하고 모니터링하면서 원인을 분석하고 토의함. 다양한 사례를 통해 아이의 문제행동에는 부모의 영향이 큼을 알고, 부모의 언어와 행동이 중요성을 깨달음. '피아제의 인지발달이론(Herbert P. Ginsburg 외 1인)'을 읽고, 아동이 태어나서부터 청년기가 끝날 때까지 어떻게 발달하고, 각각의 아동이 왜 서로 다른지 이해하게 되었으며, 아동심리학에 더욱 관심을 갖게 됨.

18. 문헌정보학과

(도서반)(OO시간) 책에 대한 사랑이 남다른 학생으로 다양한 부류의 도서를 두루 읽고 친구들과 독서 토론하기를 즐겨함. 점심시간마다 도서관 이용자들이 원하는 자료를 찾아주고, 반납한 책을 확인하고 정리하는 등 자신에게 주어진 일을 잘 처리함. 성격이 활발하고 적극적인 학생으로 전교생을 대상으로 지역서점 탐방, 사서 진로체험, 인문학 아카데미, 작가와의 만남, 북아트 체험, 같은 책 읽고 생각 나누기 프로그램 등 다양한 독서문화 프로그램을 급우들에게 소개하고 참여를 이끌어내는 등 교내 독서문화 활성화에 크게 이바지함. 독서프로그램 운영에 주도적으로 참여할 뿐만 아니라 프로그램 진행 후에는 뒷정리를 마다하지 않는 등 매사에 솔선수범하는 자세가 타의 모범이 됨.

19. 군사학과

(전쟁사연구반)(OO시간) 춘추시대 제후들 간에 수많은 전쟁을 치르고 난 뒤, 손자가 전쟁에 필요한 모든 것을 담아낸 '손자병법' 을 흥미 있게 읽고 세계 전쟁사에 관심을 갖게 됨. 2차 세계대전의 발생 원인과 과정을 조사하여 발표하였으며 전쟁이 남긴 상처를 영상으로 제작하여 좋은 평가를 받음. 한 의무병이 전투에서 아군과 적군 구분 없이 75명의 생명을 구한 전쟁 영화 '핵소 고지'를 관람하고 큰 감명을 받음. 전쟁기념관 견학을 통해 전쟁의 실체와 아픔을 느끼게 되었으며, 예부터 외세의 침략을 많이 받고 6.25 전쟁을 겪은 우리나라가 원조지원국으로 경제 발전을 이룰 수 있었던 것은 수많은 사람의 희생이 있었음을 깨닫고 감사하는 마음을 갖게 됨.

3 봉사활동

대학의 평가 관점

학교생활기록부 영역	학업역량	진로역량	공동체역량
봉사활동		O	O

봉사활동은 공동체 의식이나 배려 등 인성적인 측면을 파악하는 요소이다. 중요한 것은 자발성, 지속성, 희생성이다. 학교에서 단체로 하는 활동보다는 자신이 하고 싶어서 개별적으로 참여하는 것, 일회성보다는 자신의 재능을 기부하거나 도움이 필요한 사람과 장소를 선택하여 지속적으로 실천하는 것, 교실 분리수거, 배식 도우미처럼 노동을 요구하는 것이 좋으며, 자신이 지원할 전공과 관련된 봉사활동이라면 더욱 좋다.

봉사활동은 교내·외 봉사활동을 따로 구분하지 않으며, 학교 계획에 의한 봉사활동, 개인 계획에 의한 봉사활동, 학생주도 프로젝트 봉사활동 등으로 나뉜다. 시간 확보를 위한 단순 봉사활동 및 일회성 봉사활동은 지양하고 학생의 진로와 흥미, 특기를 활용한 학생주도 프로젝트형 봉사활동을 지향해야 한다. 이는 교내·외 학생이 자신의 진로나 흥미, 특기와 연계된 봉사활동 계획을 스스로 수립하여 장기간 실시하는 것을 말한다. 진로가 비슷한 친구들과 함께 모둠형으로 봉사활동을 하면 더욱 좋다.

단, 2024학년도부터 학생이 개별적으로 한 교외 봉사활동 실적은 대입에 미반영하고, 학교교육계획에 의해 교사가 지도한 봉사활동 실적만 대입에 반영된다. 그러므로 학생주도형 프로젝트 봉사활동은 앞으로 각 학교에서 학교교육계획에 의해 수립될 전망이다.

실적 작성 예시

학년	봉사활동 실적				
	일자 또는 기간	장소 또는 주관기관명	활동 내용	시간	누계 시간
1	2023.03.14.	(개인)○○구청	서류정리 보조	8	8
	2023.03.22.- 2023.04.16.	(학교)○○학교	쓰레기 분리 수거	5	13
	2023.03.28.	(개인)○○도서관	서가정리	8	21

봉사활동 영역의 활동별 목표와 내용

이웃돕기활동

목표 타인을 이해하고 배려할 수 있는 공동체 역량을 함양한다.

예시 친구돕기활동 - 학습이 느린 친구 돕기, 장애 친구 돕기 등
지역사회활동 - 불우이웃 돕기, 난민 구호 활동, 복지시설 위문, 재능 기부 등

환경보호활동

목표 환경을 보호하는 마음과 공공시설을 아끼는 마음을 기른다.

예시 환경정화활동 - 깨끗한 환경 만들기, 공공시설물 보호, 문화재 보호, 지역 사회 가꾸기 등
자연보호활동 - 식목 활동, 자원 재활용, 저탄소생활 습관화 등

캠페인활동

목표 사회현상에 관심을 갖고 참여함으로써 사회적 역할과 책임을 분담하고
사회 발전에 이바지하는 태도를 기른다.

예시 공공질서, 환경 보전, 헌혈, 각종 편견 극복 캠페인 활동 등
학교폭력 예방, 안전사고 예방, 성폭력 예방 캠페인 활동 등

봉사활동 주요내용

가 | 학교계획에 의한 봉사활동

학교교육과정(정규교육과정)에 편성하는 봉사활동

- 학교의 연간 계획에 의해 추진되며 학년, 학급, 그룹 단위로 이루어질 수 있음.
- 일상적 학교 대청소 등은 지양하며 학교별 봉사활동 프로그램을 개발하여 운영 권장
- 봉사활동 특별 프로그램을 개발하여 운영하지 않는 경우, 봉사활동 시간은 학년도별 10시간 이내 편성 권장

학교교육과정(정규교육과정) 외 학교 자율로 편성하는 봉사활동

- 당해 학년 10시간 이내로 부여하는 것을 권장
- 특정 학생이 여러 종류의 봉사활동을 하거나, 한 종류의 봉사활동을 독점하지 않도록 계획 수립 시 기준 제시 권장
- 동아리활동(자율동아리 포함)으로 실시한 봉사활동 실적은 인정하지 않음.
봉사활동 시간은 다른 창의적 체험활동 영역의 시간과 중복하여 인정할 수 없음.
- 봉사동아리 부서에서 동아리활동의 일환으로 봉사활동을 실시한 경우, 봉사활동 실적으로 인정하지 않으며 동아리활동으로만 인정함.

● 나 | 학생주도 프로젝트 봉사활동

1 구성원별 유형

개인형 학생 개인이 자신의 진로와 연계한 장기 봉사활동 계획을 수립하여 진행

모둠형 진로나 흥미, 특기가 비슷한 학생들이 모여 함께 장기 봉사활동 계획을 수립하여 진행 (중·고등학교 권장)

융합형 학생, 교사, 학부모 등 교육공동체가 연합하여 주제를 선정하고 장소, 내용, 대상 등을 결정하여 장기간 함께 실시하는 봉사활동(초등학교 권장)

2 학생주도 프로젝트 봉사활동의 진행 및 평가

기간 학생의 계획에 따라 자율적으로 정하되 학기 단위 이상의 활동 권장

기관 및 장소 교내·외 학생 개인이 자유롭게 선택하되, 프로젝트 봉사기간 동안 동일 기관 및 장소에서 활동

활동 내용 학생의 진로 및 흥미, 특기와 관련된 내용으로 학생이 스스로 선택하되 「학생 봉사활동 운영 계획」에 부합해야 함

절차

계획 단계	실행 단계	평가 및 활용 단계
주제선정>목표 및 계획 수립>계획서 학교 제출>학생 봉사활동 추진위원회 심의	· 실행과 기록 * 담당교사 지도 및 확인 · 안전사고 유의	보고서 작성 및 학교 제출>학생 봉사활동추진위원회 심의>봉사활동 실적 인정

평가 학년말(학기말)에 단위학교의 학생봉사활동추진위원회에서 활동 보고서 평가 및 봉사활동 실시 확인서 발급, 학교생활기록부에 봉사활동 실적 기록

▶ '학생주도 프로젝트 봉사활동 활성화 계획'을 학교교육계획에 수립하여 추진 권장

봉사활동 실적으로 인정 불가한 사례

- *교실 및 특별실 청소 등 일상적 학교활동*
- *운동경기 또는 공연 관람*
- *태극기 달고 인증샷 찍기*
- *인구조사 참여*
- *푸드마켓에 음식물 기부*
- *문예작품(그림, 글짓기) 공모전 응모*
- *영재교육과정으로 실시한 봉사활동*
- *결석생의 학교교육과정에 의한 봉사활동*
- *봉사활동확인서 발급을 통해 학생을 동원하는 각종 행사*
- *모바일 광고 열람 및 인터넷 신규가입자 추천*
- *봉사활동을 수익사업으로 운영하는 활동 참여*
- *해외에서 실시한 봉사활동과 해외 봉사활동을 위한 국내 사전, 사후 모임*
- *각종 행사의 단순 참여 활동(예: 각종 기념식 행사 참석 등)*
- *진로체험 관련 활동(예: 학생기자활동, 자치법정 등)*
- *각종 회의 및 토의 참석(예: 자치회의, 모의의회, 토론회, 평가단 등)*
- *국제학업성취도 평가(PISA, TIMSS, ICILS 등) 응시 학생의 수행시간은 봉사시간 미인정*
- *국가안전대진단 기간 안전신고 학생 봉사시간 미인정(※ 행정안전부 안전개선과-4(2019.1.2.)호)*
- *봉사활동과 직접 관련이 없는 교육활동*

학생들을 위한 꿀팁

TIP 이렇게 준비하세요

TIP.1 전공과 관련된 봉사활동을 한다면 더욱 좋다.

TIP.2 봉사활동 시간보다 내용이 중요하다는 것을 명심한다.

TIP.3 봉사활동의 진정성이 느껴지는 활동을 자발적으로 한다.

TIP.4 일회성보다는 지속적으로 실천할 수 있는 활동을 하도록 한다.

TIP.5 스스로 배울 점을 찾고 성장할 수 있는 의미 있는 경험이 담기도록 한다.

TIP.6 봉사대상자인 사회적 약자의 처지나 어려움을 헤아려 상대방은 존중하고 배려하는 태도가 드러나도록 한다.

TIP.7 학교생활에서 자신의 능력을 나누어줄 수 있는 활동(학습멘토링, 통합반 도우미, 사서 도우미, 분리수거 도우미, 정보 도우미 등)을 한다.

TIP.8 학생주도형 프로젝트 봉사활동을 계획하여 꾸준히 실시한다.

TIP.9 봉사활동 이후에는 구체적인 봉사 내용, 소감 등을 정리하여 참여 과정을 일지로 기록한다.

TIP.10 봉사활동의 내용, 소감 등을 정리한 기록물을 바탕으로 담임선생님과 소통한다.

TIP 이렇게 기재하세요

- 봉사활동 실적에는 학교교육계획에 의해 실시한 봉사활동과 학생 개인계획에 의해 실시한 봉사활동의 구체적인 실적을 입력한다.

- 봉사활동 실적의 '장소 또는 주관기관명'란의 '학교' 또는 '개인'의 구분은 봉사활동 계획 주체에 따라 입력한다.

- '활동 내용'란에는 객관적인 봉사활동 내용 또는 제목을 간략하게 입력한다.

  * 학생의 성장, 감상 등 학생의 특기사항을 드러낼 수 있는 정성적인 평가내용의 입력은 불가함.

- 동아리활동(자율동아리 포함)으로 실시한 봉사활동 실적은 인정하지 않는다.

- 물품 및 현금의 단순 기부는 봉사활동 시간으로 환산하여 인정할 수 없다.

- 봉사활동 실적은 시간 단위로 입력하되, 동일기관에서 같은 내용으로 봉사활동을 지속적으로 한 경우에는 학기말 또는 학년말에 합산하여 시간 단위로 입력할 수 있다(합산하여 1시간이 안 되는 경우는 버림).

- 봉사활동 시간은 1일 8시간 이내로 인정한다.

- 봉사활동 시간은 다른 창의적 체험활동 영역의 시간과 중복하여 인정할 수 없다.

  * 동아리활동(자율동아리 포함)의 일환으로 봉사활동을 실시한 경우, 봉사활동 실적으로 인정하지 않으며 동아리활동 내용으로만 인정함.

사회계열 추천 봉사활동

2021학년도 기준 고1부터는 개인 봉사활동은 대입에서 미제공되지만 학교의 연간 계획에 포함되어 교사의 지도하에 진행되는 봉사활동은 지금과 같이 제공된다.
아래와 같은 봉사활동을 주도적으로 실시하여 나눔과 배려의 태도가 나타나도록 한다.

LIST

학생주도 프로젝트 봉사활동, 돌봄활동(지역 복지관, 어린이집, 요양원 등),
친구돕기활동(학습도우미, 장애 친구 도우미), 소외계층대상 재능기부활동, 난민구호활동,
문화재보호활동, 지역사회가꾸기활동, 식목활동, 자원재활용, 저탄소생활습관화활동,
학교폭력예방 캠페인, 안전사고예방 캠페인, 성폭력예방캠페인, 교통도우미, 컴퓨터도우미,
방송도우미, 학교환경도우미, 쓰레기분리수거도우미, 에너지도우미, 급식도우미, 도서실도우미,
학교홍보도우미, 정보화기기도우미, 다문화학생한글도우미, 학교텃밭도우미, 교과도우미,
학습멘토링활동, 학교행사 지원활동, 복지시설 봉사활동, 학급도서관리도우미, 학급규칙질서도우미 등

4 진로활동

대학의 평가 관점

학교생활기록부 영역	학업역량	진로역량	공동체역량
진로활동	O	O	O

평가자는 학생이 자신의 진로를 결정하는 과정에서 이루어진 진로탐색활동의 내용을 확인할 수 있다. 기본적인 진로탐색 과정뿐 아니라 개인적으로 관심 있는 부분에 대해 스스로 노력한 점을 보여줄 수도 있다. 청소년기는 끊임없이 진로를 탐색하는 시기이다. 따라서 평가자들은 성장과정에서 나타나는 다양한 변화를 충분히 이해할 수 있으며, 탐색하는 진로 분야가 바뀌었다고 해서 부정적인 평가를 받는 것은 아니다. 진로탐색을 통해 지원하고자 하는 전공에 대한 이해를 쌓아가는 모습도 훌륭하지만, 자기주도적인 성찰 과정을 통해 끊임없이 진로를 탐색하고자 노력하는 과정도 의미 있는 활동으로 평가받을 수 있다.

진로활동은 지원자의 관심 영역과 자기주도적 역량을 확인할 수 있는 요소이다. 교내시행 각종 진로 관련 체험활동과 진로탐색 프로그램 참여내용, 직업체험, 진로수업시간의 활동과 발표내용, 심리검사 결과, 워크넷과 커리어넷의 활용, 학생의 특기나 진로를 돕기 위해 학교와 학생이 수행한 활동과 결과 등 진로와 관련된 모든 내용이 기록된다. 학교에서 진행되는 다양한 진로 프로그램에 성실히 참여하는 것을 바탕으로 자신의 진로를 탐색하고, 구체적인 계획을 설정하는 과정을 확인할 수 있다. 2022학년도 이후부터는 수상과 자율동아리의 기재가 제한되기 때문에 그 비중은 더욱 커질 것으로 예상된다.

진로활동의 세부활용 내용은 다음과 같다.

진로활동의 영역

자기이해활동	자기이해 및 심성개발, 자기정체성 탐구, 가치관확립 활동, 각종 진로검사 등
진로정보탐색활동	학업정보탐색, 입시정보탐색, 학교정보탐색, 학교방문, 직업정보탐색, 자격 및 면허제도 탐색, 직장방문, 직업훈련, 취업 등
진로계획활동	학업 및 직업에 대한 진로설계, 진로지도 및 상담활동 등
진로체험활동	학업 및 직업 세계의 이해, 직업체험활동 등

기재 예시

진로활동	2	선배와의 만남을 통해 학습방법과 경험담, 진학과 대학 생활에 대해 알아보는 시간을 가졌으며, 이 방법을 진로진학계획수립에 활용함. 사회계열 대학 지원자를 위한 진로특강에 참여함. 언론홍보학과 교수님의 '언론홍보학의 미래 직업세계'에 대한 강의를 들음. 이후 전공과 관련된 구체적 사례를 수집하고 진로계획서를 작성함. 나의 꿈 발표행사를 통해 '광고홍보전문가'가 하는 일, 관련 학과, 필요한 역량과 광고홍보전문가가 되기 위한 자신의 노력 등에 대해 발표하면서 본인의 꿈을 이루기 위한 방법을 찾아보는 계기를 마련함.

학생들을 위한 꿀팁

TIP 이렇게 준비하세요

TIP.1 자신의 적성에 대해 끊임없이 탐색하면서 나만의 스토리를 만든다.

TIP.2 자신의 진로나 전공과 관련된 활동을 하고, 심화 탐구활동을 하도록 한다.

TIP.3 활동에 참여할 때는 사전 자료 준비, 질문 리스트 작성 등 적극적인 자세로 준비한다.

TIP.4 자신의 진로와 관련되거나 진로 탐색을 위한 독서를 하고 느낀 점과 변화된 점을 기록한다.

TIP.5 활동 후에는 참여 동기, 활동 내용, 배우고 느낀 점, 자신의 진로 탐색에 미친 영향 등을 자세히 기록한다.

진로활동 특기사항에는 진로특강, 교내·외 활동, 독서 등을 통해 직업을 탐색하는 모습과 이런 활동을 통해 진로를 구체화하는 과정이 나타나야 한다. 특히 교내 이외에서 진행되는 외부활동은 학교장이 승인한 교육 관련 기관, 타 고등학교에서 주관한 활동만 입력이 가능하다. 진로활동에 참여할 때에는 관심 영역에 대한 사전 자료 준비, 질문 리스트 작성 등 적극적이고 능동적인 참여로 자신이 설계한 진로를 구체화하도록 노력해야 한다. 자신이 희망하는 진로나 전공과 연관된 독서활동이나 체험활동을 함으로써 열정과 역량을 보여준다면 도움이 된다. 학과탐방이나 직업인 체험 등도 자신이 전공할 학과와 관련이 있다면 더욱 좋다.

학생들의 진로가 정해지지 않은 상태에서 진로희망 기재에 대해 부담을 지닌 학생들이 많았다. 2022학년도 대입부터 진로희망분야는 대입에 제공하지 않는다. 그러나 진로활동 특기사항, 세부능력 및 특기사항, 행동특성 및 종합의견 등에 기재하여 학생의 진로희망 내용을 드러낼 수 있다. 따라서 진로희망분야는 여전히 중요하다고 볼 수 있다. 희망분야에 따라 선택과목이나 동아리, 봉사활동 등 모든 내용이 달라질 수 있기 때문이다.

TIP 이렇게 기재하세요

- 학생의 진로희망(희망분야 또는 희망직업)은 '특기사항'내의 '희망분야'란에 입력하며, 이와 관련된 내용은 상급 학교 진학 시 전형자료로 제공하지 않는다.

- 진로활동 영역의 '특기사항'란에 다음과 같은 사항을 참고하여 입력한다.
  1. 특기· 진로희망과 관련된 학생의 자질, 학생이 수행한 노력과 활동
  2. 학생의 특기·진로를 돕기 위해 학교와 학생이 수행한 활동과 결과
  3. 학생·학부모와 진로상담을 한 결과
  4. 학생의 활동 참여도, 활동 의욕, 태도의 변화 등 진로활동과 관련한 사항
  5. 학급담임교사, 상담교사, 교과담당교사, 진로전담교사의 상담 및 관찰·평가내용

- 진로를 구체화하는 학생의 실제적인 활동과 역할 위주로 입력한다.

  진로활동 특기사항은 학교의 각종 행사를 기재하는 곳이 아니다. 따라서 행사를 날짜별로 쭉 나열하는 것은 의미가 없다. 그러나 교내 진로행사에 참여만 하고 별다른 활동을 하지 않은 학생의 경우에는 특기사항란을 비워두는 것보다는 날짜별로 기록만이라도 하는 것이 더 낫다.

- 전공 관련 특강에서의 학과명을 입력한다.

  직업탐방에서 학생이 방문한 특정기업이나 기관, 상호명이나 대학탐방에서의 특정 대학명이나 강사명은 입력할 수 없다. 이와 같은 경우 고유명사 대신 일반명사로 입력하면 된다. 예를 들어서 '현대자동차'를 방문한 경우는 '자동차회사'를 방문했다는 형식으로 입력할 수 있다. 학과명이나 강사가 한 강의 내용은 입력 가능하다. **학생이 어떤 전공에 관심이 있는지를 보여주기 위해서라도 학과명은 꼭 입력하는 것이 좋다.**

- 학생의 진로와 연관된 활동을 반복적으로 입력한다.

  전공학과 설명회, 나의 꿈 발표회, 희망대학 탐방, 직업인 특강, 진로 독서 등에서 희망진로가 반복적으로 나타나도록 한다. 이럴 경우에는 학생이 어떤 전공에 관심이 있는지 명확해지고, 일관성 있는 진로 활동으로 평가받을 수 있다.

- 학생의 우수성을 사례를 들어 입력한다.

- 학생의 학업 진로, 직업 진로에 대한 계획서, 진로와 관련된 각종 검사를 바탕으로 특기사항을 입력할 수 있다.

- 아래와 같이 학교의 진로행사를 나열하고, 개인의 구체적인 활동 내용이 없는 기재는 지양하도록 한다.

학교의 행사만 나열하여 좋은 평가를 받지 못하는 예시

진로활동 특기사항
학과멘토링(2023.04.12.)에 참여하여 희망학과에 대한 강의를 듣고 자신의 진로를 모색함. 대학탐방(2023.05.30.)에 참여하여 전공에 대해 자세히 알게 됨. 직업인과의 만남(2023.07.20.)을 통해 관심 있는 직업에 대해 이해하고, 직업 현장에 대한 정보를 얻음. 사회계열 대학 지원자를 위한 진로특강(2023.11.03.)에 참여함. 교내 토론회(2023.12.20.)에 참여하여 사회문제에 대한 자신의 생각을 제시함.

사회계열 추천 진로활동

LIST

진로심리검사, 희망전공탐색, 대학정보탐색, 진학 설계, 직업정보 탐색,

진로 독서활동, 직업탐방활동, 직업인 초청 특강, 직업인 인터뷰, 롤모델 탐구 활동,

나의 꿈 발표회, 나의 진학희망학과 발표활동, 나의 진로 로드맵 발표활동, 직업체험활동,

진로포트폴리오 작성활동, 대학탐방활동, 전공체험의 날, 학과 멘토링활동,

진로 미니북 만들기, 꿈액자 만들기, 미래 명함 만들기 등

추천 진로활동

경영·경제학과

대학 학과 탐방활동, 직업인 인터뷰, 직업(투자분석가, 펀드매니저 등)체험활동, 관련 기업(금융·증권사, 경영컨설 팅사 등) 탐방, 직업인(기업체임직원, 최고경영자 등) 초청 특강, 진로포트폴리오 작성활동, 진로심리검사활동, 나의 롤모델 발표활동, 기업가 정신 진로캠프 등

무역학과

무역학연구반, 경제연구반, 국제마케팅탐구반, 자유무역협정분석반, 독서토론반, 창업과창직반, 시사무역탐구반, 디자인씽킹반, 국제통상정책탐구반, 지적재산권연구반, 비즈니스영어회화반

광고홍보학과

대학 학과 탐방활동, 직업인 인터뷰 활동, 직업(광고감독, 홍보기획전문가, 카피라이터 등)체험활동, 광고 관련 기관 및 기업 탐방, 직업인(광고홍보분야) 초청 특강, 희망 직업 미니북 만들기 활동, 나의 꿈 발표회, 진로포트폴리오 만들기 활동, 기업가 정신 진로캠프 등

부동산학과

대학 학과 탐방활동, 직업인 인터뷰 활동, 직업(감정평가사, 부동산중개인 등)체험활동, 관련 기관 및 기업 탐방(건설회사, 전문 부동산업체 등), 직업인(도시계획전문가) 초청 특강, 나의 꿈 발표회, 진로포트폴리오 만들기 활동, 진로심리검사, 전공 박람회 등

금융학과

대학 학과 탐방활동, 직업인 인터뷰 활동, 직업(자산관리전문가, 금융인 등)체험활동 , 관련 기관 및 기업 탐방(은행, 증권회사, 보험회사 등), 직업인 초청 특강, 희망 직업 미니북 만들기 활동, 나의 꿈 발표회, 진로포트폴리오 만들기 활동, 진로심리검사 등

세무·회계학과

대학 학과 탐방활동, 직업인 인터뷰 활동, 직업(관세사, 회계사무원 등)체험활동, 관련 기관 및 기업 탐방(은행, 회계법인 등), 직업인(공인회계사, 세무사 등) 초청 특강, 나의 꿈 발표회, 진로포트폴리오 만들기 활동, 진로심리검사, 대학생 멘토링활동 등

법학과

대학 학과 탐방활동, 직업인 인터뷰 활동, 직업체험활동, 관련 기관 및 기업탐방(헌법재판소, 국회, 법원 등), 직업인(법무사, 변호사, 검찰수사관 등) 초청 특강, 나의 롤모델 발표활동, 진로포트폴리오 만들기 활동, 진로심리검사, 전공체험의 날 활동 등

심리학과

대학 학과 탐방활동, 직업인 인터뷰 활동, 직업(전문상담교사, 심리치료사 등)체험활동, 관련 기관 및 기업 탐방(심리검사기관, 리서치 회사 등), 직업인(청소년상담사, 놀이치료사 등) 초청 특강, 진로심리검사, 직업 흥미 탐색활동, 진학정보 탐색활동, 전공 박람회 등

정치외교학과

대학 학과 탐방활동, 직업인 인터뷰활동, 직업(국회의원, 법조인, 외교관 등)체험활동, 관련 기관 및 기업 탐방(국제기구, 국회, 시민단체 등), 직업인(정치가, 외교관 등) 초청 특강, 나의 꿈 발표회, 진로포트폴리오 만들기 활동, 진로심리검사, 나의 진로 로드맵 발표활동 등

아동학과

대학 학과 탐방활동, 직업인(영재창의성교육전문가, 아동전문가 등) 인터뷰 활동, 직업(놀이치료사, 유치원교사 등)체험활동, 관련 기관 및 기업(유치원, 어린이집, 아동관련 국제기구 등) 탐방, 직업인(보육교사, 청소년지도사 등) 초청 특강, 나의 꿈 발표회, 진로포트폴리오 만들기 활동, 진로심리검사, 전공체험의 날 활동 등

사회복지학과

대학 학과 탐방활동, 직업인(사회복지사, 사회복지연구원 등) 인터뷰 활동, 직업체험활동, 관련 기관 및 기업 탐방(종합사회복지관 등), 직업인(사회복지전문가 등) 초청 특강, 나의 꿈 발표회, 진로포트폴리오 만들기 활동, 진로심리검사, 전공체험의 날 활동 등

문화콘텐츠학과

대학 학과 탐방활동, 직업인(문화기획전문가 등) 인터뷰 활동, 직업체험활동, 관련 기관 및 기업 탐방(게임회사, 콘텐츠개발업체 등), 직업인(콘텐츠스토리텔러, 구성작가 등) 초청 특강, 나의 꿈 발표회, 진로포트폴리오 만들기 활동, 진로심리검사, 학과 멘토링활동, 디자인씽킹 활동 등

경찰행정학과·행정학과

대학 학과 탐방활동, 직업인(경찰관, 사이버수사요원 등) 인터뷰 활동, 직업체험활동, 관련 기관 및 기업 탐방(경비업체, 보안업체, 경찰청 등), 직업인(디지털포렌식수사관, 법원공무원 등) 초청 특강, 나의 꿈 발표회, 진로포트폴리오 만들기 활동, 진로심리검사, 학과 멘토링활동 등

문헌정보학과

대학 학과 탐방활동, 직업인(문화재보존가, 사서 등) 인터뷰 활동, 직업체험활동, 관련 기관 및 기업 탐방(정보시스템업체, 대형서점 등), 직업인(정보보호전문가, 기록물관리사, 인터넷정보관리사 등) 초청 특강, 나의 꿈 발표회, 진로포트폴리오 만들기 활동, 진로심리검사, 나의 롤모델 탐구활동 등

군사학과

대학 학과 탐방활동, 직업인(경찰, 군인, 국방공무원, 경호원 등) 인터뷰 활동, 직업체험활동(군장교, 항공관제사 등), 관련 기관 탐방(군부대, 국방과학연구소, 방위산업체, 경호업체 등), 직업인 초청 특강, 나의 꿈 발표회, 진로 로드맵 만들기 활동, 기업가 정신 진로캠프 등

사회계열 맞춤형 진로활동 기재 예시

01. 경제학과

진로희망인 경영·경제 분야로 진학하기 위해 열정적으로 노력함. 경제 관련 자율동아리의 부장으로서 경영·경제와 관련한 독서활동, 스크랩 활동, 세계 경제 신문 만들기 활동 등을 하며 경제학도로서의 꿈을 현실화하기 위해 노력함. 경영·경제계열 지원자를 위한 진로특강(2023.05.20.)에 참가하여 경제학과 교수님의 강의를 통해 '미래사회의 경제'에 대해 접하고, 국제 경쟁에서 살아남기 위한 새로운 경영기법에 대해 심도 있게 질의하여 교수님으로부터 경제학도로서의 자질이 넘치는 학생이라는 칭찬을 받음. 진로활동 시간에 '경제의 세계화가 우리 경제에 미치는 영향'을 주제로 다양한 문헌과 미디어 자료를 참고하여 수준 높은 결과물을 만들어 발표함. 우리나라처럼 자원을 수입해 수출로 성장하는 경제구조를 가진 나라들은 세계 여러 나라들이 자국의 산업을 보호하기 위해 무역 장벽을 쌓고 수입을 제한한다면 더욱 힘들 것이라는 사실을 제시하면서 경제 세계화의 긍정적인 역할을 설득력 있게 전달하여 친구들의 호응을 얻음. 경영·경제 분야에 대한 자신의 진로가 뚜렷하고 진로를 성취하기 위해 어떻게 해야 하는지를 잘 알며, 이를 몸소 실천하는 실천력이 뛰어난 학생임.

02. 무역학과

'학과설명회'에서 '무역학과'에 대한 강의를 듣고, 멘토로 참여한 무역학과 대학생들과 연락하며 평소 궁금했던 점이나 새로운 정보 등을 습득하기 위해 꾸준히 노력함. 이를 계기로 '물류관리사'라는 직업에 관심이 생겨 직접 직업인 인터뷰 활동을 한 후의 내용을 보고서로 작성함. 물류관리사가 하는 일, 필요한 역량, 진출 방법, 미래 전망, 관련 학과 등을 체계적으로 정리하여 PPT로 만들어 발표함. 월 1회 진로가 비슷한 친구들과 함께 우리 사회의 다양한 경제·사회문제를 논제로 하여 적극적으로 토론하는 모임을 진행하고, 그 내용을 수업시간에 발표함. '무역 불균형과 그 해결방안'을 주제로 한 토론에서 현재 미국과 중국의 갈등 원인이 '무역 불균형'에 있음을 제시하고, 국가 간 합의의 중요성을 논리적인 근거로 설득력 있게 제시함. 진로활동 시간에 미래 사회의 무역 관련 인공지능 직업 키워드로 '머신비전시스템, 스마트 팩토리 설계사' 등을 소개함. 인공지능의 영향으로 사라지는 일자리도 있겠지만 반면에 새로 생겨나는 일자리도 그에 못지않게 많아질 수 있다고 주장하며, 미래 사회에서 무역의 새로운 형태를 예견함. 앞으로 성장 가능성이 무궁무진한 학생으로 기대됨.

03. 경영학과

'진로 독서활동(17차시)'에서 '신화가 된 30인의 기업가(우베 장 호이저 외)'를 읽고 독서일지를 꾸준히 작성하며 자신의 진로를 구체화함. 책 속의 인물 중 뛰어난 통찰력과 도전정신으로 세계 최대의 해운회사를 일궈 낸 '알베르트 빌런'을 보며, 성공한 기업가가 되기 위해서는 자신만의 관점을 가지는 것이 중요하다고 생각함. 나의 롤모델 발표하기 활동에서 '알베르트 빌런'을 자신의 롤모델로 정해 기업가에게 필요한 자질, 적성과 흥미, 준비 방법 등을 수준 높은 자료로 정리하여 조리 있게 발표함. 창업과 창직을 주제로 한 기업가 정신 활동에서 평소 학교에서 문제가 된다고 생각했던 분리수거 문제를 제시하고, 이를 해결하기 위해 '설문조사용 쓰레기통'을 만들 것을 제시함. 실내에서 아무렇게나 버려지는 쓰레기 문제와 제대로 되지 않는 분리수거 문제를 동시에 해결할 수 있는 아이디어를 제시하고, 이를 프로토타입으로 제작하는 등 평소 창의적이고 독특한 아이디어가 돋보임. 기업가로서 성공하기 위해서는 학업 성적뿐만 아니라 세상의 다양한 이슈들에 관심을 가지고 살펴봐야겠다는 계획을 세우고 끊임없이 도전하고 실행하는 태도가 돋보임.

04. 금융학과

상경계열의 대학 진학을 꿈꾸고 있는 학생으로 글로벌 경제시대의 금융전문가에게 필요한 것이 시장 동향을 읽는 통찰력과 창의성이라고 생각함. 이를 기르기 위해 경제 동아리에 가입하여 '화폐전쟁(쑹훙빙)', '아직도 가야 할 길(모건 스콧 펙)', '자본주의의 매혹(제리 멀러)' 등 경제 관련 책을 읽은 후 독서 토론을 하였으며, 낯선 금융 용어를 정리하여 학급에 배포함. 교내 '모의경제 정상회담'의 진행자 역할을 맡아 각 나라의 대표 역할을 맡은 친구들의 첨예한 의견을 잘 조율하여 회담이 매끄럽게 진행될 수 있게 하는 데 큰 역할을 함. 월 1회 글로벌 금융 이슈 기사를 찾아 자신의 의견을 덧붙여 만든 보고서를 작성하여 진로활동 시간에 발표함. 요즘 관심을 끌고 있는 '공유 경제'에 대해 조사하고, 특히 우리나라에서 논란이 되었던 '모빌리티 공유경제'에 대한 자신의 생각을 설득력 있게 제시함. 모빌리티 업계와 택시 업계 사이의 사회적 갈등을 유발한 모빌리티 공유경제는 향후에도 마찰은 있겠지만, 미래 사회에서 더욱 중요해질 것이므로 이러한 마찰을 잘 극복하고 상생의 길을 걸어야 한다는 것을 명확하게 제시하여 자신의 역량을 드러냄.

05. 정치외교학과

'나의 꿈 발표하기' 활동에서 장래희망을 '정치부 기자'라고 하며 기자가 되기 위한 과정을 진로 로드맵으로 작성하여 조리 있게 발표함. 한 학기 동안 '우리 학교 문제 해결을 위한 정책 아이디어 제안' 프로젝트에 참여하여 낙후된 교실의 책걸상 교체, 장애 학생 보행권, 통학로 개선 문제 등을 주제로 신선한 아이디어를 제시하는 등 대안을 찾아 새로운 정책을 실현하는 데 중추적인 역할을 함. 교내 편집부의 부원으로서 교지를 편집하고 학교 신문에 기사를 작성하는 활동을 꾸준하게 함. 부원들과 함께 이색 활동으로 모의 국제회의를 계획하여 '지구온난화에 대처하기 위한 범국가적 해결방안'을 주제로 각 국가 대사를 맡아서 적극적으로 참여함. '노년기에 발생하는 뇌질환'이라는 주제의 특강을 들으면서 치매의 위험성에 대해 알게 되었으며, 사회적 차원의 도움이 필요하다는 생각을 함. 이를 위해 제도적 지원책 중의 하나인 치매 국가책임제에 대해 조사하는 과정에서 법의 혜택을 받지 못하는 사각지대에 있는 사람들을 돕기 위한 여러 가지 방안을 모색하여 진로활동 시간에 발표함. 분석적, 논리적 사고력이 특출한 학생임.

06. 광고홍보학과

1학년 때부터 '광고 및 홍보' 분야에 관심을 두고 주도적으로 자신의 진로를 탐색함. '진로 독서활동(17차시)'에서 '광고천재 이제석(이제석)', '사회학에의 초대(피터 L.버거)', '세상을 바꾼 미디어(김경화)' 등을 읽고 매시간 독서 일지를 작성하며 자신의 진로를 구체화함. 한국에서 별 볼 일 없었던 지방대 출신의 이제석이 뉴욕 생활 1년 만에 국제 광고계의 반짝이는 별이 된 내용을 읽고 '창의적인 발상과 도전 정신'이 광고·홍보 분야에서 정말 중요하다는 것을 다시금 깨달음. 홍보동아리 회장으로서 학교축제 홍보 영상을 시트콤 형식으로 재미있게 만들어 친구들의 열띤 호응을 받음. 미디어 과잉 시대 속에서 주체성 유지를 위한 '미디어 리터러시'의 중요성을 언급하는 보고서를 작성하여 진로활동 시간에 발표함. 학교 체육 대회를 알리는 포스터를 제작하여 학교 곳곳에 부착하였으며, 친구 사랑 캠페인 활동을 계획하여 건전한 학교 문화 정착에 앞장서는 등 창의성과 의사소통 능력 면에서 탁월함을 보임. 교내 장애인 인권 문제에 대한 포럼을 진행하고, 장애인 인권 문제에 대한 동영상을 연출하여 사람들이 많이 모여 있는 곳에 찾아가 거리 상영을 하는 등 앞으로의 성장 가능성이 기대되는 학생임.

07. 문화콘텐츠학과

홀랜드 직업흥미검사에서 창의적이고 상상력이 풍부한 예술형과 자신이 기획하고 목표한 것을 실행시키는 능력이 뛰어난 진취형의 특성이 두드러짐. 교내 문화콘텐츠 동아리 기획팀장으로 학생들의 생활을 담은 내용의 UCC를 기획·제작하여 교내 동아리 한마당에서 최우수동아리로 선정됨. 학교 축제 무대를 기획하여 친구들의 큰 호응을 받았으며, 자신이 직접 만든 다양한 UCC를 점심시간 교내 방송을 이용하여 꾸준하게 소개함. 생각을 넓혀주는 독서캠프에 참여하여 '대중문화의 이해(김창남)'를 읽고 획일적이고 표준화된 대중문화가 수동적인 소비자를 만든다고 생각하며, 판단력을 가진 주체적 수용자로서의 역할이 중요하다는 내용의 감상문을 논리적으로 작성함. 현재 전 세계가 집중하고 있는 K-콘텐츠에 대한 기사를 작성하여 학교 신문에 주기적으로 게재함. K콘텐츠가 영향력이 있는 이유를 서구 소재의 고갈, 인프라 구축, 플랫폼의 확산 등으로 밝히고, 지속적인 발전을 위해 축적된 과거의 콘텐츠들을 기반으로 우수한 질의 콘텐츠를 만들기 위한 국가적 차원에서의 장기적 투자가 필요함을 설득력 있게 제시함.

08. 부동산학과

다중지능검사 실시 결과 공간지각지능과 창의지능이 매우 높은 것으로 나타남. 평소 자신의 강점과 약점을 잘 파악하고 있으며 특히 도시계획, 부동산 분야 관련 직업에 대하여 관심이 높음. 교내 현대도시연구반의 부장으로서 공유경제와 주택, 환경, 부동산에 관한 내용을 조사, 발표하는 등 주도적인 활동을 하여 그 내용을 교내 신문에 주기적으로 발표함. 평소 경제 신문을 꾸준히 읽고, 자신의 관심분야인 도시, 교통, 주택, 부동산과 관련된 기사를 잘 정리하여 스크랩함. 진로 독서 시간에 '토지의 경제학(전강수)'을 읽고 한국의 고질적인 사회문제인 부동산 문제는 결국 토지의 문제임을 확인하고, 토지 가치 공유제가 현재의 부동산 문제를 해결할 수 있을 것이라는 주장을 설득적으로 제시하는 등 진로탐색활동에 적극적으로 참여함.

09. 법학과

평소 '정치와 법'에 관심이 많아 자신의 희망학과 찾기 활동에서 '법학과'를 선택하여 학과의 교육목표, 개설 교과목, 졸업 후 진출 분야, 필요한 역량, 개설 대학 등을 조사하여 진로활동 시간에 발표함. 대법원과 헌법재판소를 탐방하여 실제 법정을 방청하고 시설 견학 후 그 내용을 보고서로 작성함. 교내 법 연구 동아리 회장으로 사이버 폭력을 주제로 한 모의재판을 주최하고, 판사 역할을 맡아 모두가 공감할 수 있는 공정한 판결로 방청객들의 열렬한 호응을 받음. 교내 대토론회에서 학생 대표로 참여하여 '교내에서의 핸드폰 사용' 문제로 열띤 토론을 한 후 학교는 학생의 인권을 존중하는 교칙을 만들고, 학생들은 스스로 존중받을 수 있도록 행동하자는 결론을 내는 데 큰 역할을 함. '동성결혼의 합법화'에 대한 자신의 생각을 서론-본론-결론 형식을 지닌 완결된 논술문으로 작성하여 학교 신문에 게재함. 진로활동 시간에 '인간의 지능 수준을 초월하는 AI를 개발해도 되는가?'라는 주제로 토론을 하고 제도적, 윤리적 측면에서의 근거를 준비하여 법적 제도를 통해 인간에게 위해를 가하지 못하도록 AI를 규제할 수 있다는 내용을 설득력 있게 주장함. '법조인'이라는 자신의 꿈을 이루기 위해 자기주도적으로 진로를 탐색하는 태도가 돋보임.

10. 도시계획학과

진로 수업시간에 '우리 마을 만들기' 프로젝트에 참여한 후, 자신의 진로를 '도시계획 및 부동산'학과로 정함. 교내 직업인 특강에서 도시계획전문가의 강의를 듣고 지속가능한 마을 공동체 플랫폼의 필요성에 대해 공감함. 지속가능 발전 분야에 관심이 많아 우리 학교 살리기 프로젝트를 기획하여 진행함. 동아리 친구들과 함께 잡초와 쓰레기로 가득 찼던 학교 뒤편의 공터를 깨끗이 치우고 땅을 일구어 나눔과 쉼이 있는 텃밭으로 만드는 과정을 성공적으로 이끌어내는 등 리더십과 추진력이 탁월함. 학교 환경 개선에 대한 학교 공동체 대토론회에 참가하여 교내 각 교실들의 위치를 재배치함으로써 공간을 효율적으로 사용해야 한다고 주장하며, 직접 만든 설계도를 발표하여 참석한 사람들에게 깊은 공감을 이끌어 냄.

11. 군사학과

MBTI 성격유형검사에서 호기심이 많고 논리적이며 뛰어난 상황적응력을 지닌 ISTP형이라는 결과가 나와 본인의 진로희망인 군인과 일치함. 자신의 강점을 찾는 다중지능검사 결과 신체운동지능, 자기이해지능, 언어지능이 높은 것으로 나타남. 교내 독서토론회에 참여하여 '정의란 무엇인가(마이클 샌델)'를 읽고 '행복, 자유, 미덕'을 중심으로 일상생활에서 발생하는 각종 사례와 역사적인 철학가의 가르침을 통한 정의로움에 대한 자신의 의견을 가장 논리적으로 제시한 학생이라는 평가를 받음. 학과 설명회에서 '군사학과'에 대한 강의를 듣고, 자신에게 체력 증진이 필수적이라고 생각함. 진로가 비슷한 친구들과 체력 증진을 위해 점심시간이나 방과 후를 활용하여 함께 운동함. 진로활동 시간에 '미래 사회와 국방'이라는 주제로 조사한 내용을 발표함. 앞으로 인공지능은 무기 개발, 인재 양성, 부대 편성, 데이터 저장 등 국방 분야에 광범위하게 활용될 수 있음을 시각 자료를 활용하여 설득력 있게 제시함.

12. 아동학과

'교내 독서 디베이트 캠프'에 참여하여 '부모와 아이 사이(하임 G. 기너트)'를 읽은 후 모둠 구성원들과 함께 브레인 라이팅 디스커션 활동에 적극적으로 참여함. '모든 아이에게 균등한 사랑을 주어야 한다.'라는 논제에 대해 반대의 입장에서 자신의 의견을 논리적으로 주장하여 공감을 얻음. 어릴 때부터 아이들과 대화하며 함께 하는 것을 좋아하여 아동 청소년 상담사라는 진로를 정함. 자신의 꿈을 이루기 위해 위클래스 선생님과 함께 상담실 환경을 재정비하고, 각종 상담프로그램의 진행을 도우는 등 적극적으로 활동함. 진로포트폴리오 작성 활동에서 자신이 목표로 하는 대학 아동학과의 교육과정, 교수진, 졸업생의 진출 현황 등에 대한 정보를 찾아 정리하여 발표함. 자신의 진로 목표를 이루기 위해 현재 준비해야 할 것들을 잘 알고, 이를 몸소 실천하는 우수한 학생임.

13. 경찰행정학과

'전공탐색의 날 행사'에서 '경찰행정학과'에 관심 있는 친구들과 학과에 대한 전반적인 조사를 하여 보고서를 작성함. 그리고 더 궁금한 내용들을 모아서 각자가 질문할 내용과 순서를 미리 정해 준비하는 등 주도적으로 활동함. 교내 학과멘토링 프로그램에서 경찰행정학과에 재학 중인 대학생들과 만나 현대 사회에서 강력 범죄가 증가하는 사회적 원인과 고도로 조직화된 범죄에 대한 대처 능력이 무엇인지를 질의하는 등 평소 궁금했던 전공에 대한 깊이 있는 질문을 하여 많은 호응을 받음. 이후 함께 조사한 친구들과 경찰 활동에 대한 동영상을 시청하고 경찰 호신술, 무술, 체포술과 같은 무도 기술을 익힘. 점심시간을 이용하여 동아리 친구들과 조를 짜서 금연 캠페인 활동을 하였으며, 교통이 복잡한 학교 앞 거리에 나가 어깨띠를 하고 교통안전에 대한 홍보 전단지를 배포하는 등 교내외의 질서 유지에 큰 공헌을 함. 경찰행정학과가 국민의 안전과 사회 공공의 안녕을 위한 경찰의 역할과 효율적인 경찰 조직을 위한 학과라는 것을 분명히 알고 진학에 대한 자신의 의지를 더욱 공고히 함.

14. 심리학과

중학교 때 상담을 통해 자기혐오와 우울장애를 극복한 후, 자신도 다른 사람들에게 기적을 선물해주는 '심리상담사'라는 꿈을 지니게 됨. '책 속에서 길을 찾다'라는 '진로 독서활동(17차시)'에서 '알기 쉬운 심리학(홍기원 외)'을 읽고 매시간 독서일지를 작성하며 심리 분야에 발달, 성격, 사회, 학습, 생물심리학과 같은 기초심리학과 임상 및 상담, 산업 및 조직심리학과 같은 응용심리학 등 다양한 하위분야가 있다는 것을 알게 됨. 진로가 비슷한 친구 5명과 함께 '심리학의 이해(윤가현 외)'와 '긍정 심리학(권석만)'을 읽고, 책 속의 내용을 강연하는 활동을 꾸준히 진행함. 신체, 정신적으로 불편함을 지닌 도움반 친구를 도와주는 활동을 하며 '사람을 변화시키는 것은 사람의 진실된 마음이었다.'는 것을 알게 됨. 매주 1회의 진로탐색활동 시간을 통해 본인이 희망하는 심리학과를 통한 진로계획을 구체화하고, 임상심리학 및 사회심리학자의 인터뷰를 통해 자신의 진로 리포트를 제작함으로써 청소년전문 임상심리학자라는 구체적 진로를 세움. 대중매체심리 동아리 회장으로 지도 교사를 도와 항상 자발적으로 동아리 모임을 주도하였으며, 청소년 임상심리에 도움이 되는 영상과 미디어 자료를 제작, 준비하여 교내 위클래스에 규칙적으로 제공함. 또한 동아리에서 만든 영상을 꼼꼼히 정리하여 미디어 청소년 임상심리에 대한 소논문을 쓰는 등 본인이 정한 전공을 위해 매우 구체적으로 노력해나감.

15. 신문방송학과

교내 신문 읽기 동아리 회장으로 신문 사설과 여러 가지 이슈를 살피고, 자신의 생각을 논설문으로 작성하여 학교 신문에 연재함. 또한 교내 방송부에서 PD 역할을 맡아 '우리의 꿈, 꿈, 꿈!!!'이라는 주제로 방송제를 기획하여 사람들의 꿈을 취재함. 이 과정을 촬영 및 편집한 후 방송하여 교사와 학생 등 학교 구성원들의 갈채를 받는 등 학교의 크고 작은 행사에 적극적으로 참여함. 진로포트폴리오 작성 활동에서 목표로 하는 대학 신문방송학과의 교육과정, 교수진, 졸업생의 진출 현황 등에 대한 정보를 꼼꼼하게 찾아 스크랩함. 교내 전공탐색 활동에서 '가짜뉴스에 대한 인식과 팩트 체크'를 주제로 학급 친구들에게 설문조사를 실시한 후, 그 결과를 분석하여 논리적이고 창의적으로 발표함. 뮤지컬 '미스 사이공'을 보고 서양의 우월주의를 비판하는 동시에 인권의 중요성을 환기시킨 미디어의 긍정적 역할을 강조하는 내용의 보고서를 써서 진로활동 시간에 발표함. '보도부 기자'라는 자신의 꿈을 이루기 위해 요구되는 자질을 함양하기 위해 노력하고 실천하는 자세가 탁월함.

16. 사회복지학과

진로정보사이트 직업적성검사에서 자기성찰기능, 대인관계능력, 자연친화력 등이 아주 높은 것으로 나타남. 1학년 때 직업인 특강에서 사회복지사의 강의를 듣고 어려움을 겪는 사람들의 문제해결을 돕고 지원하는 사회복지사를 자신의 진로로 확고히 함. 교내 봉사동아리의 부장으로서 한 달에 한 번 주말을 이용하여 직접 만든 도시락을 전달하고 말벗 활동을 하였으며, 학교 텃밭에서 직접 기른 배추, 무, 고추 등을 수확하여 동아리 친구들과 함께 김치를 담아 전달하는 등 남을 배려하고 도와주는 습관과 태도가 탁월함. 진로교과 부장으로서 수업시간에 우리말과 문화에 낯선 다문화 가정 친구들이 학교생활에 잘 적응할 수 있도록 적극적으로 도움. 진로에 관한 책과 영상을 볼 때, 우리 말에 서투른 친구들이 잘 이해할 수 있도록 내용을 설명해주며, 스스로 진로를 탐색할 수 있도록 도움을 줌. 다른 사람들의 말에 귀를 기울이는 공감능력이 뛰어남.

17. 세무학과

'희망직업 발표' 활동(2023.07.23.)에서 '세무사'를 선택하여 하는 일, 희망 이유, 준비과정 등을 보고서로 제작하고, 수업시간에 발표하여 우수한 평가를 받음. 교내 수학·통계연구 동아리 홍보부장으로서 '교내 생명존중 캠페인'에 대한 학생들의 인식에 관한 설문지를 사전·사후로 만든 후 조사하여 그 결과를 수치로 나타내는 등 각종 통계 활동에 적극적으로 참여함. 진로가 유사한 친구들과 함께 교내 수학 축제에 참여하여 통계와 관련된 주제로 부스 인기도 조사와 설문지 작성요령 부스를 운영함. 설문지 작성법과 설문 분석을 어떻게 하는지 설명하고, 부스 인기를 조사한 후 그 결과를 스티커를 붙여 시각적으로 쉽게 확인할 수 있도록 함. 진로활동 시간에 통계청 인구조사 결과를 분석하여 30년 후의 한국 경제 성장률을 전망하고, 그 대책 방안을 연구하여 발표하는 등 왕성한 호기심과 합리적 사고능력이 돋보이는 학생으로 성장 잠재력이 기대됨.

18. 문헌정보학과

교내 도서반의 부장으로서 사서교사를 도와 학생들이 각종 도서와 참고자료를 편리하게 검색하고 열람할 수 있도록 일목요연하게 분류하는 활동을 주도적으로 함. 도서반 친구들과 함께 주 1회 발행되는 도서관 소식지를 직접 편집하여 학교 게시판에 부착하였으며 다양한 도서관 행사에 적극적으로 참여함. 교내 통계조사 분석 발표회에서 '독서와 학업의 상관관계'라는 주제로 학생들의 독서량과 성적분포도를 체계적으로 조사한 후 발표하여 많은 호응을 받음. 교내 소프트웨어 진로캠프에 참여하여 책 추천 챗봇 만들기와 사회적 약자를 위한 3D 모델링 활동에 적극적으로 참여함. '진로 독서활동(17차시)'에 참여하여, '미야자카 하야오'를 읽고 매시간 독서 일지를 작성하며 자신의 진로를 구체화함. 책을 통해 미야자키 하야오가 자신의 인생관을 알고 이를 이루기 위해 노력하는 모습을 보며 직업의 소중함을 다시금 생각하게 됨.

19. 회계학과

평소 경제와 회계분야에 관심이 많아 '직업인 인터뷰하기 활동'에서 회계사를 직접 섭외하여 인터뷰한 후 하는 일, 업무에 필요한 능력과 지식, 회계사 되는 방법, 가장 보람 있었던 일 등으로 나누어 보고서를 작성하고 발표함. 교내 미래 직업 전망 토론회에서 앞으로는 회계 관련 직업이 인공지능으로 대체될 가능성이 높다는 상대방의 주장에 반박하며, 인간의 최대 감정인 공감, 이해, 소통능력과 인공지능의 정확하고 신속한 업무처리 기술을 융합한다면 직업 전망이 더 밝을 수 있다고 주장하여 많은 호응을 받음. 교내 세계 경제 연구 동아리의 부원으로서 세계 경제 이슈들을 선정·정리 후 앞으로의 경제를 전망하는 보고서를 작성하여 매달 발행되는 교내 경제 신문에 게재하고 진로시간에 발표함. '포스트 코로나19 시대 기업 및 자영업자들의 생존 전략 방안'은 결국 디지털화, 비대면화, 온라인화에 있다는 내용의 글을 분석적이고 논리적으로 제시하는 등 자신의 역량 개발을 위한 활동에 적극적으로 참여함.

20. 사회학과

'자신의 강점 찾기' 활동에서 자신의 강점이 맡은 일을 끝까지 열심히 하려는 책임감과 노력, 사회성과 원만한 대인관계라는 것을 알게 됨. 1학년 때부터 교내 또래 튜터링에 멘토로 참여하여 멘티였던 탈북 친구의 학습을 돕고 고민을 상담하는 역할을 꾸준하게 함. 이 활동을 계기로 각 사회를 구성하는 사람들의 생활양식과 사고방식이 다르다는 것을 깨닫고, 사회 구성원 간의 상호작용과 사회구조를 탐구하는 '사회학'에 관심을 가짐. 진로체험활동으로 한옥 체험을 실시한 후, 예술문화 복지에 대해 탐구하고 그 내용을 보고서로 만들어 발표함. 사회복지가 주로 경제·사회적 측면에 국한된 반면, 예술문화 복지는 '문화적 인간-호모쿨투랄리스'의 개념으로, 사회가 발전할수록 더욱 중요하다는 내용을 발표하여 탁월하다는 평가를 받음. 교내 정책 토론회에 참여하여 '고교 무상제도를 실시해야 한다.'를 논제로 제도 도입에 따른 효과 및 사회적 영향을 다각적으로 분석함. 고교 무상제도의 시행은 가정 환경이나 계층, 지역에 상관없이 모든 학생이 공평한 교육의 기회를 얻을 수 있다는 사실을 강조함. 장애인, 아동, 다문화, 탈북민 등 사회적 약자의 인권을 높이고 모두가 안전하고 행복한 사회를 만들자는 캠페인을 직접 기획하여 점심시간을 이용하여 지속적으로 활동하는 등 자신의 진로에 적합한 계획들을 세우고 이를 실천하는 능력이 돋보임.

교과학습발달상황

*세부능력 및 특기사항 포함

대학의 평가 관점

학교생활기록부 영역	학업역량	진로역량	공동체역량
교과학습발달상황	O	O	O

학생의 학업능력을 확인할 수 있는 핵심 자료로 평가자는 학업에 대한 수월성과 충실성을 살펴본다. 수강자수, 등급, 원점수, 평균, 표준편차 등을 종합적으로 고려한 과목별 학업성취도와 선택교과 이수 현황은 학업 역량을 확인할 수 있는 자료이다.

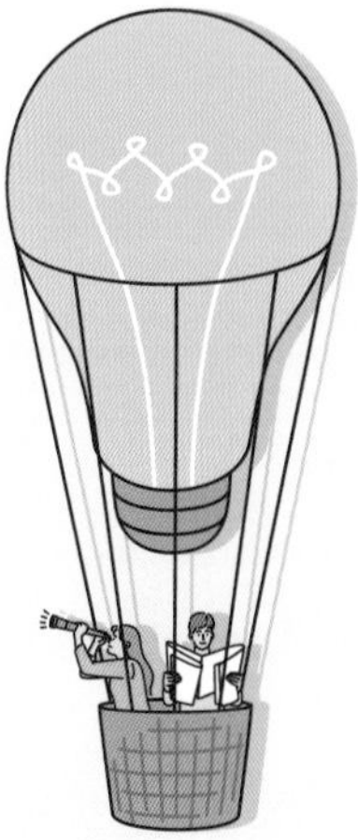

또한 전공 및 진로와 연관된 교과 이수 현황과 성취도를 통해 학업 우수성 및 전공(계열) 적합성을 확인한다. 이와 함께 학년별 성적 추이와 전반적인 교과에서의 균형 잡힌 고른 성취 등을 통해 학생의 성장 잠재력과 발전가능성, 그리고 학업에 임하는 성실성도 엿볼 수 있다. 더불어 학업에서의 어려움을 극복하고 자신의 방식으로 발전하려는 모습을 통해 자기주도적 학습태도를 확인할 수 있다.

교과학습발달상황 세부 내용

- 학생의 재학 중 이수 교과, 과목명, 평가 결과 및 학생활동의 발전 여부 등
- 교과, 과목, 단위수, 원점수/과목평균(표준편차), 성취도(수강자수), 석차등급을 산출하여 각 학기말에 입력
- 세부능력 및 특기사항: 과목별 성취기준에 따른 성취수준의 특성 및 학습 활동 참여도 등을 문장으로 입력

교과학습발달상황은 학업의 성취 수준과 노력을 바탕으로 학업 역량을 가늠하여 학업 수월성 및 전공기초 소양을 확인하는 항목이다.

세부능력 및 특기사항은 수업 중 교사가 관찰한 내용을 기록하는 란으로, 학생 참여형 수업 및 수업과 연계된 수행평가 등에서 관찰한 내용이나 수행평가의 모둠활동 내용도 기재 가능하다. 따라서 학생이 수업에 임하는 태도와 심화학습 과정, 학생과 교사의 상호작용, 교과 담임의 평가를 알 수 있어 매우 의미 있는 자료이다. 교과학습발달상황에는 각 교과담당교사가 직접 관찰·평가한 내용이 기록된다. 이 항목을 통해 단순히 학생의 각 교과 역량만을 확인할 수 있는 것이 아니라, 학생이 희망하는 모집단위에 대한 관심과 역량을 구체적으로 확인할 수도 있다.

교과학습발달상황(교과세특 포함)은 학교생활기록부 내 다른 항목들이 축소되면서 학생부종합전형에서 더욱 중요한 의미를 가지게 되었다. 따라서 교과세특은 학생부종합전형 대비에 있어 가장 핵심이 되는 부분이라고 할 수 있다. 방과후수업, 토론, 조별 활동, 개인 과제, 탐구주제 등 다양한 기록을 바탕으로 지원자의 학업 역량과 수업 참여 정도를 파악할 수 있다.

그러나 단순하게 내용의 분량이나 내용 자체만으로 학생을 판단하지는 않는다. 학교생활기록부의 다른 영역이나 자기소개서와 비교했을 때, 교과세특이 지원자의 성장가능성 및 잠재력을 보여주는 경우 해당 내용은 중요한 평가요소로 작용한다. 더불어, 학생이 수업에 어떻게 참여했는지에 대한 태도나 활동만 보여주는 내용보다는 학생이 예전에 습득한 지식을 교과에 융합시켜 어떻게 새로운 결과물을 생산했는지를 보여주는 교과세특이 가장 좋은 평가를 받는다.

중요!!

교과세특 중요 입력사항

2020학년도 이전

- '기초교과(군), 탐구교과(군)'과목은 모든 학생에 대해 입력, 그 외 과목은 학업성적위원회 심의를 통해 입력 범위 결정.
- 과목 이수 시간이 0시간인 학생에 대해 입력하지 않을 수 있음.
- 위탁교육기관, 병원학교·원격수업기관의 활동 내용이 있는 경우, 해당 기관의 자료를 그대로 입력함.

2021학년도 이후

- 모든 교과(군)에 대해 모든 학생을 대상으로 입력함.
- 교과수업에 참여하지 못한 학생은 그 사유를 입력함.
- 위탁교육기관 등의 활동 내용이 있는 경우 해당 기관의 자료를 그대로 입력하되 입력내용은 기재요령의 유의사항을 준수하여 입력함.

기재 예시

과목	세부능력 및 특기사항
문학	늘 바른 자세로 수업에 임하는 성실한 학생으로서 어휘력이 우수하고 문학적 상상력이 풍부함. 소설을 읽고 기사문을 작성하는 수행평가에서 이청준의 '줄'을 현대 사회의 '청년실업'과 연결시켜 '직업이 사라져간다'라는 기사문을 완성함. 기사문의 형식과 특징에 맞게 소설의 내용은 사실적으로, 추측성 기사는 주변 사람들에게 들은 이야기를 기록하는 형식으로 쓴 글이 타의 추종을 불허할 정도로 탁월함.

학생들을 위한 꿀팁

TIP 이렇게 준비하세요

TIP.1 평소 학교 수업에 적극적으로 참여한다.

TIP.2 수행평가를 깊이 있게 준비한다.

TIP.3 수업시간에 주도적인 활동으로 자신의 의견을 조리 있게 발표한다.

TIP.4 수업 내용과 연계되거나 교과서 내용을 중심으로 개인적인 탐구활동을 한다.

TIP.5 교과 및 진로와 관련된 독서활동 후 발표하여 자신의 심화학습 정도를 나타낸다.

TIP.6 자신의 교과성적이 많이 상승하였다면 노력의 과정을 기록한 후 발표하도록 한다.

세부능력 및 특기사항은 교사와의 상호작용이 잘 드러나는 항목으로, 학생의 수업 활동의 과정과 결과를 글자로 차별화하여 기록한다. 같은 과제라도 학생마다 결과물이 다르고 수업에 참여하는 태도도 다르다. 그러므로 숫자로 표시된 성적만으로는 파악하기 힘든 학생의 우수성이 그대로 드러나는 영역이다.

경쟁력 있는 기록이 되려면 평소 수업 준비를 충실히 하고 적극적인 태도로 교과수업에 참여하여 학생의 주도적인 노력 과정이 기재될 수 있도록 해야 한다. 학생이 수업시간에 발표를 하지 않거나 활동한 것이 없다면 좋은 교과세특이 될 수 없다. 따라서 교과세특의 수준을 결정짓는 주요인은 학업태도라는 점을 명심해야 한다.

또한 수행평가에도 최선을 다해야 한다. 학생 참여형 수업의 강화로 대부분의 수업에서 수행평가가 진행되는데, 수행평가를 단순히 점수의 일부로 생각하고 감점이 되지 않을 정도로만 준비해서는 좋은 교과세특으로 평가받을 수 없다. 수행평가의 준비과정과 결과로 학생 개인의 학업 역량, 전공에 대한 관심을 보여 줄 수 있고, 그 깊이에 따라 발전가능성과 창의성도 드러낼 수 있다.

수업시간에 적극적으로 참여하고, 수행평가를 깊이 있게 준비했다면 이를 좀 더 심화시키는 활동도 필요하다. 수업시간에 배운 내용이나 수행평가 과정에서 생겼던 또 다른 궁금점을 해결하기 위해 개인적인 탐구활동을 한다면 많은 도움이 된다. 또한 이 과정에서 학생 스스로 더 알고 싶은 것을 찾기 위한 독서활동으로 이어진다면 학업태도, 역량, 전공에 대한 관심 등 다양한 역량을 평가받을 수 있다.

자신의 교과성적이 이전보다 많이 상승했다면 자신이 어떻게 노력하였는지를 구체적으로 기록하여 그 내용을 수업시간에 발표하는 등 교과세특에 입력될 수 있도록 하는 것이 좋다. 교과선생님이 모든 학생들의 개인적인 노력에 대한 구체적 상황까지는 알 수 없기 때문이다.

다음은 지원자 간 변별을 나타내기 위한 **교과세특 기재 유형 관련 개방형 질문**에 대한 입학사정관의 주요 답변 내용을 요약한 것이다.

- 교사의 주관적 평가나 성취수준의 언급보다 객관적 관찰, 반응, 결과 등을 기재
- 활동의 결과 이후 성장과정을 가늠할 수 있는 내용 기재
- 학생이 희망하는 전공 관련 내용을 자발적으로 심화학습하고 발표하는 사례
- 호기심을 가지고 심화 탐구한 이후 다른 사례와 응용하여 결과를 도출한 사례
- 대학 지원 학과에서 필요로 하는 기본 교과 역량을 파악할 수 있는 내용 기재
- 학습 수준에 대한 기재보다 학생 개인의 주도적 노력과 심화 확장하는 탐구 사례
- 교과세특 기재의 상향 평준화로 과거처럼 개인 간, 학교 간 차이를 크게 느끼지 못함
- 교과목 성취도는 낮으나 교과세특 기재 내용이 우수하게 작성된 것은 도움이 되지 않음

* 학생부종합전형의 학교생활기록부 평가 방안 연구 (건국대,중앙대,한양대, 2020)

또한 입학사정관들이 '**교사의 교과세특 기재 방향**'과 '**고등학교에 바라는 점**'을 자유롭게 기술한 내용을 요약하면 다음과 같다.

- 수업시간에 배운 교과 내용 기재보다는 학생 관찰 내용 위주의 기재 필요성
- 감성적인 문장, 불필요한 미사여구 기재 최소화
- 과목별 성취수준/석차등급 등 객관적 점수를 고려한 교과세특 내용 기재 필요
- 교과세특 기재를 과도하거나 무리하게 대학 진로와 연결시키는 글쓰기 지양
- 동일 내용 반복 기재, 긍정적인 평가 위주 기재 지양을 통한 학생 개인별 차이 확인 필요
- 과도하게 어려운 기재보다는 학생의 핵심 역량을 파악할 수 있는 종합적 글쓰기
- 주요 교과 대비 비주요 교과의 교과세특 기재 충실화 필요
- 학생 셀프 학교생활기록부 금지 등 고교 차원의 독자적 신뢰성 확보 노력

* 학생부종합전형의 학교생활기록부 평가 방안 연구 (건국대,중앙대,한양대, 2020)

위의 내용을 종합하여 바람직한 학생의 교과세특을 쓰기 위해서는 다음과 같은 순서로 하는 것이 좋다.

활동 계획 수립
보고서, 모둠활동, 토론활동, 독서활동, 프로젝트 등

구체적인 사실 정보
배운 내용 또는 진로직업 관련

학생의 능력(역량) 평가

학생의 변화(성장) 양상
느낀 점, 소감문 등

배운 내용 활용
후속 활동, 교과내/교과간 연계 등

TIP 이렇게 기재하세요

- 학생 참여형 수업 및 수업과 연계된 수행평가 등에서 관찰한 내용을 입력한다.
- 고등학교의 과목별 세부능력 및 특기사항은 전교과, 모든 학생에 대해 입력한다.
- 획일화된 틀이 아닌 개별화된 평가를 구조화한다.
- 학생이 수업시간에 직접 노력한 활동을 기재한다.

  교사가 수업시간에 가르친 것을 나열하는 식의 교과세특은 좋은 평가를 받을 수 없다. 학생의 노력이 담겨있는 결과물을 중심으로 교사의 관찰과 평가를 기재하도록 한다.

- 교과와 연계되거나, 확장 · 심화된 활동 내용을 기재한다.
- 막연한 칭찬보다는 학업 역량과 전공적합성이 드러나도록 기재한다.

  '다른 사람보다 우수함. 성실한 자세로 노력함.'이라는 표현보다는 수업시간에 학생이 발표했던 사례나 제출한 과제에 대한 구체적인 평가가 드러나도록 한다. 학업 역량을 나타내는 핵심 키워드로는 '자기주도학습력, 문제해결력, 통합적 사고력, 종합적 평가력, 대안제시능력, 발표력, 토론능력, 결론도출능력, 논리적이고 분석적인 능력, 창의적 발상력, 의사소통능력, 응용력, 리더십, 분석적 사고력, 비판적 사고력' 등이 있다.

- 수업시간에 발표회나 토론회를 열고 이에 대한 평가를 기재한다.

  수상은 학교생활기록부 어느 영역에도 기재할 수 없으므로, 대회 대신 다양한 활동을 수업시간에 하고 이에 대한 평가를 교과세특에 기재한다. 교과세특은 과목별로 500자를 기재할 수 있기 때문에 좀 더 구체적으로 쓸 수 있다

- 교과별 세부능력 및 특기사항을 작성할 때 참고할 수 있는 내용이다.

  학교교육계획에 따라 실시한 교육활동, 교사 지도하에 학생이 직접 작성한 자료,. 동료평가서, 자기평가서, 수업 산출물(수행평가 결과물), 소감문, 독후감 등

- 아래와 같이 선생님이 가르친 지식과 수업내용을 알려주며, 모든 학생에게 공통적으로 해당하는 내용은 수업에 참여하지 않는 학생들에게 적합하다.

모든 학생에게 공통되는 내용을 기재하여 좋은 평가를 받지 못하는 예시

세부능력 및 특기사항
국어 : '천변풍경(박태원)'을 읽고, 1930년대 서울 청계천변을 중심으로 벌어지는 서민들의 다양한 생활상을 이해함. '절정(이육사)'을 감상하며 저항시의 갈래를 이해함. 토론수업에서 '청소년의 언어 실태'에 대한 문제점을 인식하고 언어순화의 필요성을 공감함.

Search 세부능력 및 특기사항에 입력할 수 없는 내용

- 각종 공인어학시험 참여 사실과 그 성적 및 수상실적
- 교과·비교과 관련 교외대회 참여 사실과 그 성적 및 수상경력(학교장의 참가 허락을 받아 참여한 각종 교외대회에서의 수상경력도 기재 불가)
- 교외기관 단체(장)등에게 수상한 교외상(표창장, 감사장, 공로상 등도 기재 불가)
- 교내·외 인증시험 참여 사실이나 그 성적
- 모의고사·전국연합학력평가 성적(원점수, 석차, 석차등급, 백분위 등 성적 관련 내용 일체) 및 관련 교내 수상실적
- 논문을 학회지 등에 투고 또는 등재하거나 학회 등에서 발표한 사실
- 도서출간 사실, 지식재산권(특허, 실용신안, 상표, 디자인) 출원 또는 등록 사실
- 교내대회 참여 사실과 그 성적 및 수상실적
- 이외 '학교생활기록부 작성 시 유의사항'에서 기재 금지한 사항 일체
- K-MOOC, MOOC, KOCW
- 자율탐구활동으로 작성한 연구보고서(소논문) 관련사항 일체는 기재할 수 없으며, 탐구보고서 등으로 편법적 기재 금지
- 대회와 관련하여 대회의 명칭을 단순행사로 변경하여 입력하는 행위 불가
- 2024학년도 대입(졸업생 포함)부터 상급 학교 진학 시 영재·발명교육 실정은 제공하지 않음.

사회계열 맞춤형 세부능력 및 특기사항 기재 예시

국어 교과군

국어

[단원명]

듣기·말하기

성취기준

[10국01-03] 논제에 따라 쟁점별로 논증을 구성하여 토론에 참여한다.

평소 사회현상이나 시사 문제에 대한 관심이 많아 시사 프로그램이나 뉴스를 즐겨 보고, 관련 정보를 스크랩하여 정리하는 학생으로, 성격이 논리적이고 합리적이어서 교우 간 갈등이 발생했을 때 공정하게 중재하는 능력이 탁월함. '정부가 코로나19 대응을 위해 국민의 개인정보를 수집하는 것이 정당한가'에 관한 토론에서 개인의 사생활은 중요한 인권이지만 절대적인 권리는 아님을 다양한 근거를 들어 설명하고, 환자의 사생활을 보호하는 것과 대중을 위험으로부터 보호하는 것이 균형을 이뤄야 함을 주장하여 급우들로부터 큰 공감을 얻음. 특히, 법적 근거를 바탕으로 든 사례 중심의 설명이 설득력 있고 논리적이었으며, 자신 있는 말투와 표정이 청중들에게 좋은 인상을 줌.

관련학과 법학과, 사회학과

핵심키워드 개인정보수집

국어 교과군

국어

[단원명]

쓰기

성취기준

[10국03-05] 글이 독자와 사회에 끼치는 영향을 고려하여 책임감 있게 글을 쓰는 태도를 지닌다.

정치·사회면에 관심과 흥미가 있어 신문이나 뉴스를 자주 챙겨보면서 언론의 중요성을 인식하게 됨. 언론에 대한 징벌적 손해배상제도 도입 여부가 적절한지에 관한 탐구 활동에서 '언론은 오보의 대가를 치러야 하는가?'를 주제로 논술문을 작성함. 논술에서 언론이 악의적인 보도, 가짜뉴스 유통 창구에서 벗어나 제 역할을 다하게 하려면 징벌적 손해배상제도를 도입해야 한다고 주장함. 내용이 명확하고 논리적이며, 예시로 제시한 외국의 사례가 흥미롭고 설득력 있어 동료들로부터 좋은 평가를 받음. 모둠활동 시 자신에게 주어진 역할을 성실하게 수행하고, 과제를 수행하지 못하는 친구가 있으면 협력하여 과제를 완수하는 모습이 보기 좋음.

관련학과 신문방송학과, 언론정보학과, 미디어학부

핵심키워드 징벌적 손해배상제도

국어 교과군

화법과 작문

[단원명]

작문의 원리

성취기준

[12화작03-06] 현안을 분석하여 쟁점을 파악하고 해결방안을 담은 건의하는 글을 쓴다.

평소 역사와 시사 문제에 관심이 있어 관련 기사를 꼼꼼히 읽고, 내용을 정리하여 친구들과 토론하기를 즐기는 학생임. 그중 일본이 강제 징용 배상 판결에 대한 보복 조치로 내린 수출규제와 무역 화이트리스트에서 한국을 배제한 사건의 부당성을 깨닫고, 관련 자료를 수집하여 '내가 만약 WTO 한국 대표 외교관이라면, 일본의 무역 보복에 대한 부당성을 국제사회에 어떻게 호소할 것인가'를 주제로 연설문을 작성하여 발표함. 법적 근거와 국제적 판례를 하나하나 사례로 들어 쓴 글이 간결하면서도 전달하고자 하는 내용이 분명하게 드러나 있어 읽는 사람에게 이해와 감동을 줌.

관련학과 정치외교학과, 국제관계학과

핵심키워드 일본의 무역 보복

국어 교과군

화법과 작문

[단원명]

작문의 원리

성취기준

[12화작03-06] 현안을 분석하여 쟁점을 파악하고 해결방안을 담은 건의하는 글을 쓴다.

식량 과잉 시대에서 인간이 굶는다는 모순적 상황을 비판한 '왜 세계의 절반은 굶주리는가?(장 지글러)'를 읽고, 세계 식량 문제에 관심을 갖고 고민하면서, 유전자 변형 식품(GMO)을 대안으로 생각하게 됨. 관련 자료를 수집하고 유전자 변형 식품의 제조 과정을 조사하여 '유전자 변형 식품은 인류 식량 문제 해결의 열쇠인가'를 주제로 보고서를 작성함. 유전자 변형 식품의 필요성과 이로움을 조목조목 제시하였을 뿐만 아니라 위험성도 나열하여 내용의 신뢰도를 높임. 주제와 내용이 짜임새 있고, 제시된 정보가 명확하며, 주장과 설득은 간결하고 힘 있는 문장으로 이루어져 있어 독자의 공감을 이끌어 냄. 주어진 과제를 책임감 있게 수행하는 성실한 학생으로, 모둠원들과 협력하여 자료를 수집하고 분석하는 모습이 인상적임.

관련학과 경제학과, 농업경제학과, 식품자원경제학과

핵심키워드 유전자변형식품

국어 교과군
독서

[단원명]
독서의 방법

성취기준

[12독서02-03] 글에 드러난 관점이나 내용, 글에 쓰인 표현 방법, 필자의 숨겨진 의도나 사회·문화적 이념을 비판하며 읽는다.

평소 독서를 즐기며, 다양한 부류의 글을 두루 읽고 내용과 느낀 점을 정리하는 학생임. 특히, 글만 읽는 무능한 양반들을 비판하고, 백성들의 생활을 안정시키기 위해서는 상업과 공업을 발전시켜야 한다고 주장한 '허생전(박지원)'을 흥미 있게 읽은 후 당시 사회적 배경과 연계하여 허생의 경제관을 비판하고, 당시 필자가 말하고자 하는 이상 사회를 오늘날 자신이 생각하는 이상 사회와 비교하여 논리적으로 설명함. 글에 드러난 관점이나 필자의 숨겨진 의도, 사회·문화적 이념을 파악하고 분석하는 능력이 뛰어남. 교내 독서토론 모임을 주도하여 교우들과 책을 읽고 토론하는 모습이 보기 좋으며, 이를 통해 상식과 교양을 넓혀가는 모습이 타의 모범이 됨.

관련학과 경영학과, 경제학과

핵심키워드 허생전

국어 교과군
독서

[단원명]
독서의 분야

성취기준

[12독서03-02] 사회·문화 분야의 글을 읽으며 제재에 담긴 사회적 요구와 신념, 사회적 현상의 특성, 역사적 인물과 사건의 사회·문화적 맥락 등을 비판적으로 이해한다.

교우들과 정기적으로 독서 모임을 하고, 토론하기를 즐기는 학생임. 다양한 부류의 책을 두루 읽었으며, 읽은 책마다 느낀 점을 자세히 메모하는 습관이 있음. 특히, 서양인들의 눈에 비친 일본인들의 행동과 특성을 담고 있는 '국화와 칼(루스 베네딕트)'을 인상 깊게 읽고 독후감을 작성함. '국화'는 차 한 잔을 마시는 데도 도(道)를 운운하는 일본인의 섬세한 미학적 세계를 상징하고 '칼'은 잔인하게 상대를 살상하는 야만적인 형태를 뜻함을 설명하며, 이 같은 일본인의 특성이 오늘날 한일관계에도 영향을 미치고 있음을 다양한 사례를 제시하여 설명함으로써 급우들의 흥미를 이끌어 냄. 문장의 구조를 파악하고, 글의 내용과 필자의 의도를 분석하고 해석하는 능력이 뛰어남.

관련학과 사회학과, 정치외교학과

핵심키워드 국화와 칼

국어 교과군
언어와 매체
[단원명]
언어와 매체의 본질

성취기준

[12언매01-04] 현대 사회의 소통 현상과 관련하여 매체 언어의 특성을 이해한다.

인터넷 언어에 관심이 있어 '매체 언어가 인간관계와 사회생활에 미치는 영향'을 주제로 보고서를 작성함. 인터넷이나 휴대전화가 개인적·사회적 의사소통과 인간관계에 미치는 영향을 구체적 사례를 통해 설명함으로써 좋은 평가를 받음. '청소년의 SNS를 통한 사회적 관계 형성 실태와 문제점'을 주제로 한 토의에서 스마트폰이 대중화되면서 청소년들의 사회적 관계 형성이 오프라인보다 온라인상에서 더욱 활발히 진행되고 있음을 지적하면서 온라인상에서 주고받는 언어의 중요성을 강조함. 또한, 자신이 자주 이용하는 SNS 상의 댓글을 점검하고 매체 이용 습관을 되돌아봄. 인터넷이나 휴대전화가 개인적·사회적 의사소통과 인간관계에 미치는 영향을 알고 다른 사람과의 의사소통에서 존중과 배려의 태도가 중요함을 깨달았다고 밝힘.

관련학과 사회학과, 아동·청소년학과, 미디어커뮤니케이션학과

핵심키워드 인터넷 언어

국어 교과군
언어와 매체
[단원명]
언어와 매체에 관한 태도

성취기준

[12언매04-03] 현대 사회에서 언어와 매체 언어의 가치를 이해하고 언어문화와 매체 문화의 발전에 참여하는 태도를 지닌다.

평소 방송 및 미디어 분야에 관심이 있어 뉴스나 인터넷 방송 등을 즐겨 보고 관련 자료를 수집하여 스크랩함. '다수가 이해하고 이용하는 인터넷 통신 언어를 국어 파괴라는 이유로 배척해야 하는지 아니면 사용해도 되는지'를 주제로 한 토론에서 통신 언어는 SNS 대화방이나 게시판, 전자메일, 휴대전화 문자 메시지를 작성할 때도 일상어와 규범적인 면에서 거리는 있지만, 다수가 이해하고 이용하는 언어이므로 배척해서는 안 된다고 주장함. 또한, 우리 모두가 통신 언어를 사용하면서 언어 규범 및 윤리 파괴의 문제를 극복하고, 건전하고 유익한 언어문화를 형성하려는 노력이 필요함을 제시하여 갈채를 받음.

관련학과 미디어커뮤니케이션학과, 미디어학부

핵심키워드 인터넷 통신 언어

국어 교과군
문학

[단원명]
문학의 수용과 생산

성취기준

[12문학02-02] 작품을 작가, 사회·문화적 배경, 상호 텍스트성 등 다양한 맥락에서 이해하고 감상한다.

수업 준비가 철저하고, 수업에 임하는 자세가 진지하여 면학 분위기 형성에 크게 기여함. 역사나 시대적 배경을 중심으로 쓴 문학 작품에 관심 있어 관련 도서를 수집하고 1주일 1책 읽기를 1년간 꾸준히 실천함. 그중 일제의 민족 말살 정책으로 한글 교육이 억압되고, 우리 민족에 대한 수탈이 강화되던 시대를 배경으로 한 소설 '상록수(심훈)'를 감명 깊게 읽고, 한 시대를 살아가는 지식인으로서 해야 할 역할과 사명에 대해 깊이 있게 고민해보는 계기가 됨. 문학 작품을 단편적으로 읽지 않고, 사회·문화적 배경, 상호 텍스트성, 작가 등 다양한 맥락에서 이해하고 감상하는 능력이 탁월함. 또한, 문학 작품을 통해 인물이 처한 상황을 이해하고, 자신의 삶과 관련지어 글의 의미를 해석하는 자세가 돋보임.

관련학과 사회학과, 심리학과

핵심키워드 상록수

국어 교과군
문학

[단원명]
문학의 수용과 생산

성취기준

[12문학02-04] 작품을 공감적, 비판적, 창의적으로 수용하고 그 결과를 바탕으로 상호 소통한다.

사회문제를 비판한 문학 작품에 관심과 흥미가 있어 틈나는 대로 관련 도서를 찾아 읽고 정리함. 문학 작품에 반영된 시대 상황을 이해하고 문학과 역사의 상호 영향 관계를 탐구하는 능력이 뛰어남. 미국 최고 명문 사립고등학교를 배경으로 당시 미국 사회의 교육 풍토를 비판하고 있는 '죽은 시인의 사회(N.H 클라인바움)'를 감명 깊게 읽고 독후감을 작성함. 사범계 지망 학생으로 바람직한 교사의 역할에 대해 생각해보는 계기가 되었으며, 오늘날 한국의 교육 문제를 분석해 봄. 다양한 부류의 문학 작품을 두루 읽으며, 작품을 공감적, 비판적 시각에서 재구성하는 능력이 탁월함.

관련학과 전 교육계열, 아동·청소년학과

핵심키워드 죽은 시인의 사회

국어 교과군
실용 국어

[단원명]
정보의 해석과 조직

성취기준

[12실국02-02] 정보에 담긴 의도를 추론하고 내용을 비판적으로 평가한다.

평소 정치·경제·사회면에 관심이 있어 관련 뉴스나 신문을 틈틈이 챙겨보는 학생으로 시사상식이 풍부함. 사회적 이슈를 주제로 신문, 인터넷 기사를 검색하여 제시된 정보에 오류나 개인적 의견이 반영된 부분이 있는지 찾아낸 후 잘못된 부분을 구체적 사례를 들어가며 조목조목 설명하는 모습이 매우 인상적임. 최근 우리 사회에 '가짜뉴스'가 만연해 있음에 심각성을 느끼고, 동영상 공유사이트에서 가짜뉴스를 찾아 어떤 부분이 문제가 있는지 조사하고, 이러한 정보가 사회에 미치는 영향을 주제로 작성한 보고서가 급우들로부터 좋은 평가를 받음.

관련학과 사회학과, 신문방송학과, 언론정보학과

핵심키워드 가짜뉴스

국어 교과군
실용 국어

[단원명]
대인관계와 의사소통

성취기준

[12실국04-02] 상대의 감정을 공감적으로 수용하며 자신의 감정을 적절하게 표현한다.

범죄 심리학에 흥미가 있어 관련 도서를 찾아 읽고, 현대 사회에서 이러한 반사회적 범죄가 많은 원인을 조사하여 보고서를 작성함. 특히 사회적 규범을 따르지 않고, 충동적이며 후회나 죄의식과 같은 감정을 느끼지 않는 사이코패스와 같은 반사회성 인격 장애가 있는 사람들의 이상행동에 관심을 갖고 관련 자료나 영상, 기사를 수집하여 분석함. 이상행동의 원인이 공감능력의 부족임을 깨닫고, 입시 위주인 우리나라 교육 문화를 비판하고, 공감능력을 기르기 위한 인성교육이 강화되어야 함을 주장하여 큰 호응을 얻음. 학급에서 교우 간 갈등이 발생했을 때 갈등의 원인과 문제의 핵심을 검토하고, 대화와 타협을 통해 문제를 중재하는 능력이 뛰어나 교우들로부터 신뢰가 두터움.

관련학과 심리학과, 상담심리학과, 사회학과, 아동가족학과

핵심키워드 범죄 심리학

국어 교과군
심화 국어
[단원명]
윤리적 사고와 학문 활동

성취기준

[12심국04-01] 쓰기 윤리의 중요성을 인식하고 책임감 있는 태도로 글을 쓴다.

유명인이나 정치인들의 논문 표절과 죄의식을 느끼지 못하는 그들의 모습에 관한 인터넷 기사를 읽고 표절의 심각성을 인식하게 됨. 이에 표절 사례를 유형별로 조사하고, 표절이 사회에 미치는 영향을 조사하여 발표함. 작성한 PPT 내용이 명확하고 간결하여 보는 이들에게 편안함을 주었으며 제시한 사진 및 동영상 자료가 적절하여 급우들의 이해도를 높임. 쓰기 윤리의 중요성을 알고 책임감 있는 태도로 글을 써야 함을 주장하여 큰 호응을 얻음. 발표 시 긴장하지 않고 여유 있는 말투와 청중을 향한 시선 처리가 매우 인상적임. 매체 이용 윤리의 중요성과 무분별한 매체 사용으로 인한 피해의 심각성을 주제로 쓴 보고서의 내용이 논리정연하여 좋은 평가를 받음.

관련학과 법학과, 사회학과, 소비자학과, 문헌정보학과, 심리학과

핵심키워드 표절

국어 교과군
심화 국어
[단원명]
윤리적 사고와 학문 활동

성취기준

[12심국04-03] 매체 이용과 표현의 윤리를 준수하는 태도를 지닌다.

사회현상이나 시사 문제에 관심이 있어 틈나는 대로 뉴스나 신문 기사를 읽고 내용을 분석함. 유명 연예인들의 악성 댓글로 인한 자살 뉴스에 악성 댓글의 심각성을 깨닫고 착한 댓글 달기 운동에 꾸준히 참여함. 또한, 악성 댓글의 피해 사례를 조사하고, 악성 댓글의 원인과 예방 대책을 조사하여 발표함. 발표 시 사례별로 제시한 영상과 신문 기사가 급우들의 흥미를 이끌어냈으며, 착한 댓글 달기 운동에 동참하는 계기가 됨. 다른 사람이 생산한 자료를 표절하지 않고 올바르게 인용하는 쓰기 윤리의 중요성을 알고, 악성 댓글의 문제를 알리는 캠페인 활동, UCC 및 포스터 제작 등의 활동에 적극적으로 참여하는 등 매체 이용의 윤리를 준수하는 데 앞장섬.

관련학과 미디어커뮤니케이션학과, 미디어학부, 사회학과, 신문방송학과, 언론정보학과, 아동·청소년학과, 심리학과

핵심키워드 악성 댓글

국어 교과군

고전 읽기

[단원명]

고전의 가치

성취기준

[12고전01-01] 고전의 특성을 이해하고 고전 읽기의 중요성을 인식한다.

고전에 대한 흥미와 이해력이 높아 고전 읽기를 즐기며, 이를 통해 자신의 삶을 돌아보고 미래를 계획하는 학생임. 특히, 주인공 에밀이 성장하여 아버지가 될 때까지의 과정과 그 과정 동안 그가 받은 교육을 서술한 '에밀(루소)'을 감명 깊게 읽고 어린이에게 자유를 최대한 보장하여 많은 경험을 쌓을 수 있도록 도움을 주는 교사가 되겠다고 발표함. 또한, 소년들의 이야기를 통해 인간에게 내재되어 있는 야수성을 보여준 '분리된 평화(존 놀스)'를 읽고 주인공의 내면세계를 자신의 경험에 비추어 분석한 글이 좋은 평가를 받음. 글을 읽으면서 시대적 배경이나 사회적 상황을 연계하여 내용을 분석하고 파악하는 능력이 뛰어남.

관련학과 아동가족학과, 아동복지학과, 심리학과, 사회학과

핵심키워드 에밀, 분리된 평화

국어 교과군

고전 읽기

[단원명]

고전의 수용

성취기준

[12고전02-03] 현대 사회의 맥락을 고려하여 고전을 재해석하고 고전의 가치를 주체적으로 평가한다.

평소 사회현상이나 사회문제에 관심이 많아 신문이나 뉴스를 자주 챙겨 보고, 관련 자료를 모아 스크랩하는 학생임. 엄격한 청교도 사회와 죄인의 고독을 처절하게 그려낸 '주홍 글자(너다니엘 호손)'를 읽고, '주홍 글자'의 상징적 의미를 재해석하여 발표한 내용이 급우들에게 흥미를 줌. 그리고 오늘날 주홍 글자 즉, '낙인'을 새기고 살아가고 있는 사람들의 사례를 조사하고, 낙인이 개인과 사회에 미치는 영향에 대해 발표하여 좋은 평가를 받음. 사례 제시를 위해 제작한 PPT와 영상 자료의 내용이 명료하고 간결하면서 구체적이어서 청중들의 관심과 흥미를 이끌어 냄.

관련학과 경찰행정학과, 법학과, 사회학과, 심리학과

핵심키워드 주홍 글자

영어 교과군

영어

[단원명]

읽기

성취기준

[10영03-06] 친숙한 일반적 주제에 관한 글을 읽고 함축적 의미를 추론할 수 있다.

수업 준비가 철저하고, 수업에 임하는 자세가 진지하여 학습 분위기 형성에 크게 기여하는 학생임. 영어 어휘력과 문장력이 뛰어나 일반적 주제에 관한 말이나 대화를 듣고 화자의 의도나 말의 목적을 파악하는 능력이 탁월함. 유명 인사의 연설문이나 인터뷰 내용을 녹음하여 틈틈이 반복하여 들으면서 회화 능력을 기르는 학생임. 스티브 잡스가 2005년 스탠퍼드 대학에서 연설한 '인생의 3가지에 대한 이야기'를 읽고 감명을 받았으며, 그중 두 번째 이야기 '사랑과 상실에 대한 이야기'에서 스티브 잡스가 성공의 중압감에서 벗어나 초심자의 마음으로 돌아가 창의력을 최대한 발휘한 부분에 공감하고, 자신도 매사 최선을 다하는 사람이 되겠다고 발표함.

관련학과 사회학과, 심리학과

핵심키워드 스티브 잡스 연설문

영어 교과군

영어

[단원명]

읽기

성취기준

[10영03-06] 친숙한 일반적 주제에 관한 글을 읽고 함축적 의미를 추론할 수 있다.

성격이 명랑하고 감수성이 뛰어난 학생으로 수업시간에 적극적이며, 모르는 부분에 대해서는 주저함 없이 질문하는 학생임. 영어 실력 향상을 위해 영어 신문이나 영문 인터넷 기사 읽기를 꾸준히 실천하는 학생으로 어휘력과 문법에 대한 이해력이 나날이 성장하여 앞으로의 발전이 기대되는 학생임. 세계화로 인한 '코로나19의 확산' 관련 영어 신문 기사를 발췌하여 읽은 후 세계화와 교통수단의 발달은 '감염병의 세계화'를 촉진한다는 것을 깨닫고 '세계화의 영향'을 주제로 보고서를 작성하여 제출함. 세계화의 긍정적인 면과 부정적인 면을 영작하는 과정에서 어법 및 어휘를 다양하게 쓰는 데 다소 어려움이 있었으나 스스로 부족한 면을 보완하려 노력하는 모습이 보기 좋음.

관련학과 국제관계학과, 지리학과

핵심키워드 감염병의 세계화

영어 교과군
영어 회화
[단원명]
듣기

성취기준

[12영회01-02] 일반적 주제에 관한 말이나 대화를 듣고 주제 및 요지를 파악할 수 있다.

영어로 말하고 쓰는 활동에 자신감이 부족한 학생이었으나 자신만의 성실함과 부단한 노력으로 영어 실력이 많이 향상되고 있는 학생임. 틈틈이 짧은 영어 뉴스를 반복적으로 들으며 듣기 감각을 기르고 발음을 교정하는 등 영어 과목에 대한 흥미와 관심도가 높음. 영어 뉴스 '프랭크의 생일과 창이 있는 마스크'에서 나온 '창이 있는 마스크는 청각장애인에게 미소 이상의 의미를 지닙니다.'의 의미와 느낀 점을 영어로 발표함. 발표 시 표정과 행동이 진지하고 간결한 문장으로 청중들을 집중하게 만듦. 사회복지학에 관심이 많은 학생으로 사회적 약자들을 위한 사회적 관심과 배려를 강조하여 급우들의 공감을 받음. 급우들이 발표한 내용에 대해 질문하면 간략한 표현이지만 영어로 답변하려 노력하는 모습이 인상적임.

관련학과 사회학과, 소비자학과, 사회복지학과

핵심키워드 Windowed Masks

영어 교과군
영어 회화
[단원명]
말하기

성취기준

[12영회02-04] 일상생활이나 친숙한 일반적 주제에 관한 정보를 묻고 답할 수 있다.

영어 과목에 대한 흥미와 관심이 많은 학생으로 항상 적극적인 태도로 수업에 임함. 식당에서 음식을 주문하는 외국인과 한국인 종업원으로 역할을 나누어 실시한 상황극에서 종업원 역을 맡아 한식 메뉴를 하나하나 설명하고 주문을 받는 역할을 훌륭하게 수행하여 급우들로부터 갈채를 받음. 간결하면서도 명확한 어휘와 발음, 밝은 미소와 표정이 좋은 인상을 줌. 평소 친절하고 상냥한 성격이 역할을 돋보이게 하였으며, 상황에 따른 영어 문장의 응용력이 뛰어나 좋은 평가를 받음. 영어 실력 향상을 위해 영어 듣기와 회화 연습을 꾸준히 실천하는 학생으로 앞으로의 발전이 기대됨.

관련학과 글로벌경영학과, 호텔경영학과, 국제무역학과, 항공서비스학과

핵심키워드 상황극

영어 교과군
영어 I

[단원명]
말하기

성취기준

[12영 I 02-03] 친숙한 일반적 주제에 관해 자신의 의견이나 감정을 표현할 수 있다.

수업시간이면 항상 맨 앞자리에 앉아 교사의 수업 준비를 돕고 수업에 집중하는 모습이 보기 좋은 학생임. 3분 영어 스피치 시간에 지구온난화가 전 세계에 미치는 영향을 조사하고, 이를 예방하기 위해 개별국가의 노력뿐만 아니라 국제적 공조가 필요함을 강조하는 내용을 발표하여 좋은 평가를 받음. 자료 준비가 철저하고, 자신감 있는 표정과 간결한 문장, 정확한 발음이 청중들에게 호감을 줌. 제한된 어휘의 사용과 불완전한 문장도 간혹 있었으나 의사 전달에 문제가 없었으며, 자신의 부족한 부분을 보완하려 노력하는 모습이 타의 모범이 됨. 평소, 국제관계에 관심이 많은 학생으로 국제 문제나 지구적 환경 문제 자료를 수집하고 관련 영어 뉴스나 신문을 즐겨 보며 내용을 분석함.

관련학과 정치외교학과, 국제관계학과, 지리학과

핵심키워드 지구온난화

영어 교과군
영어 I

[단원명]
읽기

성취기준

[12영 I 03-06] 일반적 주제에 관한 글을 읽고 함축적 의미를 추론할 수 있다.

'세계의 다양한 문화'를 주제로 한 모둠별 프로젝트학습에서 인도의 음식에 관한 영어 기사와 영문 잡지를 검색하여 읽고, 글의 내용을 정리해 발표함. 모둠활동에서 자신의 역할을 충실히 수행하고 동료와 협력하는 모습이 보기 좋으며, 인도 음식의 종류와 특징을 사진 자료에 영문 설명을 적어 자세히 설명함으로써 좋은 평가를 받음. 문법에 자신감이 부족한 학생으로 간혹 불완전한 문장이 사용되기도 하였으나 의미를 이해하는 데 문제가 되지 않았으며, 자신의 부족한 면을 보완하고 문장 하나하나 모둠원들과 협력하여 만들어 가는 모습이 보기 좋음. 인류 문화에 관심이 많은 학생으로 관련 도서뿐만 아니라 '세계테마기행' 프로그램을 즐겨 시청하고 느낀 점을 영문으로 작성함.

관련학과 사회학과, 지리학과

핵심키워드 세계의 다양한 문화

영어 교과군
영어 독해와 작문
[단원명]
쓰기

성취기준

[12영독04-06] 일반적 주제에 관한 그림, 도표 등을 설명하는 글을 쓸 수 있다.

영어 시간에 학습한 내용을 실생활에 적용하고 응용하는 능력이 뛰어나며, 길을 묻는 외국인을 만났을 때 적극적으로 다가가 안내하는 모습이 보기 좋음. 우리나라를 방문하는 외국인에게 내 고장의 맛집을 안내하는 모둠활동에서 '내 고장 맛집 홍보 포스터'를 제작하여 발표함. 홍보 포스터에 묘사된 맛집 그림과 약도가 창의적이며, 음식의 종류와 특징이 영어로 어법에 맞게 잘 표현됨. 또한, 발표 시 청중을 바라보는 시선 처리와 여유 있는 태도로 급우들로부터 좋은 평가를 받음. 어휘의 반복이 자주 보이지만 홍보 내용이 명료하며, 음식의 맛을 영어로 표현한 것이 매우 인상적임. 모둠활동에서 동료들이 과제를 잘 수행할 수 있도록 역할을 나누고 협력을 이끌어내는 등 특유의 리더십을 발휘함.

관련학과 광고홍보학과, 항공관광학과, 국제관계학과, 지리학과

핵심키워드 홍보 포스터

영어 교과군
영어 독해와 작문
[단원명]
읽기

성취기준

[12영독03-02] 비교적 다양한 주제에 관한 글을 읽고 주제 및 요지를 파악할 수 있다.

학기 초에는 영어 읽기와 쓰기에 어려움이 있었으나 특유의 성실함과 노력으로 읽고 쓰는 능력이 많이 향상됨. 학기 말에는 단어의 오류가 많이 감소하였으며, 문장도 문법에 맞게 자신의 생각을 정확히 표현할 수 있게 됨. 세계 여러 나라의 축제를 조사하는 수행과제에서 '스페인 토마토 축제'에 관심을 갖고, 스페인 토마토 축제 홈페이지를 방문하여 축제 역사와 여행 정보 안내 글을 해석하여 읽은 후 주요 내용을 정리하여 발표함. 홈페이지에 영문으로 쓰인 안내문을 번역할 때 다소 어려움이 있었으나, 평소 영어 학습에 힘쓴 결과 스스로 과제를 완벽하게 수행하게 되었고 영어에 자신감을 갖게 됨. 이에 급우의 영어 작문을 검토해주고, 조언해주는 등 점차 발전해가는 모습이 보기 좋은 학생임.

관련학과 국제관계학과, 광고홍보학과, 항공관광학과, 지리학과

핵심키워드 스페인 토마토 축제

영어 교과군

영어Ⅱ

[단원명]

듣기

성취기준

[12영Ⅱ01-02] 다양한 주제에 관한 말이나 대화를 듣고 주제 및 요지를 파악할 수 있다.

각종 모둠활동의 말하기, 쓰기 분야에서 두각을 나타내는 학생으로 언어구사력이 뛰어나 발표 시 청중을 압도하는 능력이 있음. 평소 사회문제에 관심이 많아 뉴스나 신문 기사를 틈틈이 챙겨보고 관련 자료를 스크랩함. 그중 '미투 운동' 기사를 다룬 해외 뉴스 동영상을 검색하여 듣고, 뉴스 내용을 분석한 후 느낀 점을 발표함. 미투 운동의 해외 사례와 우리나라 사례를 비교하여 제시한 자료가 급우들의 흥미를 이끌어냈으며, 사회의 부조리를 없애기 위해서는 올바른 시민 의식이 필요함을 주장하여 갈채를 받음. 1년 넘게 친구들과 정기적으로 영어독서 토론회를 하는 학생으로, 이를 통해 앞으로의 발전이 더욱 기대됨.

관련학과 정치외교학과, 사회학과, 법학과, 심리학과

핵심키워드 미투 운동

영어 교과군

영어Ⅱ

[단원명]

말하기

성취기준

[12영Ⅱ02-03] 비교적 다양한 주제에 관해 자신의 의견이나 감정을 표현할 수 있다.

최근 영어에 관심을 갖기 시작하면서 문법과 어휘, 독해 학습을 열심히 하는 학생으로 특유의 성실함과 노력으로 나날이 실력이 향상되고 있음. '난민 정책'을 주제로 한 역할극에서 콩고 출신 난민의 역할을 맡아 콩고 내전 상황을 간략히 설명하고, 인도주의적 측면에서 난민 수용이 이루어져야 함을 영어로 설명함. 준비한 PPT 내용이 명료하고 제시한 사진 자료가 청중들의 흥미를 이끌어냈으며, 어휘가 적절하고 발음이 명확하여 좋은 평가를 받음. 자신의 발표에 질문한 급우에게 또박또박 답변하는 모습이 인상적이며, 교내 영어 말하기 발표회와 영작 페스티벌에 출전하는 등 매사에 적극적으로 참여하는 모습이 보기 좋음.

관련학과 법학과, 사회학과, 정치외교학과, 국제관계학과, 지리학과

핵심키워드 난민 정책

영어 교과군

실용 영어

[단원명]

말하기

성취기준

[12실영02-04] 실생활 중심의 다양한 주제에 관한 정보를 묻고 답할 수 있다.

영어 실력 향상을 위해 꾸준히 노력하는 학생으로, 등·하교 시 영어 단어 책을 항시 휴대하여 틈틈이 학습하는 모습이 매우 인상적임. 세계 여러 나라의 이주민들이 우리나라에 들어올 때 가장 인기 있는 음식은 무엇일지 소개하는 시간에 우리나라 '잡채'를 소개하고 관련 자료를 제작함. 만드는 과정을 직접 시연하고 영어로 설명하였으며, 내용이 지루하지 않고 흥미로워 급우들이 집중하여 청취함. 같은 어휘가 자주 반복되고 어법에 맞지 않는 부분도 간혹 있었지만, 내용 전달에 문제가 없었으며 조리 과정이 상세하여 좋은 평가를 받음. 처음에는 조리 과정을 영어로 설명하는 부분에서 어려움을 겪었으나 반복과 연습을 통해 자신감을 얻고 훌륭하게 과제를 수행함.

관련학과 광고홍보학과

핵심키워드 잡채

영어 교과군

실용 영어

[단원명]

쓰기

성취기준

[12실영04-03] 서식, 이메일, 메모 등을 상황과 목적에 맞게 작성할 수 있다.

평소 환경 문제에 관심이 많은 학생으로 이웃에 사는 외국인이 분리수거를 어려워함을 알고 쓰레기 분리수거하는 방법을 설명하는 안내문을 영문으로 제작함. 처음엔 문장이 다소 어색하고 어법에 맞지 않는 부분이 있었지만, 친구들의 도움으로 조금씩 수정해가며 만든 분리수거 안내문이 매우 훌륭하게 완성되어 수업시간에 소개하게 됨. 자원이 부족한 우리나라에서는 발생하는 쓰레기를 재사용하고 재활용하여 쓰레기의 소각과 매립을 최소화하는 것이 매우 중요함을 주장하여 급우들로부터 갈채를 받음. 또한, 마을의 상점 간판이 한글로 되어 있어 외국인들이 이해하기 어려움을 알고 마을 상점이나 주요 관공서 안내문도 그림과 함께 영문으로 제작하는 등 다문화 시민 의식이 매우 높은 학생임.

관련학과 경영학과, 경제학과, 무역학과, 항공관광학과, 항공서비스학과, 소비자학과

핵심키워드 분리수거 안내문

영어 교과군

영어권 문화 [단원명] 말하기

성취기준

[12영화02-03] 영어권 문화와 우리 문화를 비교·대조하여 서로의 의견을 주고받을 수 있다.

틈틈이 영문 시집이나 단편 소설 읽기를 즐기고 느낀 점을 영어로 정리하는 등 영어 실력 향상을 위해 부단히 노력하는 학생임. 국어 교사 존 키팅과 6명의 제자들이 이뤄내는 가슴 뭉클한 이야기인 영화 '죽은 시인의 사회'의 일부분을 자막 없이 감상하고, 대화의 흐름과 전반적인 내용을 중심으로 느낀 점을 발표함. 영어 듣기 능력이 뛰어나 대화의 내용을 놓치지 않고 이해함. 발표의 흐름이 자연스럽고, 영어 표현이 간결하고 명확하여 듣는 사람들에게 편안함을 줌. 장래 희망이 교사인 학생으로 미국의 교육 문화와 우리나라의 교육 문화를 비교하여 설명한 부분이 급우들의 공감을 얻음. 영어 공부에 어려움이 있는 친구에게 멘토가 되어 영어 학습을 돕는 모습에서 교육자로서의 자질이 엿보임.

관련학과 사범계열, 사회학과

핵심키워드 죽은 시인의 사회

영어 교과군

영어권 문화 [단원명] 읽기

성취기준

[12영화03-01] 영어권 문화에 관한 글을 읽고 생활양식, 풍습, 사고방식 등을 파악할 수 있다.

평소 수업시간에 적극적이지는 않지만, 자신의 역할에 충실하고 과제 수행에 최선을 다하는 학생임. 독서를 즐기는 학생으로 '앵무새 죽이기(하퍼 리)'를 영문본으로 읽고 큰 감명을 받았으며 이외에도 영미문학 도서를 두루 읽고 독후감을 작성함. 미국과 캐나다의 문화적 차이를 조사하는 프로젝트 수업에서 미국과 캐나다는 같은 영어권 문화이지만 차이가 있음을 지적하고, 미국의 멜팅팟(다양한 문화를 가진 사람들이 동질한 문화를 만들어가는 것) 개념과 캐나다의 모자이크형 문화를 비교 설명함. 준비한 PPT 자료가 청중들의 흥미를 이끌어내기 충분하였으며, 발표 시 청중을 바라보는 시선 처리와 또박또박한 말투가 호감을 줌.

관련학과 지리학과, 사회학과

핵심키워드 앵무새 죽이기

영어 교과군
진로 영어
[단원명]
말하기

성취기준

[12진영02-03] 다양한 직업 및 진로에 관해 자신의 의견이나 감정을 표현할 수 있다.

'나의 미래 직업 체험하기' 시간에 1일 승무원이 되어 승객에게 항공편명, 항공기 목적지, 탑승 시간, 항공기 탑승 순서를 알리는 게이트 안내방송을 영작하여 발표함. 또한, 항공기 교체, 지연, 취소 같은 이상 상황 발생 시 승객들에게 하는 안내방송 멘트도 차분히 진행하여 급우들로부터 갈채를 받음. 수업시간에 배운 어법을 실제 발표에 잘 활용하였으며, 발음과 억양이 적절하고 자연스러워 내용 전달력이 좋고, 청중에게 편안함을 주어 좋은 평가를 받음. 승무원이 장래 희망인 학생으로 영어 과목에 특별히 더 노력을 기울이는 등 열심히 노력하는 모습이 보기 좋음.

관련학과 항공관광학과, 항공서비스학과

핵심키워드 직업체험

영어 교과군
진로 영어
[단원명]
듣기

성취기준

[12진영01-02] 다양한 직업 및 진로에 관한 말이나 대화를 듣고 주제 및 요지를 파악할 수 있다.

영화 '위플래쉬'를 감상하고, 일에 대한 열정에 관해 깊이 있게 고민해 보는 계기가 됨. 장래 희망이 음악가인 학생으로 주인공 앤드류와 음악에 대한 그의 헌신을 극도로 몰고 가는 플렛처 교수의 이야기에 깊은 감명을 받음. 세계적인 음악가가 되기 위해서는 영어 공부가 필수임을 인식하고 부단히 노력하는 학생으로, 그 결과 영어 독해 능력과 영어 말하기 부분에서 실력이 꾸준히 향상되고 있음. 매일 틈나는 대로 영어뉴스를 짧게 반복하여 듣고, 발음을 따라 해보며 듣고 말하는 감각을 기르는 모습이 매우 인상적임. 일과 공부에 대한 열정이 깊고, 이를 실천으로 옮겨 미래를 준비하는 모습에서 앞으로의 발전이 기대되는 학생임.

관련학과 심리학과

핵심키워드 위플래쉬

영어 교과군

영미 문학 읽기

[단원명]

읽기

성취기준

[12영문03-02] 문학 작품을 읽고 글에 나타난 이미지, 은유, 상징 등의 구체적인 예를 파악할 수 있다.

평소 영어 과목에 대한 흥미가 많아 영문 잡지나 영미 문학을 즐겨 읽으며 이러한 습관이 독해 능력 향상에 크게 기여함. 풍자 소설 '1984(조지 오웰)'를 영문으로 읽고 내용을 정리하여 발표함. 글 속의 은유적·상징적 표현을 찾아 의미를 해석한 부분이 좋은 평가를 받음. 정치 분야에 관심이 있는 학생으로 가상의 나라로 설정된 전체주의 국가 오세아니아를 통해 국가가 권력을 남용하여 개인의 자유를 억압하고 통제하는 장면에서 우리나라의 민주화 운동을 연상해 봄. 영미문학 독서 토론 동아리를 1년 넘게 운영하고 있으며, 독서 토론에 친구들을 독려하여 참여시키는 모습에서 리더십을 엿볼 수 있음.

관련학과 심리학과, 사회학과, 법학과, 정치외교학과

핵심키워드 1984

영어 교과군

영미 문학 읽기

[단원명]

쓰기

성취기준

[12영문04-02] 문학 작품을 읽고 작품의 분위기, 어조, 상황, 등장인물의 심정에 대해 쓸 수 있다.

평소 영어 소설을 즐겨 읽는 학생으로 이러한 독서 습관을 통해 영어 실력이 나날이 향상되고 있음. 그중 미국 소설 '위대한 개츠비(스콧 피츠제럴드)'를 읽고, 당시 미국 사회의 시대적 배경을 중심으로 주인공의 특성과 심리를 파악하여 감상문을 작성하고 발표함. 물질문명 속에서 '아메리칸 드림'이 붕괴되어 가는 모습이 가장 인상적이었음을 밝히고, 주인공의 심리 변화 과정에 크게 공감함. 발표 시 문법이나 철자의 오류 없이 쉬운 표현을 사용하였고, 긴장하지 않은 차분한 어투가 청중들을 집중하게 만듦. 독서 관련 과제를 수행할 때면 항상 적극적으로 참여하고, 과제 수행에 어려움을 겪는 친구가 있으면 도움을 주는 등 특유의 리더십을 발휘함.

관련학과 사회학과, 심리학과

핵심키워드 위대한 개츠비

영어 교과군
기본 영어
[단원명]
말하기

성취기준

[12기영02-02] 실생활 중심의 친숙한 일반적 주제에 관하여 듣거나 읽고 중심 내용을 말할 수 있다.

인문, 사회 분야에 관심이 많은 학생으로 관련 분야의 도서나 뉴스를 틈틈이 챙겨보는 편이며, 영어 시간에도 관련 내용이 나오면 흥미를 보이고 적극적으로 참여함. '코로나19 대처 방법'을 주제로 한 영어 3분 스피치 시간에 사회적 안전거리 두기와 생활안전수칙을 자세히 구체적으로 설명함. 발표 준비과정에서 초반에는 단어를 나열한 것에 불과하였으나 친구와 교사에게 모르는 부분을 질문하고 스스로 사전을 찾아가며 학습한 결과 문장 수준으로 글을 확장하게 됨. 틈나는 대로 읽기 연습을 하고 발음을 교정한 결과 실제 발표에서 실수 없이 과제를 완벽히 수행하여 좋은 평가를 받음. 처음에는 영어 과목을 어렵고 재미없게 생각하였으나 과제를 하나씩 수행해가는 과정에서 성취감을 얻고, 자신감을 느끼게 됨.

관련학과 사회학과, 아동가족학과

핵심키워드 코로나19 대처 방법

영어 교과군
기본 영어
[단원명]
읽기

성취기준

[12기영03-02] 실생활 중심의 친숙한 일반적 주제에 관한 글을 읽고 주제 및 요지를 파악할 수 있다.

평소 영어 과목에 흥미가 높아 수업시간이면 맨 앞자리에 앉아 교사의 설명에 경청하고 질문을 많이 하는 학생임. 팝송을 좋아하는 학생으로 시대를 구분하지 않고 다양한 장르의 팝송을 즐겨 듣고 따라 부름. 그중에서 '렛 잇 비'를 가장 좋아하여 영문 가사의 내용을 소개하고, 노래가 만들어진 배경을 설명하여 급우들의 흥미를 유발함. 급우들의 요청으로 부른 '렛 잇 비'의 음정과 박자, 발음이 정확하여 급우들의 환호와 갈채를 받음. 노래 가사의 문장 하나하나를 번역하고 해석하는 능력이 뛰어나고, 단어에 대한 엑센트가 적절하여 듣는 사람이 이해하기 편함. 이외에도 다양한 종류의 팝송을 친구들에게 소개하고, 악보와 가사를 학급밴드에 공유하는 등 팝송에 대한 열정이 남다름.

관련학과 심리학과, 사회학과

핵심키워드 Let It Be

사회 교과군
한국사

[단원명]
전근대 한국사의 이해

성취기준

[10한사01-06] 조선 시대 신분의 구성과 특성을 살펴보고, 양난 이후 상품 화폐 경제가 발달하면서 신분제에 변동이 나타났음을 이해한다.

조선 시대 신분제 변화에 대한 협력 학습에서 조선 후기 농업 생산량 증대와 화폐 경제의 발달로 서민의 경제력과 사회적 지위가 향상되는 과정을 조사하여 발표함. 당시 시대상을 반영하는 신윤복의 '단오풍정', 김홍도의 '씨름도' 등의 풍속화와 판소리 '춘향전'의 내용을 분석하여 당시 생활상을 반영한 '가상 신문'을 만들어 발표한 내용이 좋은 평가를 받음. 협력 학습 과정에서 자신의 역할을 충실히 수행하고, 과제 수행을 어려워하는 급우에게 도움을 주는 등 협력하는 모습이 보기 좋음. 가상 신문의 내용이 현실감 있고 흥미로워 청중들의 호기심을 이끌어냈으며, 창의적인 구성과 디자인으로 좋은 평가를 받음.

관련학과 사회학과, 문헌정보학과

핵심키워드 신분제 변화

사회 교과군
한국사

[단원명]
근대 국민 국가 수립 운동

성취기준

[10한사02-05] 개항 이후 열강의 경제 침략과 이로 인한 경제적 변화를 살펴보고, 이를 저지하기 위한 노력을 파악한다.

역사 과목에 대한 흥미와 관심이 깊어 수업시간이면 항상 맨 앞자리에 앉아 수업에 집중하고 질문을 많이 하는 등 적극적으로 참여하는 모습이 인상적임. 개항 이후 조상들이 열강의 경제 침탈에 대항하여 상권 침해 반대 운동, 토지 침탈 반대 운동, 국채보상운동 등의 다양한 노력을 기울인 점에 감명을 받음. '내가 만일 당시 사회를 살았다면 조선의 경제적 문제 상황을 극복하기 위해 무엇을 할 것인가'를 주제로 한 3분 스피치에서 오늘날 일본의 경제 보복 상황과 비교하면서 국산 제품 이용의 중요성을 간디의 불복종 운동을 예로 들어 설명함. 발표 시 청중을 바라보는 여유 있는 시선 처리와 호소력 있는 목소리가 청중들을 집중하게 만듦.

관련학과 경제학과, 사회학과, 정치외교학과, 국제관계학과

핵심키워드 열강의 경제 침탈

사회 교과군

한국사

[단원명]

일제 식민지 지배와 민족 운동의 전개

성취기준

[10한사03-05] 일제의 침략 전쟁 이후 식민지 지배 방식의 변화를 살펴보고, 전시 동원 체제로 달라진 민중의 삶을 사례 중심으로 파악한다.

평소 역사, 정치 분야에 흥미가 있어 관련 도서나 사설을 즐겨 읽고, 친구들과 토론하기를 즐기는 학생임. 일제의 식민지 지배 정책을 주제로 한 모둠 수업에서 조선 후기부터 일제 강점기를 거치면서 지배층의 수탈을 피하고 나라를 되찾기 위하여 많은 사람이 해외로 이주한 사례를 찾아 발표함. 그중 만주를 선정하여 내가 당시 해외 이주 한국인이라 가정하고 쓴 '가상 일기'가 이주한 동포들이 겪었을 고통과 외로움을 잘 표현하여 급우들로부터 공감을 얻음. 다양한 자료를 수집하고 정리하여 만든 PPT가 명료하고 보기 좋게 표현되어 청중들의 시선을 이끌었으며 ,발표 시 목소리가 또박또박하여 내용 전달이 잘 이루어짐.

관련학과 정치외교학과, 국제관계학과, 사회학과

핵심키워드 일제 강점기

사회 교과군

한국사

[단원명]

일제 식민지 지배와 민족 운동의 전개

성취기준

[10한사03-05] 일제의 침략 전쟁 이후 식민지 지배 방식의 변화를 살펴보고, 전시 동원 체제로 달라진 민중의 삶을 사례 중심으로 파악한다.

일제의 침략 전쟁 이후 식민지 지배 방식의 변화에 관한 발표 수업에서 전시 동원 체제로 달라진 민중의 삶을 구체적 사례를 들어 설명함. 일본 정부가 한국 대법원이 강제 징용 피해자들에 대한 일본 기업의 배상 책임을 인정하였다는 이유로 경제 무역 보복을 실시한 기사를 보고, 일본의 사과와 배상을 요구하는 탄원서를 작성하여 발표함. 강제 징용 피해자에 대한 일본 정부와 우리 정부의 입장 차이를 비교하고, 우리측 입장을 논리적으로 설명하여 좋은 평가를 받음. 과제 수행 시 항상 최선을 다하는 모습이 보기 좋으며, 자료를 수집할 때 인터넷에 의존하기보다는 도서관에서 관련 도서를 찾아 읽고 내용을 정리하는 모습이 인상적임.

관련학과 정치외교학과, 국제관계학과, 무역학과

핵심키워드 경제 무역 보복

사회 교과군
통합사회

[단원명]
자연환경과 인간

성취기준

[10통사02-01] 자연환경이 인간의 생활에 미치는 영향에 관한 과거와 현재의 사례를 조사하여 분석하고, 안전하고 쾌적한 환경 속에서 살아갈 시민의 권리에 대해 파악한다.

세계 각 지역의 자연환경과 인문환경에 흥미가 있어 관련 도서를 즐겨 읽고 다큐멘터리 시청하기를 좋아함. 전 세계 각 나라의 이름과 위치를 맞히는 게임에서 100여 개국의 나라와 위치를 모두 맞혀 급우들의 갈채를 받음. 자연환경에 따른 생활양식의 차이를 주제로 한 프로젝트학습에서 자연환경의 영향으로 인해 인간의 삶이 위협받는 사례를 조사하여 발표함. 재난 관련 신문 및 인터넷 자료를 활용하여 재난에 대한 사례와 공공 안전을 위한 국가의 역할, 안전 문제 해결을 위한 방안을 제시하여 좋은 평가를 받음. 모둠별 프로젝트 수행 과정에서 자신에게 주어진 역할뿐만 아니라 과제 수행에 어려움이 있는 급우에게 자료 조사 방법을 자세히 알려주어 과제를 성공적으로 수행하게 하는 등 특유의 리더십을 발휘함.

관련학과 공공행정학과, 지리학과

핵심키워드 재난

사회 교과군
통합사회

[단원명]
인권 보장과 헌법

성취기준

[10통사04-03] 사회적 소수자 차별, 청소년의 노동권 등 국내 인권 문제와 인권지수를 통해 확인할 수 있는 세계 인권 문제의 양상을 조사하고, 이에 대한 해결방안을 제시한다.

평소 정치·사회 분야에 관심이 있어 신문이나 뉴스를 틈틈이 챙겨 보고 가족들과 의견을 나누며 시사상식을 넓혀감. 사회적 약자가 소외당하고 불의를 외면하는 세태를 안타깝게 생각하고, 사회의 정의를 실현하는 데 앞장서는 사람이 되겠다고 다짐함. 인간 존엄성 실현과 인권 보장을 주제로 한 토론수업에서 준법 의식과 시민 참여의 필요성을 강조함. 양심적 병역 거부자들이 개인의 신앙이나 신념으로 병역을 거부하여 법원으로부터 실형을 선고를 받아 왔으나 대체복무제가 도입되어 국방의 의무를 다른 방식으로 이행하게 된 사례를 소개하고, 대체복무제가 사회에 미친 영향을 조사하여 발표함. 이와 함께 인간 존엄성 실현을 위해서는 시민 불복종과 같은 시민 참여가 필요하지만, 시민 불복종의 정당화 조건이 선행되어야 한다고 주장함.

관련학과 사회학과, 군사학과, 법학과

핵심키워드 양심적 병역 거부자

사회 교과군

한국지리

[단원명]

국토인식과 지리 정보

성취기준

[12한지01-01] 세계 속에서 우리나라의 위치와 영역의 특성을 파악하고, 독도 주권, 동해 표기 등의 의미와 중요성을 이해한다.

평소 정치, 역사 분야에 관심이 있어 백지도를 활용하여 우리나라의 지정학적 위치를 파악하고 역사적 분쟁 지역을 찾아 포트폴리오를 완성함. 우리나라의 위치와 영역을 주제로 한 프로젝트 수업을 통해 독도 주권, 동해 표기의 의미와 중요성을 인식함. 지리적·역사적 자료를 수집해 독도 지킴이 UCC와 독도 홍보 포스터를 제작하였고, '독도는 우리 땅'을 슬로건으로 한 캠페인 활동에도 적극적으로 참여함. 또한, 일본의 역사 왜곡에 심각성을 느껴 일본이 주장하는 독도 영유의 근거를 바탕으로 이를 반박하는 보고서를 작성하여 발표함. 프로젝트 수행 과정에서 모둠원 간 의견 충돌이 있기도 하였으나 대화를 통해 위기를 슬기롭게 극복하였고, 수행 주제를 선정하고 자료 수집 방법을 익히면서 타인의 의견을 잘 수용하게 됨.

관련학과 법학과, 정치외교학과, 국제관계학과, 지리학과, 군사학과

핵심키워드 독도

사회 교과군

한국지리

[단원명]

인구 변화와 다문화 공간

성취기준

[12한지06-03] 외국인 이주자 및 다문화 가정의 증가와 이로 인한 사회·공간적 변화를 조사·분석한다.

다문화 사회를 주제로 한 모둠 수업에서 외국인 이주자 및 다문화 가정의 증가와 이로 인한 사회·공간적 변화를 조사하여 보고서를 작성함. 외국인 노동자가 증가하고 있지만, 낮은 경제적 지위, 편견과 차별, 인권 침해로 내국인과 잦은 갈등을 빚고 있음을 지적하고, 1970년대 우리나라 파독 광부와 간호사가 독일에서 겪은 차별과 인권 침해를 사례로 관련 자료를 수집하여 발표함. 제시된 PPT 자료가 청중의 흥미와 호기심을 유발하기 충분하였으며 관련 영상 자료로 감동을 줌. 발표자의 목소리 톤이 차분하고, 여유 있는 시선 처리로 청중들을 집중하게 만듦. 모둠활동에서 자신에게 주어진 역할을 성실히 수행하고 다양한 아이디어를 제시하는 등 모둠의 과제 수행에 크게 기여함.

관련학과 사회학과, 정치외교학과, 법학과

핵심키워드 다문화 사회

사회 교과군

세계지리

[단원명]

세계화와 지역 이해

성취기준

[12세지01-01] 세계화와 지역화가 한 장소나 지역의 정체성의 변화에 영향을 주는 사례를 조사하고, 세계화와 지역화가 공간적 상호작용에 미치는 영향을 파악한다.

평소 지도 보기를 좋아하여 전 세계 각 나라의 위치와 자연환경을 파악하고 주요 특징을 백지도에 표시하는 취미가 있음. 세계화와 지역화에 관한 협력 수업에서 세계화와 지역화가 한 장소나 지역의 정체성 변화에 영향을 주는 사례를 조사하고, 공간적 상호작용에 미치는 영향을 파악하여 보고서를 작성함. 지역 브랜드화를 주제로 한 프로젝트 수업에서 내가 사는 지역의 이미지를 부각하는 브랜드를 만들고 다양한 영상 자료와 안내문을 곁들여 내 고장 홍보 UCC를 제작함. 수행과제와 관련된 핵심 내용을 정리하여 급우와 공유하고, 사소한 질문에도 친절히 답하는 등 서로 협력하며 과제를 완성해가는 모습이 보기 좋음.

관련학과 관광경영학과, 광고홍보학과, 부동산학과, 지리학과

핵심키워드 세계화와 지역화

사회 교과군

세계지리

[단원명]

건조 아시아와 북부 아프리카

성취기준

[12세지05-03] 건조 아시아와 북아프리카의 주요 사막화 지역과 요인을 조사하고, 사막화의 진행으로 인한 여러 가지 지역 문제를 파악한다.

국제 관계에 흥미가 많은 학생으로 세계지도를 통해 각 나라의 지정학적 위치를 분석하는 능력이 뛰어남. 건조 아시아와 북아프리카의 주요 사막화 지역과 요인을 조사하고, 사막화의 진행으로 인한 여러 가지 지역 문제를 조사하여 발표함. '다르푸르 분쟁'은 '아랍계 유목민'과 '아프리카계 정착 농부' 사이의 갈등으로 알려져 있으나, 그 이면에는 사막화라는 환경 문제가 숨어 있음을 알고 사막화 방지와 사막화가 진행 중인 개발 도상국을 지원하는 방안에 관심을 갖게 됨. 평소 지구촌 환경 문제에 관심이 있어 관련 기사를 챙겨 읽고, 환경 캠페인 활동에 꾸준히 참여하는 등 환경보호 활동에 앞장서 실천하는 모습이 보기 좋음.

관련학과 농업경제학과, 식품자원경제학과, 정치외교학과, 국제관계학과, 지리학과

핵심키워드 사막화

한국사 교과군
세계사

[단원명]
인류의 출현과 문명의 발생

성취기준

[12세사01-03] 여러 지역에서 탄생한 문명의 내용을 조사하여 공통점과 차이점을 설명한다.

인류의 출현과 문명의 발생을 주제로 한 모둠 수업에서 여러 지역에서 탄생한 문명의 내용을 조사하고 공통점과 차이점을 설명함. '토기'를 사례로 고대인들의 음식문화, 생활 습관을 파악하였고, 토기 외에 구석기와 신석기 시대의 생활 모습을 역사적 자료나 유물을 근거로 하여 추론하여 보고서를 작성함. '총·균·쇠(재레드 다이아몬드)'를 흥미 있게 읽고, 인류 문명의 발달 과정과 불평등에 대한 필자의 관점과 표현 방법에 대해 독서토론을 진행함. '재레드 다이아몬드'가 유라시아 문명이 다른 문명을 정복할 수 있었던 이유는 유라시아 인종의 지적, 도덕적, 유전적 우월성 때문이 아니라, 지리적 차이에 있다고 한 주장에 공감함.

관련학과 지리학과, 국제관계학과

핵심키워드 고대 문명

사회 교과군
세계사

[단원명]
유럽·아메리카 지역의 역사

성취기준

[12세사04-04] 시민 혁명과 국민 국가의 형성 과정을 이해하고, 산업 혁명의 세계사적 의미를 해석한다.

평소 역사에 대한 관심과 흥미가 높아 역사 토론 동아리를 조직하여 꾸준히 활동하는 학생임. 세계사 수업시간이면 호기심 가득한 눈으로 교사의 설명에 경청하고, 자신의 의견을 조리 있게 잘 표현하며 모둠활동에도 항상 적극적으로 참여함. 유럽·아메리카 지역의 역사를 주제로 한 협력 학습에서 시민 혁명과 국민 국가의 형성 과정을 조사하여 설명함. 영화 '서프러제트'를 감명 깊게 보고, 당시 모든 성인 남성이 선거권을 가지게 된 후에도 여성과 유색인종의 선거권 인정은 이뤄지지 않는 점을 지적하고 사회적 현실을 비판함. 여성의 인권을 신장하고, 양성 평등한 민주사회로 나아가기 위해서는 모두가 불의에 맞서는 용기가 필요함을 주장하여 급우들의 호응을 얻음.

관련학과 사회학과, 법학과, 정치외교학과

핵심키워드 시민 혁명

사회 교과군
동아시아사

[단원명]
동아시아의 근대화 운동과 반제국주의 민족운동

성취기준

[12동사04-03] 동아시아 각국에서 서양 문물의 수용으로 나타난 사회·문화·사상적 변화 사례를 비교한다.

동아시아의 근대화를 주제로 한 모둠별 협력 수업에서 동아시아 각국의 문화가 발전할 수 있었던 데에는 자국의 문화를 발전시키고자 서구 문물을 주체적으로 수용한 사람들의 노력이 있었음을 주장하고, 한·중·일 각국의 근대화 운동을 주도했던 인물들의 연대기를 작성함. 이와 함께 19세기 동아시아 각국의 상황을 입체적으로 분석하여 역사 신문을 만들어 제출함. 한·중·일 각 나라의 서양 문물 수용으로 인한 사회·문화·사상적 변화를 체계적으로 서술하였고, 내용이 논리적이고 명료하여 모둠별 평가에서 급우들의 호응을 가장 많이 받음. 모둠에서 자료 수집과 신문 편집의 역할을 담당하였고, 완성도 있는 신문 제작을 위해 급우들과 끊임없이 아이디어를 구상하고 디자인하는 모습이 매우 인상적임.

관련학과 정치외교학과, 국제관계학과, 지리학과, 사회학과

핵심키워드 근대화 운동

사회 교과군
동아시아사

[단원명]
오늘날의 동아시아

성취기준

[12동사05-03] 오늘날 동아시아 국가 간의 갈등과 분쟁 사례를 살펴보고 그 해결을 위해 노력하는 자세를 갖는다.

평소 우리나라의 국제 관계에 관심이 있어 백지도를 활용하여 한반도의 지정학적 위치를 파악해보는 등 국제 질서에 대한 인식이 높음. 동아시아 국가 간의 갈등과 분쟁에 관한 프로젝트 수업에서 동아시아에는 과거사 정리, 영토 분쟁, 역사 왜곡 등의 문제를 놓고 한·중·일 간, 일본과 러시아 간, 중국과 동남아시아 국가 간에 '역사 현안'이 존재하고 있음을 지적하고 각 사례를 조사하여 발표함. 그중 일본의 독도에 대한 부당한 영유권 주장을 주제로 만든 UCC가 급우들로부터 큰 호응을 얻음. 법적·역사적 근거를 알기 쉽게 나열하였고, 배경 음악과 영상이 청중들에게 감동을 줌.

관련학과 정치외교학과, 국제관계학과, 지리학과, 군사학과

핵심키워드 국가 간의 갈등과 분쟁

사회 교과군
경제

[단원명]
경제생활과 경제 문제

성취기준

[12경제01-02] 다양한 사례를 통해 비용과 편익을 고려하여 선택하는 능력을 계발하고 매몰 비용은 의사 결정 과정에서 고려하지 않아야 함과 인간은 경제적 유인에 반응함을 인식한다.

경제생활과 경제 문제에 관한 협력 수업에서 사람들의 경제생활에 희소성이 존재함을 인식하고, 다양한 사례를 통해 비용과 편익을 고려하여 합리적 선택을 하는 방안을 제시함. '대학은 꼭 가야 하나'를 주제로 한 토론에서 대학 진학의 비용과 편익을 분석하고, 구체적 사례를 제시하여 대학 진학은 인생의 필요충분조건이 아님을 주장함으로써 급우들의 공감을 얻음. 오래전부터 경제 분야에 흥미를 느껴 경제 신문을 빠짐없이 챙겨 읽고, 주요 내용을 정리하는 습관이 있어 경제 상식이 매우 풍부함. 자신이 몰랐던 것을 알게 되는 것에 즐거움을 느끼는 학생으로 매사 끊임없이 노력하는 자세가 타의 모범이 됨.

관련학과 경제학과, 소비자학과

핵심키워드 비용과 편익

사회 교과군
경제

[단원명]
시장과 경제활동

성취기준

[12경제02-01] 시장 가격의 결정과 변동 원리를 이해하고, 수요와 공급의 원리를 노동시장과 금융시장 등에 적용한다.

평소 경제 과목에 흥미가 있어 관련 도서나 경제 뉴스를 자주 챙겨보고, 실생활을 교과와 연계해 학습하고 이해하는 능력이 뛰어남. 시장과 경제활동에 관한 학습에서 시장 가격의 결정과 변동 원리를 탐구하고, 과일값, 돼지고깃값, 배춧값 등의 물가 변동 신문 기사를 스크랩한 후 물가 변동의 원인과 물가 안정을 위한 정책을 구안하여 발표함. 수요와 공급의 원리를 알기 쉽게 이미지로 표현하였고, 다양한 사진 자료와 영상을 제시하여 청중들의 이해를 쉽게 하였으며, 자신감 있는 말투와 자세가 좋은 인상을 줌. 모둠 내 과제 수행 과정에서 아이디어 뱅크 역할을 하고, 모둠원 간 사고의 확장을 유도해가며 문제를 해결해가는 모습이 매우 인상적임.

관련학과 경제학과, 농업경제학과, 식품자원경제학과, 소비자학과

핵심키워드 물가 변동

사회 교과군

정치와 법

[단원명]

민주주의와 헌법

성취기준

[12정법01-03] 우리 헌법에서 보장하는 기본권의 내용을 분석하고, 기본권 제한의 요건과 한계를 탐구한다.

헌법이 보장하는 기본권의 내용을 분석하는 과제에서 우리 헌법의 기본권 제한 한계와 방법을 조사하여 발표함. 국가인권위원회가 '코로나19 자가 격리자에 대해 실시간 위치추적이 가능한 이른바 손목밴드를 착용하도록 하는 방안이 논의되는 상황에 우려를 표한다.'라고 밝힌 기사를 읽고, 의료인과 국민 모두의 노력에도 불구하고 자가격리 기간 중 이탈자가 속출하는 상황에서 개인의 기본권보다 공공의 이익이 우선시되어야 하므로 개인의 기본권이 제한되어야 마땅하다고 주장함. 장래 희망이 법조인인 학생으로 사고가 합리적이고 주장이 명확하나, 다른 모둠원이 의견을 제시할 때는 상대의 의견을 경청하고 존중하는 모습이 보기 좋음.

관련학과 법학과, 사회학과

핵심키워드 기본권

사회 교과군

정치와 법

[단원명]

개인 생활과 법

성취기준

[12정법04-03] 가족 관계(부부, 부모와 자녀)와 관련된 기본적인 법률 내용을 이해하고, 이를 일상생활의 사례에 적용한다.

평소 정치와 법, 사회문제에 관심이 많아 관련 도서나 뉴스, 신문 기사를 틈틈이 챙겨보고 급우들과 토론하기를 즐기는 학생임. 재산 관계와 관련된 법률을 주제로 한 역할극에서 이혼 후 자녀의 양육비를 지급하지 않는 남편에게 위자료를 청구하는 아내 측 변호사역을 맡아 자녀의 양육을 방치하는 부모에게 물을 수 있는 법적 책임을 법적 용어를 사용하여 조목조목 제시함. 어려운 법률 용어를 대본 속에 적절하게 녹여냈으며, 제시한 자료가 청중들의 흥미를 이끌어 내기 충분하여 좋은 평가를 받음. 역할극 준비과정에서 아이디어 제안, 대본 작성 등 주도적 역할을 담당하였으며 역할극의 전달력을 높이기 위해 모둠원들과 끊임없이 논의하고 협업하는 모습이 매우 인상적임.

관련학과 법학과, 심리학과, 사회학과, 아동가족학과, 아동학과, 아동복지학과

핵심키워드 양육비

사회 교과군

사회·문화

[단원명]

문화와 일상생활

성취기준

[12사문03-03] 대중문화의 특징을 대중매체와의 관계 속에서 분석하고 대중문화를 비판적으로 수용하는 태도를 가진다.

대중문화의 비판적 수용을 주제로 한 모둠 수업에서 대중문화의 특징을 대중매체와의 관계 속에서 분석하고 구체적 사례를 제시하여 설명함. 최근 동영상 공유 사이트를 통한 개인 방송이 활성화됨에 따라 가짜뉴스가 만연하고 있는 사회현상을 지적하고 문제점을 분석하여 발표함. 또한, 일부 매스컴에서 가짜뉴스를 여과 없이 인용하여 사실인 듯 반영하는 사실에 심각성을 느끼고 이를 구분하는 방법을 제안하여 급우들로부터 큰 호응을 얻음. 모둠장 역할을 맡아 모둠원들의 의견에 귀를 기울이고, 협력을 끌어내는 모습에서 특유의 리더십을 엿볼 수 있음. 모둠활동에 소극적인 친구에게는 먼저 다가가 역할을 부여하고, 함께 어울릴 수 있도록 분위기를 조성하는 등 친절과 배려심이 남다른 학생임.

관련학과 사회학과, 심리학과

핵심키워드 가짜뉴스

사회 교과군

사회·문화

[단원명]

사회 계층과 불평등

성취기준

[12사문04-03] 다양한 사회 불평등 양상을 조사하고 그와 관련한 차별을 개선하기 위한 방안을 모색한다.

사회 계층과 불평등을 주제로 한 모둠 수업에서 사회복지의 의미를 설명하고 복지 제도의 유형과 역할 및 한계를 분석하여 발표함. 송파 세모녀법을 예로 들어 생활고로 힘들지만 법이나 규정에서 기초생활 수급권자에 포함이 되지 못해 지원을 받지 못하는 다수의 사람이 있음을 지적하고, 이들에 대한 사회적 관심과 도움이 필요함을 주장함. 진로희망이 사회복지사인 학생으로 평소 사회적 약자에 관심을 갖고, 이들과 관련한 차별을 개선하기 위해 다양한 캠페인 활동 및 봉사활동에 참여하고 있음. 모둠활동에서 자신에게 주어진 역할에 충실하고, 발표할 때 목소리의 성량과 속도가 안정적이며 시선 처리가 자연스러워 청중들을 집중하게 만듦.

관련학과 법학과, 사회학과, 사회복지학과, 아동가족학과, 아동복지학과

핵심키워드 사회 계층과 불평등

사회(도덕포함) 교과군 생활과 윤리 [단원명] 생명과 윤리

성취기준

[12생윤02-03] 사랑과 성의 의미를 양성 평등의 관점에서 분석하고, 성과 관련된 문제를 여러 윤리 이론을 통해 설명할 수 있으며 가족 윤리의 관점에서 오늘날의 가족 해체 현상을 탐구하고 이에 대한 극복 방안을 제시할 수 있다.

저출산 문제를 주제로 한 프로젝트 시간에 17살인 주인공 '제누301'이 가족을 만들기 위해 부모 면접인 페인트를 해나가는 과정을 보여주는 이야기인 '페인트(이희영)'를 읽고 느낀 점을 발표함. 국가가 아이를 대신 키워주는 제도가 생긴다면 저출산 문제 해결에 도움을 줄 수 있겠지만, 이에 따른 부모의 역할이 재정립되어야 한다고 주장함. 모둠활동에서 자신의 역할뿐만 아니라 과제 수행을 어려워하는 급우를 도와 과제를 완성해가는 모습이 인상적임.

관련학과 사회학과

핵심키워드 저출산

사회(도덕포함) 교과군 생활과 윤리 [단원명] 생명과 윤리

성취기준

[12생윤02-01] 삶과 죽음에 대한 다양한 윤리적 문제를 인식하고, 이에 대한 여러 윤리적 입장을 비교·분석하여, 인공임신중절·자살·안락사·뇌사의 문제를 자신이 채택한 윤리적 관점으로 설명할 수 있다.

생명의 존엄성에 대한 여러 윤리적 관점을 비교·분석하고 생명 복제, 유전자 치료, 동물의 권리 문제를 윤리적 관점에서 설명함. '안락사와 존엄사'에 관한 토론 시간에 환자가 회복이 불가능한 사망의 단계에 처했을 때, 무의미한 연명 치료보다는 환자의 자기 결정권을 존중해야 한다고 주장함. 토론 준비 단계에서 관련 기사를 수집하여 내용을 정리하고, 다양한 자료와 근거자료를 준비하여 토론을 주도해나가는 모습이 인상적임. 평소 주변 친구들이 어려움을 호소하면 함께 고민하고 해결 방법을 찾는 등 도덕적 실천력이 돋보이는 학생임. 토론수업에서 자신의 의견을 일방적으로 주장하기보다는 논리적 근거를 바탕으로 설득력 있게 의견을 제시하였으며, 상대의 의견을 경청하고 존중하는 모습에서 좋은 평가를 받음.

관련학과 법학과, 심리학과, 상담심리학과, 사회학과

핵심키워드 안락사와 존엄사

사회(도덕포함) 교과군

윤리와 사상

[단원명]

사회사상

성취기준

[12윤사04-03] 개인과 공동체의 관계, 개인의 권리와 의무, 자유의 의미와 정치 참여에 대한 자유주의와 공화주의의 입장을 비교하여, 개인선과 공동선의 조화를 위한 대안을 모색할 수 있다.

평소 사고가 논리적이고 합리적이므로 찬반 토론수업 시 상대를 설득하고 이해시키는 능력이 뛰어남. '공유지의 비극'이 주는 교훈을 통해 공공재가 지니는 특성과 문제점을 구체적 사례를 제시하여 발표함. 남을 희생시켜서라도 자기의 이익과 권리를 극대화하려고 할 경우, 결과적으로 자신을 포함한 공동체 전부가 피해를 보게 되므로 개인선과 공동선이 조화를 이루어야 함을 주장함. '비참한 영웅들 칼레의 시민'을 감상하고, 공동체와 공공선에 대한 자유주의 입장과 공화주의 입장을 비교하는 보고서를 작성하여 제출함. 모둠활동 시 상대방의 의견을 경청할 뿐 아니라 상대방의 의견을 존중하는 태도가 보기 좋으며, 원활한 의사소통이 이루어지도록 리더십을 발휘하는 모습이 인상적임.

관련학과 법학과, 사회학과

핵심키워드 공유지의 비극

사회(도덕포함) 교과군

윤리와 사상

[단원명]

서양윤리사상, 사회사상

성취기준

[12윤사03-03] 행복에 이를 수 있는 방법으로서 쾌락의 추구와 금욕의 삶을 강조하는 윤리적 입장을 비교하여 각각의 특징과 한계를 토론할 수 있다.

[12윤사04-06] 동·서양의 평화사상들을 탐구하여 세계시민주의와 세계시민윤리의 원칙 및 지향을 이해하고, 이를 통해 세계시민이 가져야 할 태도에 대해 성찰할 수 있다.

행복에 이를 수 있는 방법으로서 쾌락의 추구와 금욕의 삶을 강조하는 윤리적 입장을 비교하고, 각각의 특징을 설명함. 에피쿠로스학파와 스토아학파의 행복에 대한 관점을 비교하고, 진정한 행복은 현재에 대한 만족에서 나온다는 의견을 제시하여 급우들의 호응을 얻음. 세계시민이 가져야 할 태도를 주제로 한 발표 수업에서 해외원조에 대한 국제주의와 세세계시민주의 입장을 비교하고, 우리나라에도 가난한 사람이 있고 도움이 필요한 사람도 많지만 국익보다는 국제사회의 일원으로 마땅히 대외원조에 참여해야 한다고 주장함. 토론 과정에서 자료를 공유하고 발표 전략을 이끄는 등 급우들의 신뢰가 두터우며, 팀의 협력적 분위기 형성에 크게 기여함.

관련학과 심리학과, 상담심리학과, 정치외교학과, 국제관계학과

핵심키워드 행복, 세계시민

사회 교과군

여행지리

[단원명]

여행을 왜, 어떻게 할까?

성취기준

[12여지01-03] 다양한 지도 및 지리 정보 시스템을 활용하여 여행지 및 여행 경로에 대한 정보를 수집·정리·조직한다.

여행의 의미와 가치를 이해하고 실천하는 학생으로, 유명 관광지보다는 자신이 직접 여행 장소를 발굴하고 기획하는 것을 즐김. 지리 정보 시스템을 활용한 '가상 체험 여행' 발표 시간에 아프리카 케냐를 여행지역으로 선정하여 케냐의 위치와 자연환경을 설명함. 현지 주민들과 만남을 주제로 여행 코스를 구성하여 케냐의 문화와 자연을 의미 있게 잘 표현함. 준비한 사진과 동영상 자료가 흥미로웠으며, 지리 정보 시스템의 원리를 응용함으로써 시각적으로 많은 볼거리를 제공함. 여행할 때 사물 관찰하는 방법, 사진 찍는 방법, 지도 보는 방법 등을 자세히 설명하여 급우들의 호응을 얻음. 발표 시 발음이 명확하고 설명이 체계적이고 세세하여 좋은 평가를 받음.

관련학과 광고홍보학과, 항공관광학과, 항공서비스학과, 지리학과

핵심키워드 지리 정보 시스템

사회 교과군

여행지리

[단원명]

다채로운 문화를 찾아가는 여행

성취기준

[12여지03-02] 종교, 건축, 음식, 예술 등 다양한 문화로 널리 알려진 지역을 사례로 각 문화의 형성 배경과 의미를 이해하고 관광적 매력을 끄는 이유를 탐구한다.

책이나 대중매체에 나타난 여행 사례를 통해 다양한 여행의 종류를 찾아보고, 다양한 지도 및 지리 정보 시스템을 활용하여 여행지 및 여행 경로에 대한 정보를 수집·정리·분석함. 음식 문화로 널리 알려진 지역을 사례로 각 문화의 형성 배경과 의미를 이해하고, 관광적 매력을 끄는 이유를 탐구하여 보고서를 작성한 후 제출함. 그중 태국의 음식에 흥미를 갖고 태국 전통 음식의 기원과 특징, 조리법을 조사하여 발표함. 태국의 전통 음식뿐만 아니라 다양한 길거리 음식도 소개하여 청중들의 흥미를 끌었으며, PPT에 제시한 사진과 영상 자료가 적절하여 좋은 평가를 받음. 여행을 다녀온 후에는 여행지에서 보고 느낀 점을 사진과 함께 정리하여 블로그에 게시하는 등 급우들과 정보를 공유하는 모습이 인상적임.

관련학과 항공관광학과, 국제관계학과, 지리학과, 광고홍보학과

핵심키워드 음식문화

사회 교과군
사회문제 탐구

[단원명]
사회문제의 이해

성취기준

[12사탐01-03] 사회문제 탐구 과정에서 발생할 수 있는 윤리적 쟁점을 파악하고, 이에 대한 해결 방안을 모색한다.

사회문제 탐구 과정에서 발생할 수 있는 윤리적 쟁점을 파악하는 프로젝트 수업에서 '정보통신 기술의 발달에 따른 윤리적 문제 분석 및 해결방안'을 조사하여 발표함. 특히, 지적 재산권 문제와 사이버 폭력 문제를 심각하게 인식하고 구체적 사례를 제시하여 설명함. 보고서 작성 중 가설을 검증하기 위한 통계 자료 수집 및 설문 조사 과정에서 어려움을 겪기도 하였으나 모둠원들과 지속적인 상호작용과 협력으로 위기를 극복해나감. 정보통신윤리의 중요성을 탐색하는 과정에서 자신의 부족한 면을 모둠원들과 대화를 통해 해결해가는 모습이 보기 좋음. 아울러 사회문제의 다양한 윤리적 쟁점 관련 기사 및 시사 자료를 수집하고, 이와 관련된 주요 내용을 정리하여 발표함.

관련학과 법학과, 사회학과

핵심키워드 정보통신윤리

사회 교과군
사회문제 탐구

[단원명]
게임 과몰입

성취기준

[12사탐02-03] 청소년 게임 과몰입의 원인에 대한 다양한 관점을 파악하고, 토의 등을 통해 게임 과몰입 문제의 해결방안을 도출한다.

게임 과몰입을 주제로 한 프로젝트 수업에서 청소년 게임 과몰입의 원인과 해결방안을 조사하여 발표함. 아울러 '게임 과몰입자가 증가하는 사회적 원인 분석 및 해결방안'에 대해 조사하고, 게임 과몰입의 원인을 게임 자체의 매력이 아닌 자기통제력의 결여와 학업에 대한 스트레스 때문이라고 주장함. 조사 과정에서 학년 전체를 대상으로 설문 조사를 하고, 시행착오를 겪기도 하였으나 모둠원들과 역할을 분담하고 협력하면서 점차 문제를 해결해나감. 발표 과정에서 급우들의 질문에 명쾌하게 답변하고 부연 설명을 하는 등 자신이 수행한 과제에 대해 자신감 있는 태도가 인상적임.

관련학과 사회학과, 심리학과

핵심키워드 게임 과몰입

사회 교과군
고전과 윤리

[단원명]
타인과의 관계

성취기준

[12고윤02-03] 관계적 존재로서 인간의 존재를 탐구하고 삶 속에서 서로 베풂의 관계를 형성하기 위한 자세를 제시할 수 있다.

평소 다양한 봉사활동에 참여하는 학생으로 지금까지 자신이 한 봉사활동을 돌아보고 '무주상보시로서의 자비'를 한 달간 실천하고 느낀 점을 발표함. '관계 속에서 존재하는 나'와 '무주상보시로서의 자비'에 대하여 '금강경'을 강독하고 통찰 마인드맵을 작성함. 나의 생각, 말, 행동이 타인을 비롯한 이 세상의 모든 존재에게 영향을 미치게 됨을 깨닫고 좋은 영향을 줄 수 있는 사람이 되어야겠다고 다짐함. 어려운 과제일수록 기발한 아이디어와 재치로 급우들에게 즐거움을 주며, 모둠활동에서 소외된 친구가 없도록 활동에 참여를 유도하는 등 특유의 리더십을 발휘함.

관련학과 심리학과, 상담심리학과, 사회학과, 사회복지학과

핵심키워드 무주상보시

사회 교과군
고전과 윤리

[단원명]
사회·공동체와의 관계

성취기준

[12고윤03-02] 공직자의 자세로서 청렴의 필요성을 탐구하고, 현대 사회에서 올바른 공직자의 '국민을 사랑하는 마음', 즉 애민의 구체적인 실천 방법을 제시할 수 있다.

공직자의 청렴을 주제로 한 모둠 수업에서 '목민심서(정약용)'를 읽은 후 조선시대 지방 수령이 지켜야 할 지침과 당시 관리들의 폭정을 조사하고 오늘날 상황과 비교함. 장래 희망이 공무원인 학생으로 공직자들이 가장 우선하여 가져야 할 지침을 10가지 제시하고, 그 이유를 하나하나 설명함. 고위 공직자 자녀들의 입시 특혜에 관한 뉴스를 보고, 정의로운 사회가 되는 데 필요한 것은 무엇인지 롤스의 정의론과 관련지어 설명한 보고서를 작성하여 제출함. 모둠활동을 하는 과정에서 모르는 부분은 모둠원들과 협력하며 답을 찾아가는 모습이 보기 좋으며, 매사 긍정적인 태도로 급우들에게 좋은 영향을 주는 학생임.

관련학과 사회학과, 행정학과, 경찰행정학과, 보건행정학과, 소방행정학과

핵심키워드 공직자의 청렴

수학 교과군

수학

[단원명]

문자와 식, 함수

성취기준

[10수학01-12] 간단한 삼차방정식과 사차방정식을 풀 수 있다.

[10수학04-01] 함수의 개념을 이해하고, 그 그래프를 이해한다.

경영·경제 분야에 관심이 많고 일상생활 속 수학 원리를 탐구하는 것을 즐김. 물건 유통 과정과 계산 과정에서 편리하게 쓰이는 '바코드' 안에 들어있는 '체크 숫자'가 홀수 번째 자리에 있는 수를 더하고 짝수 번째 있는 수를 3배 한 후 더한 총합이 10의 배수가 되도록 한 숫자라는 것을 방정식으로 표현하여 학급 친구들이 이해하기 쉽게 발표함으로써 의사소통능력을 발휘함. 포인트 적립률을 구매 금액의 1%라 가정하고 구매 금액 사례를 들어 포인트 적립 과정을 함수로 표현하여 창의·융합적 사고 능력을 보여줌.

관련학과 경영학과, 경제학과, 세무학과, 금융학과, 소비자학과

핵심키워드 바코드, 포인트 적립

수학 교과군

수학

[단원명]

기하

성취기준

[10수학02-09] 원점, x축, y축, 직선$y=x$ 에 대한 대칭이동의 의미를 이해한다.

광고 홍보 분야나 문화콘텐츠 분야에 관심이 있어 '영화와 광고 속 기하학'을 주제로 발표함. 평행이동과 대칭이동에 대한 명확한 이해를 바탕으로 광고와 영화 속에 들어있는 수학 요소들을 학급 친구들이 알기 쉽게 설명함. '수학 공부와 나의 미래'를 주제로 도형의 대칭과 이동을 이용하여 광고홍보물을 만듦. 자신의 진로인 광고 홍보 분야에 수학적 개념이 사용되며, 자신의 꿈을 이루기 위해 수학 공부가 필요하다는 메시지를 담아 눈에 띄는 디자인으로 창의·융합적 사고 능력을 보여줌.

관련학과 광고홍보학과, 문화콘텐츠학과

핵심키워드 영화와 광고 속 기하학

수학 교과군
수학 I

[단원명]
수열

성취기준

[12수학 I 03-08] 수학적 귀납법을 이용하여 명제를 증명할 수 있다.

수학적 귀납법을 이용하여 증명할 수 있는 사례 발표 수업에서 정치외교 분야 진로 목표를 가지고 있어 '미국은 왜 베트남 전쟁에 참여했을까?'란 주제로 발표함. 베트남 전쟁에 미국이 참여한 이유는 수학적 귀납법으로 증명할 수 있는 '도미노 현상' 때문이며 하나의 도미노가 쓰러지면 바로 옆에 있는 도미노부터 쓰러지듯이 소련 주변국들이 소련의 영향을 받아 공산화되는 것을 우려하였기 때문이라고 설명함. 논리적이고 설득력 있는 언행으로 학급 친구들의 주의를 집중시키는 등 의사소통능력이 뛰어난 학생임.

관련학과 정치외교학과, 사회학과, 군사학과

핵심키워드 수학적 귀납법

수학 교과군
수학 I

[단원명]
삼각함수, 수열

성취기준

[12수학 I 02-03] 사인법칙과 코사인법칙을 이해하고, 이를 활용할 수 있다.

[12수학 I 03-08] 수학적 귀납법을 이용하여 명제를 증명할 수 있다.

수업에 성실한 자세로 임하며 지리와 관광 분야에 뚜렷한 진로 목표를 가지고 수학 개념을 진로 분야와 연결하여 주제발표를 함. '실생활에 숨어 있는 삼각함수'란 주제발표 수업에서 밀물과 썰물 시간, 파도 높이를 예측할 때 삼각함수가 이용되며, 이러한 예측 기술을 이용하여 그 지역 방문 시 안내 문자 발송하는 서비스나 관련 어플을 제작하여 해안 지역의 관광 사업에 적용하자는 아이디어를 제시하여 창의·융합적 사고 능력을 발휘함. 앵무조개의 껍데기, 꽃, 피라미드, 파르테논 신전 등 관광자원인 자연과 건축 속에 피보나치 수열 즉 황금비율이 적용되어 있다는 것을 발표하며 자연과 건축물의 아름다움을 느낄 수 있도록 짜임새 있게 구성하여 의사소통능력을 보여줌.

관련학과 지리학과, 관광학과

핵심키워드 삼각함수, 피보나치 수열

수학 교과군
수학Ⅱ

[단원명]
함수의 극한과 연속, 미분

성취기준

[12수학Ⅱ01-02] 함수의 극한에 대한 성질을 이해하고, 함수의 극한값을 구할 수 있다.

[12수학Ⅱ02-01] 미분계수의 뜻을 알고, 그 값을 구할 수 있다.

[12수학Ⅱ02-02] 미분계수의 기하적 의미를 이해한다.

사회학자가 되겠다는 진로 목표를 가지고 문화와 사회에 큰 영향을 준 수학자들과 관련된 책을 읽은 후 발표함. '수학자들의 전쟁(이광연)'을 읽은 후 미적분학 발명의 우선권을 두고 논쟁을 벌인 아이작 뉴턴과 고트프리트 빌헬름 라이프니츠에 관한 이야기를 각 수학자의 입장과 시대적 상황과 관련 지어 흥미롭고 논리적으로 구성하여 뛰어난 의사소통능력을 발휘함. "방정식의 미지수를 최초로 표현한 사람이 '나는 생각한다. 고로 존재한다.'란 명언을 남긴 철학자인 데카르트입니다."라는 소개말로 학급 친구들의 관심을 끌고, 데카르트의 업적과 그 영향력을 분야별로 유목화하여 구조화한 발표자료 제작으로 다시 한번 놀라움을 줌.

관련학과 사회학과, 심리학과

핵심키워드 수학자들의 전쟁, 데카르트

수학 교과군
수학Ⅱ

[단원명]
적분

성취기준

[12수학Ⅱ03-05] 곡선으로 둘러싸인 도형의 넓이를 구할 수 있다.

[12수학Ⅱ03-06] 속도와 거리에 대한 문제를 해결할 수 있다.

미분과 적분의 개념을 명확히 이해하고 적용 문제 풀이를 통해 수학적 사고력과 문제해결능력을 보여줌. 고대 이집트에서 강물이 범람할 때마다 바뀌는 토지 구획을 다각형으로 근사시켜 구한 토지 넓이로 세금을 걷었던 사례를 발표함. 또한 천문학자인 케플러가 살던 당시, 포도주 통에 막대를 넣어 그 높이에 따라 포도주 가격을 측정하는 것은 가운데가 볼록한 통의 높이와 포도주 양이 비례하지 않기 때문에 불합리하다는 문제를 해결하고자 함. 이를 위해 통을 무수히 많은 원기둥으로 잘라 그 부피를 더하는 방법 등 미분과 적분으로 실생활 문제를 해결하여 경제적인 이득을 본 사례를 조사하여 발표함. 발표 준비를 하면서 경제 분야에서 수학이 중요함을 깨닫고 수학 공부를 열심히 하여 훌륭한 경제학자로서 사회 발전에 공헌하겠다는 다짐을 밝힘.

관련학과 경영학과, 경제학과, 세무학과, 금융학과, 소비자학과, 부동산학과

핵심키워드 토지 넓이, 포도주 가격

수학 교과군
미적분

[단원명]
수열의 극한, 미분법

성취기준

- [12미적01-06] 등비급수를 활용하여 여러 가지 문제를 해결할 수 있다.
- [12미적02-12] 함수의 그래프의 개형을 그릴 수 있다.
- [12미적02-13] 방정식과 부등식에 대한 문제를 해결할 수 있다.
- [12미적02-14] 속도와 가속도에 대한 문제를 해결할 수 있다.

'수학의 몽상(이진경)'을 읽고 어머니와 아들 사이에서 경제 방정식으로는 0이지만 윤리 방정식으로 80만원의 순이익이 발생하는 상황을 설명함. 세상은 자본적 논리로만 작동하지 않으며 돈으로 살 수 없는 가치가 존재함을 깨닫게 되었으며, 사회적 가치와 심리적 요인이 사회를 더 행복하게 만들어준다는 신념을 세우고 좋은 세상을 위해 사회학자나 심리학자로 성장하고 싶다는 소감을 발표함. 사회학의 유언비어 확산율과 심리학의 성취 증진율이 미분과 연관이 있다는 것을 탐구하여 발표함. 탐구주제 발표 과정에서 수학이 자신의 진로와 연관이 깊다는 것을 깨닫고, 수학이 어렵긴 하지만 깊이 있게 공부하겠다는 의지를 밝힘.

관련학과 심리학과, 사회학과

핵심키워드 수학의 몽상, 심리학의 성취 증진율

수학 교과군
미적분

[단원명]
미분법

성취기준

- [12미적02-12] 함수의 그래프의 개형을 그릴 수 있다.
- [12미적02-13] 방정식과 부등식에 대한 문제를 해결할 수 있다.

경영·경제 분야에 진로 목표를 가지고 있어 미적분의 중요성을 인식하고 수업에 누구보다 적극적인 자세로 참여함. '미분과 경제학'이란 탐구주제로 발표자료를 제작하여 경제학에서 쓰이는 한계비율과 한계이익이 미분과 연관성이 높다는 것을 논리적이고 명확하게 설명함으로써 정보처리와 의사소통 역량을 보여줌. 미적분과 실생활 연관 사례 조사 발표에서 '2020년 소비자물가'를 주제로 코로나19로 힘든 한해였던 2020년 물가 상승률은 0.5%로 1965년 소비자물가 집계 시작 이후 2번째로 낮은 수치임을 제시함. 이는 기상 악화 등으로 농축산물의 가격은 상승했으나 무상교육 확대와 공공서비스 요금 감면의 영향으로 나타난 현상임을 관련 용어인 물가 상승률과 물가 지수에 대한 개념 및 식과 그래프를 활용하며 설명하여 학우들의 이해를 도움.

관련학과 경영학과, 경제학과, 세무학과, 금융학과, 소비자학과

핵심키워드 미분과 경제학, 소비자물가

수학 교과군

확률과 통계

[단원명]

확률

성취기준

[12확통02-07] 확률의 곱셈정리를 이해하고, 이를 활용할 수 있다.

정치외교학과나 사회학과 분야에 진로 목표를 갖고 있어 탐구주제를 선정할 때 진로와 관련된 사례를 조사하려고 노력함. '확률의 역사'라는 주제로 탐구한 결과, 로마 시대에 '주사위 게임에서 승리하는 법'에 관한 논문이 발견된 사례에서 보듯이 확률은 도박의 역사와 함께 시작하였고, 르네상스 시대부터 본격적으로 발달하게 되었다는 이야기를 관련 자료와 재치가 넘치는 입담으로 흥미롭게 발표하여 의사소통능력을 발휘함. 17세기 독일에서는 국제학, 영국에서는 정치적 필요에 의한 정보 수집을 목표로 통계학이 발달하게 되었다는 역사적 이야기를 논리정연하게 발표함. 현재 여론 조사의 지지율 등 정치, 역사, 문화가 통계의 발달과 함께 진행된 만큼 수학이 우리 생활과 밀접한 학문임을 깨닫게 되었다는 소감을 밝혀 공감을 얻음.

관련학과 정치외교학과, 사회학과, 응용통계학과

핵심키워드 확률의 역사

수학 교과군

확률과 통계

[단원명]

확률

성취기준

[12확통02-07] 확률의 곱셈정리를 이해하고, 이를 활용할 수 있다.

난도가 높은 경우의 수 관련 문제를 해결하여 문제해결능력을 보여줌. '확률과 통계 속 보험'이란 주제로 발표자료를 제작함. 18세기 무역상들이 배를 타고 떠나기 전에 들었다는 보험의 역사가 통계학의 역사와 함께 발전한 사례와, 자동차 보험의 경우 사고 발생 확률이나 무사고 기간 등을 고려하여 보험료를 측정하는 등 확률을 기반으로 하고 있다며 탐구자료를 이해하기 쉽고 재미있게 발표하여 의사소통능력을 발휘함. 보험을 사용하는 사람들과 해당 기업이 상부상조할 수 있는 좋은 보험을 기획하고 운영하고 싶으며 수학을 깊이 있게 학습하여 해당 분야에 독보적인 전문가로서 성장하겠다는 의지를 담은 소감문을 작성함.

관련학과 보험학과, 금융학과, 소비자학과, 응용통계학과

핵심키워드 보험

수학 교과군
기하

[단원명]
평면벡터, 공간도형과 공간좌표

성취기준

- [12기하02-01] 벡터의 뜻을 안다.
- [12기하02-02] 벡터의 덧셈, 뺄셈, 실수배를 할 수 있다.
- [12기하03-01] 직선과 직선, 직선과 평면, 평면과 평면의 위치 관계에 대한 간단한 증명을 할 수 있다.

애플 지도는 벡터 기반 방식으로 만들어졌으며 픽셀로 만들어진 지도와 달리 확대나 축소를 해도 이미지가 깨끗하다는 장점이 있음을 설명함. 이를 내비게이션으로 활용 시 아이콘과 지도가 바로 움직이며 데이터 사용량이 적으므로 속도 제한, 교통체증, 단속 구간을 알려주는 기능을 갖춘다면 사업성이 높은 방식임을 학급 친구들에게 설득력 있게 발표함. 생활 속에 기하가 적용된 사례 발표에서 몽즈의 화법기하학 덕분에 지금의 GPS가 개발되었고, 자동차 내비게이션과 미아 위치 확인 등 다양한 서비스에 이용되고 있음을 소개함. 이러한 탐구 과정을 통해 사업가로서 자신의 꿈에 한층 가까워진 느낌이 들었고 수학 공부의 중요성을 깨닫는 계기가 되었다는 소감을 밝힘.

관련학과 경영학과, 경제학과, 무역학과, 소비자학과, 항공관광학과, 도시계획부동산학과, 도시행정학과

핵심키워드 애플지도, GPS

수학 교과군
기하

[단원명]
이차곡선, 공간도형과 공간좌표

성취기준

- [12기하01-04] 이차곡선과 직선의 위치 관계를 이해하고, 접선의 방정식을 구할 수 있다.
- [12기하03-01] 직선과 직선, 직선과 평면, 평면과 평면의 위치 관계에 대한 간단한 증명을 할 수 있다.

쌍곡선, 포물선, 타원은 원뿔을 잘랐을 때 단면에 나타나는 곡선이라 원뿔 곡선이라 부르며, 이를 식으로 나타내면 이차식이기 때문에 이차곡선이라 부르게 되었고, 빛이나 전파를 모으기 위해 포물선을 이용한 안테나와 정반대로 빛을 퍼트리기 위한 자동차의 헤드라이트를 실생활 사례로 발표함. 포물선이 광고 디자인으로 이용된 사례로 유명 햄버거의 로고와 광고 음악을 소개하면서 자신의 진로인 광고 기획과 수학이 무관하지 않다는 것을 깨닫게 되었다는 소감을 밝힘. 평면 교차로의 한계를 극복하기 위해 여러 가지 조건을 제안하고 입체 교차로의 효율성과 아름다움을 소개함. 기하 공부를 통해 공간과 좌표를 잘 활용하는 방법을 익힌다면 훌륭한 광고기획자로 성장할 수 있을 것 같다는 소감문을 작성함.

관련학과 광고홍보학과, 문화콘텐츠학과, 도시계획부동산학과, 도시행정학과

핵심키워드 헤드라이트, 입체 교차로

수학 교과군
실용 수학
[단원명]
공간, 자료

성취기준

[12실수02-05] 평면도형과 입체도형을 이용하여 산출물을 만들 수 있다.

[12실수03-03] 다양한 자료를 분석하여 결과를 해석할 수 있다

국회의사당이나 혁신 기업은 최적의 의사결정을 할 수 있도록 공간을 배치하고 있음을 설명하면서 관련 사진 자료를 통해 이해를 높여 의사소통능력을 보여줌. '대기환경정보서비스'에서 최근 1주일 동안의 우리 지역 미세먼지 농도 자료를 분석한 후 미세먼지가 출퇴근 시간에 높다는 것을 인식하고 우리 동네 미세먼지를 감소하기 위한 대책으로 대중교통 이용하기, 출퇴근시간 유연 근무제 시행으로 차량 분산하기 등을 제안하여 문제해결능력을 발휘함. 생산관리, 마케팅 등 산업 분야와 정책 제안에도 자료 분석이 중요하며 원자력 발전소, 폐기물 매립 시설, 송전탑 설치 등 사회집단의 이익을 고려하는 정책을 결정할 때 의견을 효율적으로 수렴할 수 있는 시스템을 갖추는 게 중요하다는 것을 깨닫고 수학 공부를 통해 이를 실현하고 싶다는 포부를 밝힘.

관련학과 행정학과, 정치외교학과, 사회복지학과

핵심키워드 의사결정 공간과 시스템

수학 교과군
실용 수학
[단원명]
규칙, 공간

성취기준

[12실수01-01] 다양한 현상에서 규칙을 찾고, 이를 식으로 나타낼 수 있다.

[12실수02-05] 평면도형과 입체도형을 이용하여 산출물을 만들 수 있다.

'실생활 활용 수식 탐구'란 프로젝트 수업에서 '불쾌지수'의 정의, 적용 사례에 대한 발표자료를 만듦. 불쾌지수가 높으면 작업 능률이 저하되므로 적정한 열과 습도를 유지하는 환경적인 조건 개선과 더불어 행복지수를 높여 심리적인 안정감으로 일의 효율을 높이는 방안을 제안함. 특히 최근 '코로나 블루', '코로나 레드'로 우울감과 분노가 차 있는 사람들에게 행복지수를 높이는 방법을 함께 고민하고 실천하자는 내용을 설득력 있게 발표하여 학급 친구들의 호응을 얻음. 이상적 죽음에 관한 포스터를 부착한 공간을 지난 곳에 설치된 기부함의 금액이 그렇지 않은 경우보다 4배 이상 높았다는 연구 결과에서 '자신의 죽음을 기억하라(메멘토 모리)'가 소비심리에 영향을 미치고 있음을 발표함. 실용 수학에서 배운 수식과 공간에 대한 이해의 과정이 심리학자를 꿈꾸는 자신이 한 뼘 더 성장할 수 있는 시간이 되었다는 소감을 밝힘.

관련학과 심리학과, 사회학과, 사회복지학과, 아동가족학과

핵심키워드 불쾌지수, 메멘토 모리

수학 교과군
경제 수학

[단원명]
수와 생활경제

성취기준

[12경수01-03] 환율의 뜻을 알고, 환거래로부터 비례식을 활용하여 환율을 계산할 수 있다.

금융전문가로 성장하고 싶어 경제 수학을 선택했다는 자기소개가 인상적이었으며, 수학적 사고력과 문제해결력이 우수한 학생임. 수업에 성실한 자세로 임하고, 각 단원 문제를 해결하여 그 과정을 발표함. 2020년 초반 코로나19 확산 우려로 국제 금융시장의 안전자산으로 달러가 선호되고 한국은행의 금리 인하, 유로화 약세, 수출 감소 등으로 환율이 급등했으나 한미 통화스와프 계약 체결, 중국 위안화 강세 지속, 바이든 미국 대선 승리, 코로나 백신 개발 등의 영향으로 환율이 안정되는 과정을 소개함. 환율 변동에 영향을 주는 요인이 다양하며 항상 국제 정세에 관심을 둘 필요가 있다는 소감을 밝힘.

관련학과 금융학과, 경제학과, 경영학과, 무역학과, 국제학부, 회계학과

핵심키워드 환율

수학 교과군
경제 수학

[단원명]
수와 생활경제, 함수와 경제

성취기준

[12경수01-01] 통계 자료를 활용하여 실업률, 물가지수 등과 같은 경제지표의 의미를 이해한다.

[12경수01-02] 경제지표의 증감을 퍼센트와 퍼센트포인트로 설명할 수 있다.

[12경수03-07] 부등식의 영역의 의미를 이해하고, 이를 활용하여 경제 관련 함수의 최대, 최소 문제를 해결할 수 있다.

경영·경제 분야에 관심이 많아 경제 수학을 선택하고, 관심분야 속 수학 원리 탐구를 즐기는 학생임. 수와 생활경제 단원에서 최근 신문에 기재된 경제 지표 사례를 소개하면서 경제 지표는 경제 현상을 분석하여 변화와 예측에 사용하는 지표라는 사실과, 이에 해당하는 물가지수, 주가지수, 취업률, 실업률 각각의 의미를 이해하기 쉽게 설명하여 의사소통 역량을 발휘함. 함수와 경제 단원 주제탐구에서는 한계 생산력과 임금 사이의 관계를 규명하기 위해 만들어진 1차 동차 생산함수인 '콥-더글라스 생산함수'에 대하여 설명하고, 미분과 경제 단원에서는 수요와 공급의 가격탄력성 크기 결정 요인을 조사한 후 발표하는 과정에서 핵심 정보를 파악하고 논리적으로 구성하여 정보 처리 역량의 우수성을 보여줌.

관련학과 경제학과, 경영학과, 행정학과

핵심키워드 경제지표, 콥-더글라스 생산함수

수학 교과군

기본 수학

[단원명]

경우의 수, 도형의 방정식

성취기준

[12기수01-02] 순열의 의미를 이해하고, 순열의 수를 구할 수 있다.

[12기수04-01] 피타고라스 정리를 활용하여 두 점 사이의 거리를 구할 수 있다.

2020년 8월 통계에 따르면 서울 지역의 내 집 마련 기간은 12년으로 3년 전보다 3년이 증가하고, 경기와 인천 지역은 7년으로 일정했다는 신문 기사를 제시하면서 연소득대비 주택가격(PIR), 중위소득 개념을 알기 쉽게 설명함. 중위소득도 꾸준히 증가했으나 서울 지역의 아파트 가격이 급등했기 때문이라는 설명과 함께 부동산 전문가나 행정학과에 진학하여 전문성을 쌓고 열심히 일한 사람들이 내 집 마련을 할 수 있도록 정책을 제안하여 실천하고 싶다는 포부를 밝힘. '보로노이 다이어그램'을 이용해 우리 지역의 공공기관 위치가 적합한지 지역 지도에 생성점과 그것을 연결한 선으로 표시해 한눈에 적합성을 인식할 수 있도록 발표자료를 제작하여 창의융합 역량을 발휘함. 동사무소, 경찰서, 소방서와 같은 공공기관을 지역 주민의 편의를 위해 가깝게 위치할 수 있도록 하는 것이 중요하며, 지역 주민이 공공기관을 편리하게 이용할 수 있도록 수학을 기반으로 공공기관의 위치를 제안하는 전문가로 성장하고 싶다는 소감문을 작성함.

관련학과 부동산학과, 행정학과, 지리학과

핵심키워드 중위소득, 보로노이 다이어그램

수학 교과군

기본 수학

[단원명]

경우의 수, 집합과 함수

성취기준

[12기수01-02] 순열의 의미를 이해하고, 순열의 수를 구할 수 있다.

[12기수03-01] 집합의 개념을 이해하고, 집합을 표현할 수 있다.

경우의 수 단원에서 '투표 방식과 투표 결과'를 탐구주제로 선정하여 우리나라 국회 헌법개정안 표결방법은 기명 투표로 진행되고, 그 외 대통령 선거 등은 투표인의 자유로운 선거권 행사와 공정성을 위해 무기명 투표로 진행됨을 설명함. 3명의 후보자를 100명의 유권자가 투표할 때 가능한 투표결과가 5,151가지로 나오는 과정을 조합으로 설명하여 수학적 문제해결 역량을 보여줌. 집합과 함수 단원에서 '베버-페히너의 법칙'의 정의와 적용 사례를 사진과 동영상을 이용해 발표자료를 구조적으로 만들고 집권자들에게 불리한 사건이 터졌을 때 더 큰 사건으로 무감각하게 만드는 정치 상황에 이용되는 사례를 이야기하면서 정치외교학과에 진학하여 우리나라의 민주주의 정착에 힘쓰고 국민을 위한 정치를 실천하고 싶다는 의지를 밝힘.

관련학과 정치외교학과, 행정학과, 응용통계학과, 사회복지학과

핵심키워드 투표, 베버-페히너의 법칙

수학 교과군
인공지능 수학
[단원명]
인공지능 속의 수학

성취기준

[12인수01-01] 인공지능의 발전에 기여한 역사적 사례에서 수학이 어떻게 활용되었는지를 이해한다.

[12인수01-02] 인공지능에 수학이 활용되는 다양한 예를 찾을 수 있다.

사회학 분야에 관심이 높아 4차 산업혁명 시대의 핵심인 인공지능에 대하여 알고 싶어 인공지능 수학을 선택하게 되었다는 동기를 밝힘. 인공지능이란 용어가 1956년 다트머스 회의에서 처음으로 사용되었다는 사실과 그 이후의 발달 역사에 대하여 짜임새 있게 발표하여 학급 친구들의 흥미를 높임. 맥킨지 연구 보고서에 따르면 2030년까지 직업의 3분의 1이 인공지능으로 대체될 것이라 예측하고 있으며, 인공지능이 개인 맞춤형 교육, 자연재해 대응, 자율 주행으로 인한 교통 체증과 교통사고 감소 등 인간의 삶의 질을 향상시킬 것이나, 기업들이 가지고 있는 개인정보들이 잘못 사용될 우려를 막기 위해 제도적 장치의 필요성을 제안함. 과거를 거울로 삼아 미래를 예측하고 좋은 사회를 만드는 데 공헌하고 싶다는 포부를 밝힘.

관련학과 사회학과, 사회복지학과, 도시계획부동산학과, 도시행정학과

핵심키워드 인공지능

수학 교과군
인공지능 수학
[단원명]
자료의 표현

성취기준

[12인수02-03] 수와 수학 기호를 이용하여 실생활의 이미지 자료를 목적에 알맞게 표현할 수 있다.

'인공지능 속의 수학' 단원에서 행렬은 인공지능을 위한 언어로 빅데이터를 손쉽게 다루기 위해 사용됨을 발표함. 또한 개인의 관심과 구매 성향을 파악하는 AI 기술을 도입한 기업들이 늘어나면서 경제적으로도 큰 성장이 있었으며, 전 세계적으로 AI 시장이 연간 5%씩 성장할 것으로 전문가들이 전망하고 있다고 설명함. 사진과 관련 기사 자료 등 신뢰감 있는 자료 제시와, 논리적인 발표로 의사소통 역량을 보여줌. '자료의 표현' 단원에서 '딥러닝'을 주제로 딥러닝은 인간이 하는 작업을 수행하도록 알고리즘을 활용해 컴퓨터를 교육하는 것이고, 이를 위해서는 정제된 대량의 데이터를 제공하고 효과적으로 학습할 수 있도록 하는 것이 중요함을 언급하며 학습 방법의 발달 역사를 학급 친구들이 이해하기 쉽게 발표함. 인공지능 분야 기업의 CEO로 성장하고 싶다는 포부를 밝히면서 인공지능 수학 학습을 통해 한 뼘 더 성장할 수 있었다는 소감문을 작성함.

관련학과 경영학과, 경제학과, 무역학과, 응용통계학과

핵심키워드 딥러닝

수학 교과군

수학과제 탐구

[단원명]

과제 탐구 실행 및 평가

성취기준

[12수과02-01] 수학과 관련된 여러 가지 현상에서 탐구 주제를 선정하고 탐구 문제를 구체화할 수 있다.

[12수과02-02] 선행 연구를 검토하고 적절한 탐구 방법을 찾아 탐구 계획을 수립할 수 있다.

법학이나 외교 분야에 진로진학 목표를 가지고 있어 탐구주제로 '빅 데이터 규제 완화와 개인정보보호법 상관관계'를 분석하고 개선 방안을 제안함. 빅데이터 활용 사업 발전에 현재 개인정보보호법이 미치는 영향, 정부가 추진하고 있는 개인정보보호법 개선안 내용, 개선되었을 때 우려되는 사항, 우리나라와 외국의 빅데이터 규제 완화와 개인정보보호법을 비교 등 관련 내용을 논리정연하게 분석하여 제시하여 정보검색능력과 사고력의 우수성을 보여줌. 빅데이터 산업 활성화를 위한 법 개정은 필요하며, 정보 주체의 권리를 보호하고 이로 인한 피해가 발생하지 않도록 법규제를 세밀하게 정비해서 발의해야 한다고 자신의 생각을 논리적이고 명확하게 설명하며 뛰어난 의사소통능력을 발휘함.

관련학과 법학과, 정치외교학과, 행정학과, 국제학부, 사회복지학과

핵심키워드 개인정보보호법

수학 교과군

수학과제 탐구

[단원명]

과제 탐구의 이해

성취기준

[12수과01-01] 수학과제 탐구의 의미와 필요성을 이해한다.

[12수과02-02] 수학과제 탐구의 방법과 절차를 이해한다.

건축 분야에서 '장애인·노인·임산부 등의 편의증진 보장에 대한 법률'에 따라 진입로와 경사로에 대한 규정을 조사하고 우리 지역의 건축물의 진입로 넓이와 경사로의 각도를 삼각비를 이용하여 구한 후 적합성 여부를 분석하여 발표함. 우리 지역의 건축물들이 대부분 규정을 잘 준수하였으나 일부 건축물이 규정에 어긋나 해당 관리 사무소에 시정을 요청하고, 시정 거부를 당했을 때 물러서지 않고 동사무소 민원을 넣어 개선을 촉구함. 실천 의지가 강하며, 앎과 삶을 연결 지을 수 있는 능력을 갖춘 훌륭한 학생임. 탐구주제 발표를 통해 몸이 불편한 분들의 편의증진 보장의 중요성을 인식할 수 있었고, 사회복지 분야나 행정 분야의 전문가로 성장하여 소외 계층의 복지 증진에 공헌하고 싶다는 소감문을 작성함.

관련학과 사회복지학과, 법학과, 행정학과, 아동가정학과

핵심키워드 경사로

과학 교과군
통합과학

[단원명]
물질의 규칙성과 결합

성취기준

[10통과01-04] 지구와 생명체를 구성하는 주요 원소들이 결합을 형성하는 이유와, 원소들의 성질에 따라 형성되는 결합의 종류를 추론할 수 있다.

'친환경적인 제설제'를 탐구주제로 정하여 기존 제설제와 친환경적 제설제의 사례를 비교하고, 제설제 사용 시 눈이 녹는 과학적 이유를 설명함. 염화 칼슘이 저렴하고 제설 효과가 뛰어나지만 차량과 도로의 부식을 촉진하고 식물들이 고사하는 등의 문제가 발생하기 때문에 친환경적인 제설제 사용의 필요성을 주장함. 염화 이온을 흡착하여 이러한 문제 발생을 줄이고, 어민들의 골칫거리인 불가사리를 재료로 사용한 친환경적인 제설제 사례를 제시함. 친환경적인 제설제와 기존 염화 칼슘 제설제의 가격, 제설 효과, 도로 정비비 등의 비용 발생을 비교한 표를 정리하여 발표함으로써 학급 친구들의 이해를 높임. 우리가 어떤 제품을 선택할 때 단순히 그 제품의 가격만 고려하지 않고, 염화 칼슘 제설제 사용 시 부작용처럼 사회적, 환경적으로 부담하는 비용을 고려해서 선택하는 것이 올바른 소비임을 설득력 있게 이야기함.

관련학과: 경영학과, 경제학과, 행정학과, 소비자학과, 도시계획부동산학과

핵심키워드: 친환경적 제설제

과학 교과군
통합과학

[단원명]
자연의 구성 물질

성취기준

[10통과02-03] 물질의 다양한 물리적 성질을 변화시켜 신소재를 개발한 사례를 찾아 그 장단점을 평가할 수 있다.

법이나 행정 분야에 진로 목표를 가지고 있어 탐구주제 선정 및 발표에서 과학적 원리뿐만이 아니라 관련 법이나 규제의 필요성을 제시함. 신소재 중 '그래핀'을 탐구주제로 선정하고, 그래핀 발견 및 개발 과정, 사용처 등을 조사하여 발표자료를 제작함. 그래핀이 가볍고 탄성이 있으며 전기가 통하는 특성을 이용하여 매우 얇고 투명한 디스플레이를 제작하는 등 여러 제품에 사용할 수 있어 상당히 유용하지만 시중에 유통되는 상당수가 그래핀 형태가 뭉쳐져 있는 흑연이라는 연구 발표를 인용하여 가짜 그래핀이 유통되지 못하도록 규제 방안의 필요성을 설득력 있게 이야기함. 일상생활 속 충돌 관련 사고 사례 발표에서 2015년 두오모 성당 광장에서 드론을 날리다 성당 외관을 파손할 뻔한 사례로 드론과 같은 무인 항공기 사용 규제의 필요성을 언급하고, 현재 국내외 무인 항공기 관련 규제를 표로 비교한 구조적인 발표자료로 학급 친구들의 이해를 높임.

관련학과: 법학과, 행정학과, 무역학과, 국제관계학과

핵심키워드: 그래핀, 드론

과학 교과군
물리학 I

[단원명]
역학과 에너지

성취기준

[12물리 I 01-08] 열이 모두 일로 전환되지 않는다는 것을 사례를 들어 설명할 수 있다.

'에너지 소비량 감소 방안'을 주제로 한 프로젝트 수업에서 경제, 경영, 행정 분야의 진로 목표를 가진 모둠원들이 모여 '에너지 절약 정책과 그 실효성'에 대하여 보고서를 작성함. 우리나라의 경우 자발적 에너지 효율 목표제, 차량 연비 향상, 에너지 효율 연관 산업 육성의 정책이 무엇인지 각 정책 실행 사례로 알기 쉽게 설명함. 각 정책 시행 전과 후의 에너지 사용량을 막대그래프로 나타내어 에너지 감소량을 직관적으로 인식할 수 있도록 구성한 점이 인상적임. 일상생활 속 전자기 유도 현상이 적용된 사례로 신용카드, 교통카드 사용 등을 제시하면서 우리나라가 IT 국가로 인정받으며 경제적으로 위상이 높아진 계기가 되었다는 이야기로 기술 발전과 경제 발전의 연관성에 대하여 설명함.

관련학과 경영학과, 경제학과, 행정학과

핵심키워드 에너지 절약 정책

과학 교과군
물리학 I

[단원명]
역학과 에너지, 파동과 정보통신

성취기준

[12물리 I 01-05] 충격량과 운동량의 관계를 이해하고, 일상생활에서 충격을 감소시키는 예를 찾아 설명할 수 있다.

[12물리 I 03-03] 다양한 전자기파를 스펙트럼의 종류에 따라 구분하고, 그 사용 예를 찾아 설명할 수 있다.

일상생활 속 충격을 감소시키는 사례 발표에서 '스쿨존에서 발생하는 교통사고'를 주제로 발표자료를 제작함. 충격량과 운동량의 관계를 이야기하면서 차량의 속도 감소가 가장 중요하며 이를 위해 방지턱, 과속 측정기 설치, 시속 30km 이상의 속도로 운전하다 어린이가 다칠 경우 처벌을 강화한 '민식이법'과 같은 법규제 등이 필요한 이유를 논리적으로 설명함. 핸드폰, 내비게이션 등 편리하게 사용하고 있는 통신기기가 전자파를 이용한 것이며, 전자파 노출 시간과 세기에 따른 인체 영향 국제기구에서 마련한 인체보호 기준에 대하여 잘 정리한 자료로 이해하기 쉽게 발표자료를 제작함. 강한 전자파의 경우 인체에 유해한 영향을 줄 수 있으므로 전자파 인체보호 기준의 필요성을 제안함. 이러한 사례 발표를 통해 법이나 행정 분야에 종사하고 싶은 자신의 꿈을 확인하고, 진로 목표를 세운 후 실현하기 위해 노력하는 계기가 되었다는 소감문을 작성함.

관련학과 법학과, 행정학과, 보험학과, 사회복지학과, 소비자학과

핵심키워드 스쿨존 교통사고, 전자기파

과학 교과군
화학 I

[단원명]

화학의 첫걸음

성취기준

[12화학 I 01-02] 탄소 화합물이 일상생활에 유용하게 활용되는 사례를 조사하여 발표할 수 있다.

디자인 씽킹 기반 '탄소화합물의 유용성' 프로젝트 수업에서 가볍고 가공하기 쉬워 많이 사용되는 플라스틱이 유용하지만 분해가 되지 않아 환경 문제의 주범이 되고 있으므로 생분해성과 강도를 높인 '에코 플라스틱'을 사용해야 한다고 문제해결 아이디어를 제안함. 프로토타입(홍보물)에 제품의 아이디어가 명확하게 드러나도록 구성하고 논리적으로 발표하여 과학적 의사소통능력을 보여줌. '실험실 사용 안전' 프로젝트에서 눈에 시약이 들어갔을 때의 상황과 대처방안에 관한 UCC를 모둠원들과 협업하여 완성함. 이러한 경험을 통해 홍보의 중요성을 깨닫고 자연과 사람들의 삶에 도움이 되는 콘텐츠를 제작하고 싶다는 포부를 밝힌 소감문을 작성함.

관련학과 문화콘텐츠학과, 광고홍보학과

핵심키워드 탄소화합물의 유용성, 실험실 사용 안전

과학 교과군
화학 I

[단원명]

원자의 세계, 역동적인 화학 반응

성취기준

[12화학 I 02-04] 현재 사용하고 있는 주기율표가 만들어지기까지의 과정을 조사하고 발표할 수 있다.

[12화학 I 04-03] 산·염기 중화 반응을 이해하고, 산·염기 중화 반응에서의 양적 관계를 설명할 수 있다.

토양이 산성화되면 토양 속 미생물의 활동이 억제되고 독성물질의 농도가 증가하여 식물의 생장에 방해가 되며, 심한 경우 식물이 고사할 수 있다는 위험성을 알림. 인간의 과도한 비료 사용으로 산성화된 호수와 토양을 중화시키기 위해 석회 가루의 사용을 제안함. 화학 등 과학의 발전은 환경 보호와 동시에 이루어져야 함을 강조하고 관련 정책 시행이 필요하다는 연설문을 설득력 있게 발표함. 주기율표의 역사 탐구에서 1906년에 1표 차이로 아쉽게 노벨상을 받지 못하고 이듬해 폐렴으로 삶을 마감한 멘델레예프의 생애와 업적에 대한 조사 자료를 발표함. 비록 수상하지는 못하더라도 수년간 연구를 위해 노력하고 탐구하는 과학자들의 연구 정신을 본받아야 한다며, 그들이 연구를 지속할 수 있도록 하는 정책과 국가 지원의 중요성을 언급함.

관련학과 정치외교학과, 행정학과, 법학과

핵심키워드 산성화, 주기율표

과학 교과군

생명과학 I

[단원명]

사람의 물질대사, 생태계와 상호작용

성취기준

[12생과 I 02-03] 물질대사와 관련 있는 질병을 조사하고, 대사성 질환을 예방하기 위한 올바른 생활 습관에 대해 토의하고 발표할 수 있다.

[12생과 I 05-06] 생물다양성의 의미와 중요성을 이해하고 생물다양성 보전 방안을 토의할 수 있다.

'물질대사 관련 질병'에 관한 주제탐구 수업에서 대사성 질환의 정의, 발생 요인, 증상에 대하여 발표자료를 제작함. 대사성 질환 예방을 위한 체중 감량과 식습관 관리의 중요성을 알리는 홍보물을 제작한 후 학교 게시판에 부착하여 캠페인을 진행함. 지식을 아는 것에 그치지 않고 삶과 연결하여 실천하려는 의지가 돋보이는 학생임. '여우와 토종씨의 행방불명(박경화)'을 읽고 생물 종의 다양성과 균형이 깨진 이유와 함께 생물 종 다양성을 깨닫게 되었으며 관련 홍보 및 콘텐츠 제작을 통해 사람들이 문제를 인식하고 상황이 개선될 수 있도록 돕고 싶다는 포부를 밝힌 독서 논술문을 작성함.

관련학과 문화콘텐츠학과, 광고홍보학과

핵심키워드 물질대사 관련 질병, 생물 종 다양성

과학 교과군

생명과학 I

[단원명]

항상성과 몸의 조절, 유전

성취기준

[12생과 I 03-07] 백신의 작용 원리를 항원 항체 반응과 관련지어 이해하고, 백신으로 예방하기 힘든 질병을 조사하여 그 이유를 토의할 수 있다.

[12생과 I 04-04] 염색체 이상과 유전자 이상에 의해 일어나는 유전병의 종류와 특징을 알고, 사례를 조사하여 발표할 수 있다.

'백신과 질병'에 관한 프로젝트 수업에서 구제역을 주제로 하여 모둠원들과 협업하여 탐구한 후 발표 준비를 함. 구제역은 치사율이 5%로 낮긴 하지만 매우 높은 바이러스성 전염병이며, 발생 시 살처분을 통해 해결하고 있는 정책을 비판함. 이것은 생물 경시 풍조 현상에 의한 것이며, 살처분 대신 구제역 백신 개발 및 확산을 위한 정책 마련으로 해결해야 한다는 주장을 설득력 있게 발표하여 과학적 의사소통능력을 보여줌. 유전병 사례 조사 발표에서 유전자 검사 비용 절감으로 가족의 유전병 발병을 위해 검사를 받는 사람들이 증가하고 있는데, 유전자 검사 결과를 받았다는 이유로 보험 가입이 거부되거나 유전병 발병 확률이 높은 경우 직장 내에서 차별대우를 받는 일이 발생하고 있어 외국에는 이로 인한 차별을 금지하는 법규가 마련되어 있음을 설명함. 우리나라도 이런 차별을 금지하는 법규 마련이 시급하며 차별 없는 사회를 위해 공헌하고 싶다는 포부를 밝힌 소감문을 작성함.

관련학과 법학과, 행정학과, 보험학과, 사회복지학과, 소비자학과

핵심키워드 백신과 질병, 유전병

과학 교과군

지구과학 I

[단원명]

지권의 변동, 지구의 역사

성취기준

- [12지과 I 01-01] 대륙이동설로부터 판구조론까지의 정립 과정을 탐사 기술의 발달과 관련지어 설명할 수 있다.

- [] [12지과 I 02-01] 지층에서 나타나는 다양한 퇴적 구조와 퇴적 환경의 관계를 설명할 수 있다.

대륙이동설의 증거로 해안선 일치, 빙하의 흔적과 이동 방향 등이 있지만 화석이 일치하는 것이 결정적인 증거가 될 수 있으며, 화석으로 그 당시 환경을 예측할 수 있다는 점이 흥미롭다는 소감을 밝힘. 지구의 역사 프로젝트 수업에서 한반도의 지질 역사를 주제로 탐구함. 한반도의 지질학적 역사 규명에 중요한 천연기념물 제413호인 영월 문곡리의 '건열구조 및 스트로마톨라이트'와 경북 영덕의 '23억년 부정합 지층'의 형성 원리와 가치를 소개하면서 이러한 지형을 보전하기 위해 노력하고 관광자원으로 활용해야한다는 의견을 제안함. 지리학자라는 진로 목표를 가지고 있는데 지구과학 공부가 진로에 큰 도움이 되었으며 지리적 특성을 파악하는 데 과학적 지식이 중요함을 깨달았다는 소감을 밝힘.

관련학과 지리학과, 관광학과, 문화인류학과

핵심키워드 대륙이동설, 한반도 지질학적 역사

과학 교과군

지구과학 I

[단원명]

대기와 해양의 변화, 대기와 해양의 상호 작용

성취기준

- [12지과 I 03-03] 뇌우, 국지성 호우, 폭설, 황사 등 우리나라의 주요 악기상의 생성 메커니즘을 이해하고, 피해를 최소화할 수 있는 방법에 대해 토의할 수 있다.

- [12지과 I 04-04] 기후 변화의 원인을 자연적 요인과 인위적 요인으로 구분하여 설명하고, 인간 활동에 의한 기후 변화의 환경적, 사회적 및 경제적 영향과 기후 변화 문제를 과학적으로 해결하는 방법에 대해 토의할 수 있다.

2020년 봄에는 코로나19로 인한 중국의 공장 가동률 급락으로 매년 찾아왔던 중국발 황사와 미세먼지가 현저히 줄어들어 파란 서울 하늘을 볼 수 있었다는 기사를 소개함. 우리나라에 중국발 미세먼지의 양이 현저히 많다는 것을 증빙하는 자료이며, 정치 외교적으로 중국발 미세먼지 저감 정책을 수행할 수 있도록 압박할 필요성에 대하여 설득력 있게 이야기함. 기후 변화에 관한 주제탐구 수업에서 기후 변화에 저항하는 캠페인을 진행하고, UN 기후 정상 회의에서 연설을 한 10대 소녀 '그레타 툰베리'를 소개하면서 어린 나이에도 자신의 신념을 가지고 실천하는 것을 본받아 자신도 좋은 영향력을 주는 정치외교관으로 성장하고 싶다는 포부를 밝힘.

관련학과 정치외교학과, 국제관계학과, 사회복지학과, 행정학과

핵심키워드 중국발 미세먼지, 그레타 툰베리

과학 교과군
물리학Ⅱ
[단원명]
역학적 상호 작용, 파동과 물질의 성질

성취기준

[12물리Ⅱ01-02] 무게중심에 대한 물체의 평형 조건을 정량적으로 계산하여 간단한 구조물의 안정성을 설명할 수 있다.

[12물리Ⅱ03-03] 교류 회로에서 전자기파의 발생 및 안테나를 통한 수신 과정을 설명할 수 있다.

구조물의 안전성과 관련된 주제탐구 수업에서 '서울시 도시 재생 활성화 사업'이 무엇인지와 그 필요성에 대하여 발표함. 노후주택의 경우 금이 가고 철근에 녹이 슬어 안전성에 큰 위협이 되므로 이러한 사업 시행이 필요함을 이야기하고, 노후주택 증가로 인한 주거환경 악화, 사업체 수의 감소, 지역 인구의 현저한 감소 중 2가지 이상이 충족하는 경우 사업이 시행될 수 있음을 설명함. 도시 재생 활성화 사업으로 인구 유입 및 사업체 수가 증가하면 일자리가 늘어나고 경제적으로 성장할 수 있음을 설득력 있게 발표함. '우리 지역에 송전선이 생긴다면 찬성하겠는가?'란 주제로 진행한 토론 수업에서 송전선이 인체에 유해하다는 주장은 과학적인 근거가 부족하며, 경제와 전력 공급의 효율성에 의해 송전선 건설이 필요하다는 것을 근거로 찬성 측의 의견을 제시함.

관련학과 경영학과, 경제학과, 행정학과

핵심키워드 도시 재생, 송전선

과학 교과군
물리학Ⅱ
[단원명]
전자기장

성취기준

[12물리Ⅱ02-08] 상호유도를 이해하고, 활용되는 예를 찾아 설명할 수 있다.

'구조물의 안전성'을 주제로 한 프로젝트 수업에서 2018년 용산구 건물 붕괴 사고와 강남구 대종빌딩 기둥 균열로 인한 입주민 퇴거 조치 사례를 통해 시설문 안전 및 유지를 위한 법규제의 필요성을 제시함. '재난 및 안전관리 기본법'과 '시설물의 안전관리에 관한 특별법'으로 이원화되어 있던 시설물 안전관리가 '시설물의 안전 및 유지관리에 관한 특별법'으로 일원화된 이유와 그 효과성을 조사하여 논리적으로 설명함. 자전거와 전동 킥보드의 바퀴가 돌아가면서 발생한 유도전류로 LED가 켜지는 것이며 LED로 시각적인 아름다움과 야간 사용 시 눈에 띄어 사고를 예방하는 효과가 있음을 설명함. 전동 킥보드의 사용량 증가에 따라 관련 사고의 빈도수와 위험성이 증가하고 있으므로 안전기준 강화와 사용에 대한 규제 강화가 필요하다는 의견을 설득력 있게 제시함. 이러한 주제발표 수업을 통해 정치 행정학 분야의 전문가가 되어 안전하고 행복한 삶을 위한 정책을 제안하고 실현을 위해 노력하고 싶다는 포부를 밝힘.

관련학과 정치외교학과, 법학과, 행정학과, 보험학과, 사회복지학과

핵심키워드 구조물 안전성, 안전기준

과학 교과군

화학Ⅱ

[단원명]

물질의 세 가지 상태와 용액

성취기준

[12화학Ⅱ01-09] 묽은 용액의 증기압 내림, 끓는점 오름, 어는점 내림을 이해하고, 일상생활의 예를 들 수 있다.

경제 분야에 관심이 높아 주제 선정 및 발표 과정에서 진로와 연계하려는 모습을 보임. 외부 압력이 높아지면 끓는점이 높아지는 원리를 이용한 것이 압력솥이며, 우리나라의 전기압력솥의 인기가 국제적으로 높은 이유를 '경험경제 시대'로 설명함. 광고, 인터넷 리뷰 등이 그 사례이며, 경험과 홍보가 경제 및 산업 발전에서 중요한 역할을 한다는 것을 설득력 있게 발표함. 수소 연료 전지의 역사, 과학적 원리에 관한 발표자료를 제작하고, 학급 친구들이 이해하기 쉽게 설명하여 과학적 의사소통능력을 보여줌. 친환경적인 차세대 에너지원으로써 경제 산업 분야에 유용하게 이용될 수 있으며, 우리나라 경제 발전을 위하여 과학의 발전이 중요하다는 소감문을 작성함.

관련학과 경영학과, 경제학과, 무역학과

핵심키워드 경험경제 시대

과학 교과군

화학Ⅱ

[단원명]

반응 속도와 촉매, 전기 화학과 이용

성취기준

[12화학Ⅱ03-08] 촉매가 생명 현상이나 산업 현장에서 중요한 역할을 하는 예를 찾을 수 있다.

[12화학Ⅱ04-03] 수소 연료 전지가 활용되는 예를 조사하여 설명할 수 있다.

촉매는 산업에서 중요한 역할을 하지만 프레온 가스가 자외선에 분해된 염소 원자가 촉매의 역할을 하여 많은 수의 오존을 오랜 기간에 걸쳐 파괴한다는 사실을 이야기하면서 여러 가지 화학 물질 사용 규제의 필요성을 제안함. 이처럼 환경에 악영향을 미치는 물질 규제 방안이 들어있는 몬트리올 의정서, 키갈리 협약을 소개함. 온실가스를 발생하는 수소불화탄소 사용 규제와 이산화 탄소 발생량을 줄이기 위한 법규제가 필요하며 수소 연료 전지와 같은 친환경 에너지원이 화석 사용 에너지원을 대체할 수 있도록 지원 정책 마련의 필요성을 제안함. 환경 보전과 인간의 편리함이 함께 성장할 수 있도록 좋은 정책과 법이 제정되는 데 공헌하고 싶다는 포부를 밝힘. 탐구주제 발표 과정에서 인류가 처한 문제를 해결하려는 자세를 보여줌.

관련학과 정치외교학과, 법학과, 행정학과

핵심키워드 촉매, 수소 연료 전지

과학 교과군
생명과학Ⅱ
[단원명]
생명과학의 역사, 유전자의 발현과 조절

성취기준

[12생과Ⅱ01-02] 생명과학 발달에 기여한 주요 발견들에 사용된 연구 방법들을 조사하여 발표할 수 있다.

[12생과Ⅱ04-04] 유전 암호를 이해하고, 유전 암호 표를 사용하여 유전 정보를 해독할 수 있다.

왓슨과 크릭이 DNA 이중나선 구조 모형을 만들어 노벨상을 탈 수 있었던 원인 중 하나는 여성 과학자 프랭클린이 찍은 X선 회절 사진이 있었기 때문이며, 윌킨스가 프랭클린의 동의 없이 사진을 넘긴 것은 과학자들의 윤리 의식의 중요성을 알려주는 사례임을 발표함. 유전암호 관련 주제탐구 발표에서 2018년 에이즈에 걸리지 않도록 유전자를 조작한 쌍둥이가 태어난 사례를 제시하면서 사람의 유전자 조작을 허용된다면 부를 가진 사람들은 맞춤형 아기를 만드는 등 상업적인 목적으로 과학 기술을 사용할 것이고, 과학 기술의 발달이 부익부 빈익빈의 피해를 심화할 것으로 우려되므로 반대한다는 글을 논리적으로 작성함. 이러한 주제탐구를 통해 인간이 모두 평등하고 행복한 삶을 살 수 있는 방향으로 과학 발전이 이루어져야 하며 좋은 사회를 만들기 위해 고민하고 연구하는 사람이 되고싶다는 소감을 밝힘.

관련학과 사회학과, 심리학과, 사회복지학과

핵심키워드 DNA 이중나선 구조, 맞춤형 아기

과학 교과군
생명과학Ⅱ
[단원명]
세포 호흡과 광합성, 생명공학 기술과 인간생활

성취기준

[12생과Ⅱ03-02] 세포 호흡 과정과 광합성의 탄소 고정 반응을 단계별로 구분하여 이해하고, 산화적 인산화 과정을 화학 삼투로 설명할 수 있다.

[12생과Ⅱ06-05] 생명공학의 발달 과정에서 나타나는 생태학적, 윤리적, 법적, 사회적 문제점을 이해하고, 미래 사회에 미칠 영향을 예측하여 발표할 수 있다.

아마존 열대우림은 전체 산소 발생량의 20%를 차지할 만큼 중요한 역할을 하는데 브라질의 경제 위기와 극우파 대통령 취임으로 목장과 탄광을 개발하는 정책이 시행되면서 급속하게 파괴되고 있는 실정을 이야기함. 자국의 경제 발전에는 일시적으로 도움이 되지만, 전 세계적 과제인 이산화 탄소 절감과 산소 발생의 비용 측면을 고려하면 경제적으로 마이너스가 되는 정책이라는 비판의 글을 작성함. 또한 저렴한 GMO 콩과 비싼 국산 유기농 콩으로 만든 두부를 선택할 때, 가격뿐만 아니라 소비자 심리도 소비에 중요한 역할을 한다는 점을 강조하면서 소비자가 직접 제품 정보를 보고 선택할 수 있도록 정확한 정보를 표기하는 것이 중요하다고 설득력 있게 발표하여 과학적 의사소통능력을 보여줌.

관련학과 경영학과, 경제학과, 행정학과, 소비자학과

핵심키워드 아마존 열대우림, GMO

과학 교과군

지구과학Ⅱ

[단원명]

지구 구성 물질과 자원

성취기준

[12지과Ⅱ02-04] 광물과 암석이 우리 생활의 여러 분야에 다양하게 이용되는 예를 조사하여 발표할 수 있다.

광물과 암석이 우리 생활에 이용되는 사례 조사에서 국보 제84호인 서산 마애삼존불상을 탐구하여 발표함. 불상을 주로 구성하는 암석은 흑운모 화강암이며 암석의 풍화 작용에 의해 훼손이 심각한 상태이기 때문에 석조문화재의 보존 방법을 고안해야 함을 강조함. 어떤 지역의 지진 활동 특성을 예측하기 위하여 계기지진자료와 역사지진자료가 이용되며 각각의 정의와 사례를 사진 자료를 첨부하여 이해하기 쉽게 발표자료를 제작함. 이를 통해 문헌 자료 보존과 해석의 중요성을 인식하는 계기가 되었으며, 과학과 역사가 밀접한 관계가 있음을 깨닫고 우리나라의 지리와 관련된 역사와 사회학까지 설명할 수 있는 전문가로 성장하고 싶다는 포부의 소감문을 작성함.

관련학과 사회학과, 지리학과, 관광자원학과

핵심키워드 서산 마애삼존불상

과학 교과군

지구과학Ⅱ

[단원명]

한반도의 지질

성취기준

[12지과Ⅱ03-03] 한반도 지질의 구조적인 특징 자료 분석을 통해 한반도 주변의 판구조 환경에 대해 조사하여 발표할 수 있다.

'고릴라는 핸드폰을 미워해(박경화)'를 읽고 고릴라의 서식지가 핸드폰의 원료인 콜탄 채석으로 파괴되어 멸종 위기에 처해있다는 것을 소개하면서 현대인의 소비생활을 반성해야 한다는 글을 설득력 있게 작성함. '한반도의 지질' 프로젝트 수업에서 우리나라 제주도는 화산활동으로 이루어진 독특한 지형으로 대표 관광지가 되었으며 현무암의 특성을 이용해 각질제거돌, 돌하루방 모형 등을 관광 상품으로 활용하고 있음을 소개하며 우리나라의 지질적 특성을 이용한 관광자원 확산에 공헌하고 싶다는 포부를 밝힘.

관련학과 소비자학과, 지리학과, 관광자원학과

핵심키워드 고릴라 멸종 위기, 제주도

과학 교과군
과학사
[단원명]
서양 과학사

성취기준

[12과사02-01] 이집트와 메소포타미아를 중심으로 전개되었던 과학의 특징을 알고, 과학의 형성에 영향을 미친 사회, 문화적 요인을 설명할 수 있다.

'서양 과학사' 단원에서 메소포타미아와 이집트에서 발달한 고대 과학과 고대인들의 문화와 생활상을 풍부한 사진 자료와 영상 소개로 이해하기 쉽도록 구성하여 과학적 사고력과 의사소통 능력을 보여줌. 이집트의 피라미드를 제작할 때 구리로 된 끌을 이용하여 수작업으로 만들었고, 아름다운 구조물을 제작하는 데까지 과학 기술과 인간의 노력이 깃들어 있으며, 관광 홍보물을 제작할 때 관광자원에 들어있는 과학적 원리나 지식을 담는 것이 관광자원의 이해를 높이는 길이라고 설득력 있게 발표함. 자신의 진로희망분야인 관광홍보학과와 과학사가 관련 없는 과목이라 인식했는데 이번 주제탐구를 준비하면서 과학이 진로와 매우 밀접한 관련이 있으며 과학사 공부가 매우 즐겁고 유익하다는 소감문을 작성함.

관련학과 지리학과, 관광홍보학과

핵심키워드 고대 과학

과학 교과군
과학사
[단원명]
동양 및 한국 과학사

성취기준

[12과사03-03] 인도에서 수학과 과학이 발전할 수 있었던 역사적 배경과 그 과정을 설명할 수 있다.

서양 과학사, 동양 과학사 단원에서 교사의 질문에 적극적으로 답변하여 수업에 활력을 주는 학생임. 각 단원에 맞춰 학습 내용과 관련된 독서를 통해 학습 내용을 깊이 있게 이해하고 적용하려고 노력하는 자세가 매우 훌륭하며 수업 진행할 때마다 눈에 띄게 성장하는 모습을 보임. '동양 및 한국 과학사' 단원에서 고대 인도에서 수학과 과학의 발달 이유를 종교에서 찾을 수 있으며 제사를 정확한 날짜와 시간에 지내기 위해 수학과 천문학이 발달하였고, 힌두교의 경전인 '베다'를 통해 선조들의 지식과 지혜가 전수되어 찬란한 발전이 이루어질 수 있다고 발표함. 이를 통해 정보를 기록하고 후세에 전달하는 과정의 중요성을 깨달음. '과거는 현재를 비추는 거울이다.'라는 말이 있듯이 과거를 통해 미래를 보는 안목을 지닌 사람으로 성장하고 싶다는 포부를 밝힘.

관련학과 사회학과

핵심키워드 고대 인도

과학 교과군
생활과 과학

[단원명]
건강한 생활, 문화 생활

성취기준

[12생활01-08] 방사능 물질, 수은, 중금속 등 환경 오염원에 노출된 먹거리에 대한 위험성을 조사하고 토론할 수 있다.

[12생활04-04] 안전, 음악 또는 미술 작품의 표절, 문화재 보존 및 복원 기술, 보안 유지, 자료·정보 유출 및 도난 방지 등을 위하여 고려해야 할 내용들과 관련된 사례들을 조사하고 발표할 수 있다.

'건강한 생활' 단원에서 방사성조사식품을 조사하여 발표함. 방사성오염식품과 방사성조사식품을 오인하여 소비를 꺼리는 경우가 많은데 방사선 조사식품은 살균, 살충, 숙도 조정을 위하여 방사선을 조사한 식품이며 알러지 유발 성분을 줄이고 조리시간을 단축할 수 있다는 장점이 있음을 소개함. 소비자가 정확한 정보를 아는 것이 중요하다는 신념을 실천하기 위해 방사성조사식품 안내문을 제작하여 교내에 홍보하며 앎을 삶으로 연결함. '문화 생활' 단원에서 광고에 많이 사용하는 패러디나 오마주가 자칫하면 표절로 간주될 수 있으며 그 사례로 앤디 워홀의 '플라워'가 저작권 침해로 6,000달러의 합의금을 지급한 사례를 통해 패러디나 오마주를 제작할 때 작가의 의도가 분명히 반영되어야 한다는 것을 강조함. 자신이 광고제작자가 되어 패러디나 오마주 제작 시 유의해야겠다는 생각이 들었고, 좋은 광고를 제작하고 싶다는 소감문을 작성함.

관련학과 문화콘텐츠학과, 광고홍보학과

핵심키워드 방사선조사식품, 저작권

과학 교과군
생활과 과학

[단원명]
아름다운 생활, 편리한 생활

성취기준

[12생활02-04] 화장품 개발의 윤리와 동물 보호 등과 관련된 내용을 조사하고 토론할 수 있다.

[12생활03-06] 과학이 교통수단의 발달에 미친 영향을 조사하고 발표할 수 있다.

'아름다운 생활' 단원에서 '화장품법'에 대하여 탐구하여 발표함. 원료나 제품 테스트에 동물실험이 실시된 화장품의 수입과 유통을 금지하고 있으며, 이와 더불어 반려동물 보유 가정이 늘어나고 동물 복지에 가치를 둔 '윤리 소비'가 화장품 시장에도 영향을 미치고 있음을 이야기함. 가격이나 성능도 중요하지만 사회와 환경에 바람직한 방향으로 소비하는 자세를 갖자고 설득력 있게 발표함. '편리한 생활' 단원에서 자율 주행 자동차의 상용화가 진행되고 있으나 해킹에 의한 안전성 확보 등의 기술적 문제뿐만 아니라 관련 정책, 보험 등의 제반 장치가 탄탄하게 다져진 후 상용화가 진행되어야 한다는 글을 논리적으로 작성함. 현명한 소비가 좋은 사회를 만들 수 있고, 자신도 좋은 사회를 만드는 데 기여하는 전문가로 성장하고 싶다는 포부를 밝힘.

관련학과 소비자학과, 보험학과, 행정학과, 법학과

핵심키워드 윤리 소비

과학 교과군

융합과학

[단원명]

정보통신과 신소재, 에너지와 환경

성취기준

[12융과04-07] 고분자 물질의 구조와 이에 따른 특성을 이해하고, 고분자 물질의 특성을 활용한 합성섬유, 합성수지, 나노 물질 등 다양한 첨단 소재를 조사하여 발표할 수 있다.

[12융과06-08] 태양, 풍력, 조력, 파력, 지열, 바이오 등과 같은 재생 에너지와 핵융합이나 수소 등과 같은 신에너지 자원을 이해하고, 지속가능한 발전의 관점에서 신재생 에너지를 활용하는 방안을 설명할 수 있다.

'첨단 소재 발표하기'에서 탄소나노튜브를 소재로 하여 발표자료를 제작함. 탄소나노튜브는 강도가 높고 전기 전도성과 열 전도성이 우수하여 꿈의 신소재라 불리고 있으며 복합 재료와 전지 재료로 사용되고 있는데 다양한 생산 공정으로 대량 생산이 가능해지며 가격이 저렴해지고 있어 경제적으로 성장 가능성이 높은 첨단 소재라 소개함. '유엔미래보고서 2040(박영숙 외 3인)'을 읽고 2030년에는 화석 연료가 사라지고 태양광 등 신재생 에너지 사용으로 99.9% 바뀔 것이라고 전망하고 있다고 소개함. 우리나라도 신재생 에너지 사업의 선두 주자로서 성장해야 하며 자신도 우리나라 경제 발전에 이바지하는 경제학자로 성장하고 싶다는 포부를 밝힘.

관련학과 경영학과, 경제학과, 무역학과, 소비자학과

핵심키워드 탄소나노튜브, 유엔미래보고서

과학 교과군

융합과학

[단원명]

인류의 건강과 과학기술, 에너지와 환경

성취기준

[12융과05-02] 식량 자원의 지속적인 개발 및 확보와 관련하여 생태계와 생물다양성의 가치 및 종자은행의 중요성을 이해하고, 물의 소독, 살균, 세제의 사용이 인간 수명의 증가와 건강의 증진에 기여하였음을 조사하여 발표할 수 있다.

[12융과06-05] 화석 연료의 사용은 산화와 환원 과정이며, 화석 연료의 과다 사용이 지구 온난화와 기후 변화를 일으킨다는 것을 논증할 수 있다.

독립투사의 얼굴을 딸기, 버섯, 장미 등 국산 품종 작물로 변형하여 '종자 독립 만세'라는 제목으로 종자 은행의 중요성에 관한 홍보물 제작하여 이목을 끎. 국제식물신품종보호연맹에 따라 종자로 작물을 재배할 때 재산권을 가진 국가에 로열티를 지급해야하기 때문에 각국에서는 종자 개발 및 확보를 위한 종자 전쟁을 치르고 있으며 우리나라도 국산 품종의 꾸준한 개발 및 노력으로 외국으로 지불하는 로열티가 연간 175억원에서 90억으로 줄어들고 있다는 최신 기사를 제시하여 종자 전쟁의 중요성을 인식하는 데 도움을 줌. 지구 모형에 공장의 굴뚝에서 나는 연기로 지구가 더워서 붉게 달아오르는 포스터로 화석 연료 사용으로 지구 온난화가 심해진다는 것을 표현하여 경각심을 일깨움. 포스터와 캠페인 활동을 통해 광고 홍보의 중요성을 인식하고 환경보호와 국가 발전을 위한 콘텐츠 제작을 해보고 싶다는 소감문을 작성함.

관련학과 문화콘텐츠학과, 광고홍보학과

핵심키워드 종자전쟁, 지구 온난화

독서활동상황

대학의 평가 관점

학교생활기록부 영역	학업역량	진로역량	공동체역량
독서활동상황	2024학년도 대입부터 대입전형자료로 미제공		

독서를 통해 학생의 관심분야와 심화된 탐구 활동의 모습을 파악할 수 있다. 학생들은 개인의 상황에 따라 여러 분야에서 다양한 독서활동을 할 수도 있고 한 분야에 깊이 있는 독서를 하기도 하는데 어느 쪽이 더 유리한 평가를 받는다고 단정 지을 수는 없다. 독서량이 많고 어려운 책을 읽었다고 반드시 좋은 평가를 받는 것은 아니므로 본인이 이해하고 소화할 수 있는 내용과 분량을 선택하는 것이 좋다. 수업 내용과 관련된 독서로 스스로 깊이 있고 확장된 학습 활동을 하는 것도 좋은 방법이다.

'독서활동상황'란에는 고등학교 재학 중 읽은 책의 도서명과 저자이름을 기재한다. 독서이력을 통해 학생의 관심사를 파악하고, 전공적합성 또는 학문 탐구에 대한 열정과 자기주도적 학습 능력 등을 확인할 수 있는 항목이다. 그러나 독서의 양이 많다고 좋은 평가 점수가 보장되는 것은 아니다. 과장된 독서 목록과 과도하게 어려운 수준의 책은 오히려 독서활동의 진정성을 의심하게 만든다.

기재 예시

학년	과목/영역	독서활동상황
1	국어	(1학기) 연금술사(파울로 코엘료), 말의 품격(이기주), 감옥으로부터의 사색(신영복)
		(2학기) 세 잔의 차(그레그 모텐슨, 데이비드 올리버 렐린), 공중그네(오쿠다 히데오)

TIP 이렇게 기재하세요

- 단순 독후활동(감상문 작성 등) 외 교육활동을 전개한 경우에는 도서명을 포함하여 그 내용을 자율활동 특기사항, 진로활동 특기사항, 동아리활동 특기사항, 세부능력 및 특기사항 등에 기재할 수 있다.
- 독서과정의 관찰·확인이 어려운 독서성향 등은 기재하지 않는다.
- 읽은 책의 제목과 저자만 기재한다.
- 독서기록장, 독서 포트폴리오, 독서교육종합지원시스템의 증빙자료를 근거로 입력한다.

학생들을 위한 꿀팁

TIP 이렇게 준비하세요

TIP.1 필독 도서보다는 자신의 진로나 전공과 관련 있는 독서를 한다.

TIP.2 대학 전공 수준의 어려운 내용보다는 자기가 이해할 수 있는 책을 읽는다.

TIP.3 특정 분야에 대한 지속적인 관심이 드러나는 독서활동을 하도록 한다.

TIP.4 독서 후에는 책을 읽게 된 동기, 새롭게 알게 된 것, 느낀 점이나 성장한 점 등을 독서기록장에 기록한다.

TIP.5 2024학년도 대입부터 독서활동 기록은 대입에 미반영되지만, 학교생활기록부의 다양한 영역(교과세특, 동아리활동, 진로활동 등)에 기록될 수 있다는 것을 알고 대비한다.

평소 독서를 하고 독서기록장, 독서포트폴리오, 독서교육조합시스템 등에 감상문을 작성하여 학기가 끝날 때 교과선생님께 제출한다. 왜냐하면 학생이 독서를 했다는 것을 증명할 수 있는 자료나 특기할 만한 사항이 있어야 기재가 가능하기 때문이다. 문학은 국어선생님께, 역사관련 도서는 역사선생님께, 과학관련 도서는 과학선생님께, 특정 교과와 상관이 없는 책이라면 담임선생님께 입력을 부탁드리면 된다. 수업시간이나 창의적 체험활동 시간뿐만 아니라 개인적으로 읽은 책 등은 모두 입력 가능하다.

전공과 직접적으로 관련되거나 전공을 이수하기 위해 필요한 학업 역량과 관련된 책은 꼭 읽도록 한다. 대학에서 배울 수준의 어려운 내용의 전공책보다는 수업 또는 교내활동에서 실제로 활용했던 책이 더 좋은 평가를 받을 수 있다. 특히 나에게 성장과 변화를 준 책이라면 전공과 상관없이 기재될 수 있도록 하는 것이 좋다. 전공 관련 서적을 충분히 읽었다면 다양한 분야의 책도 함께 읽도록 한다. 사회계열 진학을 희망하는 친구들은 인문, 철학, 사회학 책뿐만 아니라 자연과학 서적도 읽는다면 다양한 분야의 폭넓은 독서활동이 될 수 있다.

독서활동상황은 2024년부터 대입에 미반영한다. 그러나 단순 독후활동 외 학교에서 수업시간에 교육활동으로 독서를 했다면, 도서명을 포함하여 그 내용을 다른 영역(교과세특, 창의적 체험활동, 자유학기 등)에 입력할 수 있기 때문에 독서는 여전히 중요하다고 할 수 있다.

행동특성 및 종합의견

대학의 평가 관점

학교생활기록부 영역	학업역량	진로역량	공동체역량
행동특성 및 종합의견	O	O	O

지원자의 학습태도, 활동 내용 및 인성 등 학교생활 전반에 대한 기록으로 평가자는 학생의 변화와 성장을 다각도로 이해할 수 있다. 담임선생님이 학생을 수시로 관찰하여 기록한 내용이므로 일종의 추천서 역할을 하기도 하며, 학교생활기록부의 다른 항목에 기재되지 않았던 학생의 학교생활 모습이나 역량이 기술되기도 한다. 행동특성 및 종합의견은 학교생활기록부의 전반적인 내용과 연계하여 학생의 특성을 입체적, 종합적으로 판단할 수 있는 근거 자료로 활용한다.

담임교사가 해당 학생에 대해 종합적인 평가를 적는 항목이다. 담임교사의 관찰을 통해 학생의 특성을 구체적으로 서술한 내용으로 학생의 전반적인 학교 활동과 특성 및 태도를 총체적으로 확인할 수 있다. 즉, 지원자 학생에 대한 일종의 추천서 또는 지도 자료 역할을 한다. 되도록 긍정적인 내용의 의견을 작성해주는 것이 기본이다. 행동특성 및 종합의견에는 학생의 학업 역량, 전공적합성, 인성, 발전가능성이 함께 드러나도록 작성한다.

기재 예시

행동특성 및 종합의견
1년간 학급의 특수반 도우미로서 이동 수업 때 도움을 주는 등 배려와 존중의 모습을 보임. 학생회장으로서 대토론회를 진행하여 학교생활에서 학생들이 바라는 점을 잘 이끌어내고, 교사의 입장도 존중하는 등 모두가 행복한 학교를 만들기 위해 리더십을 발휘함. 평소 독서를 즐기며 그 내용을 독서기록장에 기록하고 자신의 독서력을 향상하기 위해 노력함. 사회계열에 대한 적성과 흥미가 높아서 토론회 때 현재 사회문제에 대해 날카롭게 지적하고 그 대안으로 다양한 의견을 제시하는 등 창의력이 돋보임.

'행동특성 및 종합의견'란에는 학업 역량, 전공적합성, 인성, 발전가능성 등이 골고루 작성된다. 그러므로 학교생활을 하면서 이 모든 것들이 골고루 드러나도록 활동하는 것이 좋다. 단순히 모범적인 태도로 자신의 역할에만 충실한 리더보다는 다른 사람을 배려하고 이해하는 인성을 갖춘 리더가 더 좋은 평가를 받는다는 것을 명심하자. 또한 대학의 입장에서는 인성, 리더십 이외에도 글쓰기와 독서를 통한 학업 능력과 전공적합성, 발전가능성을 두루 갖춘 학생을 선호하기 마련이다. 그러므로 항상 자신의 학업 성적을 관리하고, 희망하는 전공에 적합한 활동을 함으로써 성장가능성이 보이도록 하는 것이 중요하다.

학생들을 위한 꿀팁

이렇게 준비하세요

TIP.1 평소 담임선생님과 적극적으로 소통하도록 한다.

TIP.2 학교생활기록부의 다른 영역에서 부족하다고 판단되는 부분이 있다면 행동특성 및 종합의견에 기록될 수 있도록 한다.

TIP.3 학생부종합전형의 평가요소(학업 역량, 전공적합성, 인성, 발전가능성)가 고르게 드러나도록 기록한다.

TIP.4 3학년 때의 행동특성 및 종합의견은 수시 전형 지원에서는 반영되지 않으므로 1, 2학년 입력 자료가 매우 중요한 평가요소라는 것을 알고 준비한다.

TIP 이렇게 기재하세요

- 시도교육감이 정한 방법에 따라 누가 기록하여 관리한다.

- 종합의견은 학기를 구분하여 입력할 수 있다.

  * 학기별로 입력하는 경우 교육정보시스템에 직접 입력한다.

- 장점과 단점은 누가 기록된 사실에 근거하여 입력하되, 단점을 입력하는 경우 변화가능성을 함께 입력한다.

- 학교교육계획에 따라 실시한 봉사활동의 경우 교사가 직접 관찰·평가한 학생의 특기사항은 필요 시 '행동특성 및 종합의견'란에 입력 가능하다.

- 창의적 체험활동 특기사항 등에 이미 기록된 내용 등을 반복해서 기재하지 않는다.

- 이전 학년도보다 발전한 내용을 작성하도록 한다.

  * 2학년 행동특성 및 종합의견을 작성할 때는 항상 1학년의 내용을 먼저 읽고 더 성장하고 발전된 모습이 기재될 수 있도록 한다.

- 학업 역량, 전공적합성, 인성, 발전가능성에 관한 내용을 골고루 입력한다.

- 학생의 학습, 행동 및 인성 등 학교생활 전반에 대한 상시 관찰·평가한 누가 기록을 바탕으로 다양한 분야에서의 구체적인 변화와 성장 등을 종합적으로 기재한다.

- 아래와 같이 인성 위주로만 기재된 내용은 아주 좋은 평가를 받을 수 없다.

  * 예시)성품이 온화하고 바르며 책임감이 강함. 인사성이 밝아 사람들에게 항상 먼저 인사를 하며, 웃어른들에게도 예의 바르게 행동함. 어려움에 처한 친구들에게 먼저 다가가서 도와주고 준비물을 챙겨오지 못한 친구들에게 자신의 물건을 빌려주는 등 다른 사람을 세심하게 배려함.

사회계열 맞춤형 행동특성 및 발달상황 예시

01. 사회복지학과

1년간 통합반 도우미로서 학교생활이 불편한 친구들의 이동 수업을 돕고 학습 자료를 챙기는 등 성실한 태도로 열심히 활동함. 독서습관이 바르고 독서량이 풍부하여 자신이 읽은 책을 독서기록장에 꾸준하게 기록하였으며 쉬는 시간에도 책을 읽는 모습이 돋보임. 항상 적극적인 태도로 수업에 임하며, 발표력과 리더십이 뛰어나 모둠별 활동에서 두각을 나타내며 성적도 매우 우수함. 학급에서 적응하지 못하는 다문화 친구에게 먼저 다가가 학교생활을 잘 할 수 있도록 도와주는 등 평소 어려운 친구들에게 도움을 주는 배려심이 많은 학생임. 평소 국제구호활동에 관심이 많아 인도와 필리핀 친구들을 돕기 위한 면 생리대 만들기 활동을 학급에 홍보하여 뜻이 맞는 친구들과 자발적으로 참여함. 자신의 작은 노력으로 경제적으로 어려움에 처한 나라의 친구들을 도울 수 있다는 것에 자부심을 가지고 다른 사람에 대한 배려와 존중을 몸소 실천하는 학생임. 사회현상을 바라보는 시각이 남다르며, 토론 활동을 할 때는 폭넓은 지식을 바탕으로 다양한 의견을 제시하는 등 모든 면에서 주도적으로 활동함.

02. 회계학과

평소 긍정적인 태도로 열심히 학업에 임하고, 매주 자기주도학습 계획서를 세워서 꾸준하게 실천함. 분석적 사고와 수리능력이 뛰어나며, 학급 내에서 필요한 각종 서식이나 알림란을 도맡아 관리하여 수시로 내용을 점검하였고, 학급 행사에 사용되는 물품이나 재료 등에 필요한 금액의 예산을 짜서 학급비를 관리하는 등 철두철미한 태도로 자신의 역할에 최선을 다함. 자신의 진로를 세무·회계 관련 학과로 두고 목표를 이루기 위해 끊임없이 노력하며 학업 역량을 키우기 위해 자기주도학습을 꾸준히 한 결과 괄목할 만한 성적의 향상을 보임. 꼼꼼하고 세심하며 지적 탐구심이 강해 주어진 조건에 만족하기보다는 늘 끊임없이 도전하고 자신의 잠재적 가능성의 실현을 위해 노력하는 모습이 타의 모범이 됨.

03. 광고홍보학과

학업에 대한 열의가 높아 각 교과 시간에 바른 자세로 열심히 참여하여 학업성취도가 매우 뛰어남. 친구들과 함께 스터디 그룹을 만들어 매주 2회 함께 공부하며, 주요 교과목에 대한 학습방법을 친구들과 공유하는 등 적극적으로 활동함. 학급의 부회장으로서 회장을 도와 반 친구들의 상반된 의견을 슬기롭게 조율하여 부드러운 카리스마로 효과적인 결론을 도출해내는 데 큰 역할을 함. 학급 회의에서 어버이날을 맞이하여 부모님께 감사하는 마음을 표현하는 영상 이벤트를 하자고 제안함. 이를 위해 급우들의 감사 편지를 촬영하고, 직접 편집한 영상을 부모님께 전달하여 큰 감동을 이끌어 냄. 학생회 홍보도우미로서 학교를 널리 알리는 홍보 동영상과 포스터를 창의적이고 기발하게 만들어 관내 중학교에 배포하였고, 교내 방송제에서 발표하여 열렬한 호응을 받음. 금연 캠페인 활동을 통해 광고 홍보의 중요성을 인식하고 관련 학과로의 진학을 희망함.

04. 경제학과

1학기 지필평가 이후 '수학 학습법'을 주제로 효과적인 학습 방법, 노트 필기법, 학습 플랜 쓰는 방법 등을 급우들과 공유하여 열렬한 호응을 받음. 학급 멘토링 프로그램에서 수학, 과학 교과의 멘토가 되어 각각 3명의 멘티를 모둠별로 지도하고, 필요에 따라서는 보충 개별 지도하여 멘티들의 학업성취도 향상에 큰 역할을 함. 학급의 봉사부장으로서 매일 책상과 문 손잡이 등을 소독하여 학급의 방역에 최선을 다하였으며, 학급에서 1년 동안 대걸레로 교실 닦기 역할을 맡았는데 꼼꼼하게 청소하고 뒷정리까지 말끔하게 하여 자신이 맡은 일에 대해서는 완벽하게 책임지려는 모습을 보임. 급우가 결석이나 조퇴 그리고 개인 사정으로 청소를 못 하게 된 경우 자원하여 대신 청소를 하는 등 학급의 분위기를 밝게 만들며 공감능력도 풍부하여 친구들 간의 신망이 매우 두터움. 자신의 적성과 소질이 경제 분야에 있다는 것을 알고 면밀하게 계획을 세운 후 실천하며 자신의 목표를 향해 최선을 다하는 모습이 탁월함. 매일 아침마다 경제 신문을 스크랩하고 중요 이슈가 되는 기사에 대한 자신의 의견을 첨가하여 학급 게시판에 공유하는 등 자기주도적으로 진로를 탐색하는 태도가 돋보임.

05. 소비자학과

항상 웃는 모습으로 예의를 갖춰 타인을 대하고 매사에 적극적인 모습으로 긍정적인 에너지가 넘치는 학생임. 항상 바른 자세로 수업에 참여하며 논리적으로 자신의 의견을 발표하고, 꾸준한 예습과 복습으로 상위권 성적을 유지함. 정의감과 봉사의식이 강하고, 어려운 친구들을 자발적으로 도우려 하는 따뜻한 마음이 돋보임. 다리를 다쳐 휠체어를 타고 다녀야 하는 친구의 등하교를 힘든 내색 한 번 없이 한 달 동안 지속적으로 도와줌. 학급에서 실시한 폭력 없는 교실 만들기를 위해 학교생활에 적응이 어려운 친구들을 돕고, 앞장서서 문제를 파악하여 해결하려고 노력함. 학교의 규칙을 성실하게 지켰으며 일 년 동안 한 번도 지각이나 조퇴가 없는 모범적인 생활을 함. 경찰이 되어 안전한 사회를 만들고 싶다는 꿈을 이루기 위해 교과 공부에 매진하여 진로와 관련된 다양한 도서를 읽거나 영상매체 등에서 정보를 수집하고, 체력 증진을 위해 꾸준히 운동하는 등 자기관리 능력이 우수한 학생임.

06. 부동산학과

자기관리능력이 뛰어나 스스로 목표를 세우고 시간을 계획하며, 그것을 끝까지 실천하는 추진력과 끈기가 있음. 자신이 학습한 내용을 타인이 알아듣기 쉽도록 구조화하여 다른 학생들이 이해하기 쉽게 전달하는 과정에 능숙함. 아침 독서반을 주도적으로 운영하여 매주 1회 수업 전에 모여 독서활동을 주도하고, 그 내용을 자료집으로 제작하여 교지에 기고함. 타인에게 예의 바르고 친절한 학생으로 학교규칙을 준수하고 항상 성실한 자세로 학교생활을 함. 수업집중도가 탁월하여 자신이 정확하게 알지 못하는 내용에 대해서는 친구들과 교과 선생님께 적극적으로 질문하고 문제를 해결하는 등 자기주도적인 학습태도가 돋보임. 교내 바른생활부원으로서 학생들의 기본 생활습관과 질서 유지를 위해 점심시간마다 조를 짜서 교내외를 돌며 올바른 학교문화 정착을 위해 노력함. 법과 행정에 적성과 흥미가 강한 학생으로 법과 관련된 도서를 읽으며, 스스로 법에 관한 주제를 정하여 탐구하는 등 자신의 꿈을 실현하기 위해 노력하는 모습이 돋보임.

07. 경영학과

모든 일에 최선을 다하며 자기 발전을 위해 꾸준히 노력하는 모습이 돋보임. 1학기 학급자치회장으로서 급우들과 교사들 사이에서 뛰어난 가교 역할을 수행하며 효율적인 학급 경영에 많은 도움을 줌. 자기주도학습 능력이 우수하고, 지적 탐구심이 많아 자신이 계획한 것은 꼭 실천하려는 실천력이 강한 학생임. 학급 친구들의 학력 신장을 위해 시험 대비 학습 자료를 만들어 공유하고, 특히 이해하기 어려운 수학 문제를 질문하는 친구들을 위해 반복 설명하는 등 학급의 학습 분위기 향상에 주도적인 역할을 함. 다양한 종류의 독서활동으로 논리력과 사고력이 뛰어나며, '경영학'에 대한 관심으로 관련 도서를 읽거나 신문 기사를 스크랩하여 사례별로 분류함. 이 과정에서 동아리 친구들과 함께 '부당 노동 행위 및 고용'을 주제로 관련 자료를 조사하여, 근로자의 권리를 보호하기 위한 구체적인 방안에 대한 연구 결과를 매주 발간되는 교내 신문에 발표하는 등 모든 면에서 주도적이고 책임감이 돋보임.

08. 무역학과

활발하고 긍정적인 성격으로 모든 일에 충실하며, 특히 다른 사람을 잘 챙겨주고 맡겨진 일에 대한 책임감이 두드러지는 생활 태도가 돋보임. 1학기 학급자치회 부회장으로서 급우들의 의견을 잘 수렴하고 학급 회의를 통한 토의와 의견 조율로 서로 믿고 의지하는 학급 분위기 조성에 앞장서는 등 학급을 이끌어 가는 지도력이 탁월함. 입시 부담이 큰 고3이라는 시기에도 불구하고 교내 아나바다 나눔의 장을 기획하고 주도적으로 참여함. 매주 수요일 점심시간을 이용하여 학생들이 가지고 온 물품들을 진열하고, 필요한 사람과 교환하게 하는 업무를 책임감 있게 수행하여 나눔의 장이 성황리에 마무리될 수 있도록 함. 한 학기 동안 학급의 칠판도우미로서, 쉬는 시간마다 칠판을 정돈하여 수업이 원활하게 진행할 수 있도록 하여 각 교과담당교사의 칭찬을 받음. 1학년 때부터 무역과 경제 방면에 관심이 많아 전공 분야와 관련된 대학과 학과를 찾기 위해서 부단히 노력하는 열정 어린 모습이 칭찬할만함. 상대방의 입장을 이해하고 존중하는 마음과 경청하는 자세가 탁월하여 학우들이 힘들 때 편한 마음으로 다가가서 위로를 많이 받는 것으로 보아 공감능력이 풍부함을 알 수 있음.

09. 정치외교학과

목표의식이 뚜렷하고 학업에 대한 열의가 강함. 매주 학습 계획을 꼼꼼하게 세워서 꾸준하게 실천하여 최상위 성적을 유지함. 학생회장 후보 토론회에서 현실성 있는 여러 가지 공약을 설득력있게 발표하여 전교 회장에 당선됨. 학생회장으로서 축제준비위원회를 구성하여 축제의 전체 기틀을 세우고 학생들이 자신의 역할을 충실히 할 수 있도록 리더십을 발휘함. 축제에서 기부 마켓을 운영하여 학생들과 교사들이 기부한 물품들을 모아서 인근의 복지시설에 전달하였으며, 일본군 위안부 문제에 대한 신속한 해결을 촉구하는 캠페인을 열어 전교생의 참여를 이끌어 냄. 평소 정치와 사회현상에 관심이 많아 신문, 뉴스, 방송 등을 보고, 관련 정보를 스크랩하여 정리함. 적극적인 성격으로 새로운 환경에 적응하고 도전하는 것을 두려워하지 않는 진취적인 면도 보임. 자신이 관심 있는 것에 높은 집중력을 발휘하여 특히 토의나 토론에서 뛰어난 기량을 드러냄. 성격이 논리적이고 합리적이어서 교우 간 갈등이 발생했을 때 공정하게 중재하는 능력이 탁월함.

10. 심리학과

사회적인 상황이나 개인적인 어려운 상황에서도 감정이 쉽게 흔들리지 않고 지혜롭고 차분한 태도로 상황에 대처하는 모습을 보임. 학기와 방학 중에도 학교 도서관을 이용하는 등 효율적인 학습시간 관리를 위해 철저히 계획을 세우고, 지키고자 노력하며 최선을 다하는 모습이 모범적임. 각 교과의 성적이 매우 우수하여 수업 내용과 관련한 친구들의 잦은 질문에도 항상 성의껏 설명하는 등 겸손한 태도를 보임. 1년 동안 매주 2회씩 아침마다 일찍 등교하여 수학과 영어 등 주요과목의 일대일 학습 멘토링 활동을 꾸준히 진행함. 특히 상대방의 입장을 존중하고 이해하는 마음과 경청하는 자세가 탁월하여 학우들이 힘들 때 편한 마음으로 다가와 많은 위로를 받는 것으로 보아 공감능력이 풍부한 것이 강점임을 알 수 있음. 심리학과로 진로를 정한 후 관련 분야의 폭넓은 지식을 습득하기 위해 여러 종류의 심리학 관련 도서를 읽고 그 내용을 독서기록장에 꾸준하게 기록함.

11. 아동학과

활발하고 적극적인 성격으로 학교와 학급의 행사 활동에 주도적으로 참여하고, 학급을 위해 봉사하는 모습을 보임. 학생자치회 기획부 부장으로서 최근 급증하는 아동학대 사건에 대한 문제점을 인식하고, 영유아의 인권과 아동의 권리에 대해 관심을 고취하기 위하여 아동학대 예방 캠페인을 기획하고 총괄하는 등 탁월한 리더십을 보여줌. 1학년 때부터 실시한 글로벌 자녀 학습지도 및 멘토링 활동을 입시부담이 큰 3학년 때까지 꾸준히 실시하여 급우들의 귀감이 됨. 독서와 글쓰기를 좋아해 다양한 분야의 책을 읽었으며, 특히 아동과 청소년의 문화와 심리에 관해 연구한 후 그 내용을 교내 창의력 발표회에서 발표하여 호평을 받음. 평소 어린이들의 천진난만한 모습을 좋아하여 어른들의 잘못이나 불운으로 그 모습을 잃어버린 아이들에게 힘을 주고자 노력하고 실천함. 이를 통해 사회에 상처받은 아이들을 책임지고 돌볼 수 있는 시스템이 부족하다는 것을 알게 됨. 열악한 환경의 아이들이 평범한 일상의 행복을 누릴 수 있고, 각자의 꿈을 꿀 수 있도록 사회적 시스템을 갖추는 데 기여하겠다는 책임감을 느끼고 아동학과로의 진로를 확고히 함.

12. 도시계획학과

효율적인 학습시간 관리를 위해 철저히 계획을 세우고 지키고자 노력하며 최선을 다하는 모범학생임. 1년 동안 학급의 재활용분리수거도우미로서 함께 봉사하던 친구의 전학으로 그 역할을 혼자서 수행하면서도 한 번의 불평 없이 최선을 다함. 분리수거함 근처를 항상 청결하게 관리하였으며 매번 제일 늦게까지 남아 교실을 정리하는 등 책임감이 강한 모습을 보임. 학습 계획서를 지속적으로 작성하고 방학 중에도 학교 도서관을 이용하여 꾸준하게 노력한 결과 성적이 지속적으로 상승하는 모습을 보임. 진로가 비슷한 친구 5명과 함께 '우리 마을 조사 탐구활동'을 수행함. 우리 마을에서 낙후된 곳과 재개발이 시급한 지역 3곳을 선정하여 목적, 필요성, 방향 등을 보고서로 작성하여 그 내용을 교지에 게재하는 등 자기주도성과 협업능력이 뛰어남. 또한 학교의 상징물을 만들기 위한 설문 조사를 하고, 직접 상징물을 설계하여 학교 게시판에 부착하는 등 창의적인 발상이 돋보이는 학생임.

13. 신문방송학과

1학기 학급자치부회장으로 회장을 도와 탁월한 능력과 투철한 사명감으로 솔선수범하여 학우들의 의견을 경청하고 창의적인 해결방안을 도출함. 교내 대토론회에 학생 대표로 참여하여 '교복과 두발의 허용 범위'에 대한 급우들의 의견과 자신의 의견을 정리하여 설득력 있게 제시함. 학교는 학생 개개인의 개성과 의견을 존중하고 학생들은 토론을 거쳐 정해진 규칙을 스스로 잘 지키도록 노력해야 한다는 자신의 의견을 분명히 함. 언론인을 목표로 평소 시사상식을 쌓기 위해 신문과 뉴스의 관련 자료를 찾고 이를 체계적으로 정리함. 교내 신문 동아리 부원으로서 사회 속 다양한 사건에 관심을 가지고 체계적으로 정보를 수집하여 과정과 절차가 드러나는 글을 작성하는 능력이 뛰어남. 학교 신문 발간을 위해 다양한 아이디어를 제안하고 교사 인터뷰와 학교의 여러 가지 이슈와 관련된 기사를 작성하였으며 후배들의 기사 작성을 적극적으로 도와줌. 차분한 성격으로 자신에게 주어진 일을 깔끔하게 수행하고 침착하게 문제를 해결하며 타인에 대한 이해와 배려심을 지님. 어려움이 있어도 쉽게 포기하지 않는 끈기와 집념이 돋보이는 학생으로 앞으로 큰 성장이 기대됨.

14. 사회학과

차분한 성격으로 자신에게 주어진 일을 깔끔하게 수행하고 매사에 침착한 태도로 문제를 해결하는 능력이 돋보임. 학급의 교육활동 지원 도우미로서 학급 게시물에 과목별 수행평가를 매번 게시하는 일을 도맡아 성실히 하였으며, 학교자치회 기획부 부장으로서 학교 행사를 충실하게 수행함. 고3이라는 입시부담이 큰 상황에서도 교내 세월호 추모 행사를 기획하고 총괄하여 리더십을 보여줌. 교육협동조합 사업분과의 분과장으로 조합의 운영과 관련된 전체적인 총괄을 담당함. 협동조합의 로고를 만들기 위해 공모사업을 진행하면서 분과원들의 장점을 파악하고 적재적소에 인원을 배치하는 과정을 통해 한 단계 성장하는 모습을 보여줌. 1인 1프로젝트 활동에서 자신의 진로희망분야인 사회학과와 관련하여 학생의 입장에서 사회에 참여할 수 있는 방법을 탐색하고, 가입하고 싶은 시민단체의 종류와 그 이유를 급우들 앞에서 발표하여 열띤 호응을 받음. 사회학적 기본 개념을 학습하고 거기에서 멈추는 것이 아니라 자신의 관심분야에 따른 조사 및 독서활동을 통해 확장시키는 능력이 뛰어난 학생임. 의사소통능력이 뛰어나고 사회의 다양한 현상에 대한 관심이 아주 높음.

15. 항공관광학과

성격이 밝고 다른 사람을 배려하는 마음이 강해 학급에서 친한 친구가 없거나 어려움에 처한 친구들에게 먼저 손을 내미는 마음이 돋보이는 학생임. 1년 동안 학급의 행사부 부장으로 매달 생일 파티를 열어 친구들에게 축하메시지를 전달하는 이벤트를 기획하였으며, 교내 행사가 있을 때에는 급우들이 안전한 환경에서 마음껏 기량을 펼치며 우의를 다질 수 있도록 분위기 메이커 역할을 톡톡히 함. 학급의 '1인 1역할하기'에서 1년 동안 학급재활용분리수거도우미 역할을 최선을 다해 수행함. 급우 중에 사정이 생겨 청소를 못하게 된 경우 자원하여 친구의 청소를 대신할 정도로 급우들의 어려움을 알고 먼저 도움을 주고자 하는 배려심을 지니고 있어 급우들의 신망이 매우 두터움. 어려서부터 '스튜어디스' 직업에 관심이 많아 '항공관광학과'로의 진학을 희망함. 매일 아침 시간을 이용하여 영어 회화 공부에 매진하며 바른 자세와 서비스 정신을 갖추기 위해 관련 자료를 찾아 정리하는 등 자신의 진로에 대해 열정적인 모습을 보임.

16. 응용통계학과

심성이 맑고 차분한 성격으로 생각이 깊고 상대방을 존중하고 이해하는 마음이 넓어 급우들과 원만한 관계를 형성하였으며 타인을 위하여 기꺼이 나누어 주고자 하는 봉사 정신이 항상 생활에 배어 있음. 가장 큰 강점으로는 학문에 대한 열의와 지적 관심을 가지고 있어서 주어진 과제에 대해 면밀히 분석하여 시행착오를 두려워하지 않고 끝까지 문제를 해결하는 뛰어난 학생임. 1, 2학기 행사진행부 부장으로서 체육 한마당, 학교스포츠클럽(축구), 학급 특색 활동 등을 급우들이 단합하여 적극적으로 참여할 수 있도록 이끌어 탁월한 리더십을 발휘함. 특히 행사가 끝난 후 장점과 단점을 설문 조사하고, 이를 분석하여 통계 자료로 제시함으로써 다음 행사를 기획하기 위해 준비하는 모습에서 탁월함을 보임. 자기주도적 학습이 잘 이루어지는 학생으로 학년 초부터 자신의 진로진학에 대해 고민하고 자신이 목표한 대학의 '응용통계학과'에 진학하기 위해 각종 관련 자료들을 찾아 스크랩하는 등 끊임없이 진로를 개척함.

17. 문헌정보학과

평소 긍정적인 태도로 학급의 모든 친구들과 잘 어울리고 다른 사람을 즐겁게 하는 것을 좋아해 학급의 분위기를 밝고 유쾌하게 만들기 위해 항상 노력함. 1년 동안 학급의 독서성장부 부장으로 교실에서 급우들이 안전하게 학업에 매진할 수 있도록 면학 분위기를 조성하였으며, 학급문고 관리에 최선을 다함. 학급 도서 목록을 체계적으로 정리하여 급우들이 언제나 편리하게 읽을 수 있도록 잘 정리하고, 대출 기록부를 책임감 있게 관리함. 학급의 '1인 1역할하기'에서 1년 동안 창틀 닦기를 맡아 급우들이 미세먼지에 노출되지 않도록 창문 관리 및 창틀의 구석구석을 잘 닦는 등 책임감 있는 태도를 보임. 학업 면에서는 스스로 계획을 세우고 실천하는 자기주도적 학습 습관이 잘 이루어졌으며, 도전적인 과제를 두려워하지 않고 적절한 학습 전략을 탐색하여 계획을 수립하여 실행함. 자신의 진로를 '문헌정보학'으로 두고 각종 정보를 탐색하여 자신만의 데이터 베이스를 만들고, 항상 책을 가까이하는 등 자신의 목표를 이루기 위해 끊임없이 노력하는 열정적인 모습을 보임.

학생부 바이블

사회계열

PART.3

사회계열 직업 및 학과 로드맵

CHAPTER

1

CHAPTER

경영·경제

경제활동을 연구·분석하여 경제나 사회, 조직의 동향 패턴을 파악하는 학문이다.

경영학은 철저하게 기업의 경제 행위를 연구 대상으로 한다.
한마디로 기업의 운영에 대한 모든 것을 다루는 학문이다.
그렇다 보니 기업이 어떻게 하면 이익을 극대화할 수 있는지,
잘 운영될 수 있는지 연구하는 게 주요한 관심사이다.

경제학은 경제가 어떻게 돌아가는 것인지 그 원리를 탐구한다.
한 국가의 경제 전체, 국가와 국가 사이의 경제, 국민소득, 기업과 가계 사이의 경제를 연구한다.

경제학이 세상의 큰 흐름을 알 수 있는 소양을 계발해준다면
경영학은 현실과 이론을 접목해 전략적인 사고력을 길러준다.

관련 학과

경영학, 경제학, 경영정보학, 무역·유통학, 광고홍보학, 관광학, 부동산학, 금융·보험학, 회계·세무학 등

관련 자격

공인회계사, 관세사, 세무사, 공인노무사, 감정평가사, 보험계리사, 손해사정사, 자산관리사, 신용분석사, 호텔경영사, 국제재무분석사, 증권투자상담사, 경영지도사, 유통관리사, 전자상거래관리사, 사회조사분석사, 멀티미디어콘텐츠제작전문가, 관광통역안내사, 문화관광해설사, 도시계획가, 주택관리사, 공인중개사, 지적기사, 도시계획기사, 회계관리사 등

진출 직업

경영컨설턴트, 경제학자, 공인중개사, 관세사, 광고 및 홍보전문가, 국제마케팅전문가, 노무사, 물류관리사, 문화관광해설사, 보험계리사, 빅데이터전문가, 세무사, 손해사정사, 애널리스트, 여행상품개발원, 외환딜러, 은행원, 최고경영자, 펀드매니저, 항공승무원, 해외사업개발 및 호텔컨시어지, 회계사 등

진출 분야

금융·증권회사, 유통회사, 제조회사, 경영컨설팅회사, 정보기술회사, 자산운용사, 리서치회사, 호텔, 여행사, 항공사, 테마파크, 관광개발컨설팅업체, 언론사, 무역회사, 출판사, 광고대행사, 이벤트회사, 건설회사, 전문 부동산업체, 국가 및 기업의 경영·경제연구소, 기획재정부, 산업통산자원부, 국세청, 외교부, 금융감독원, 한국은행, 예금보험공사, 한국무역보험공사, 한국자산관리공사, 대한상공회의소, 한국무역협회, 중앙정부 및 지방자치단체 등

인재상

- A 사회변화에 대한 민감성과 미적 감성이 풍부한 학생
- B 매체에 대한 이해를 기반으로 외국어 실력이 있는 학생
- C 각종 경제 지표들을 읽고 분석하는 것에 흥미가 많은 학생
- D 재테크에 관심이 있고 새로운 일에 도전적이며 책임 의식이 있는 학생
- E 여러 수치를 정확히 처리할 수 있는 계산능력과 꼼꼼한 성격을 지닌 학생

01

경영컨설턴트

: 기업의 경영에 대한 문제점을 분석하고 문제 해결을 위한 대책을 연구하며, 이에 대한 상담과 자문 업무를 수행한다. 흔히 경영분석가, 경영자문가, 경영지도사, 기업분석가 등으로 불린다.

직업 소개

크게 기업의 경영전략을 세우는 전략 컨설팅, 기업의 자금 흐름과 자금을 이용하는 방식에 대한 재무 컨설팅, 기업의 인적 자원을 어떻게 구성하고 활용하는가에 대한 인적 컨설팅, 정보통신 전반에 대해 자문하는 IT 컨설팅으로 나뉜다. 주로 전문 컨설팅 기업에서 근무하며, 대학교 및 대기업 연구소의 연구원으로 근무하면서 관련 분야의 컨설팅 업무를 수주받아 수행하기도 한다. 보통 입사 5년 이상이 되면 대기업이나 외국계 기업의 최고재무책임자 또는 최고정보책임자로 이직하거나 개인 회사를 창업하는 경우가 많다.

적성 및 흥미

예측이 불가능한 상황에서 시장의 동향을 읽을 수 있는 통찰력과 그것을 기반으로 한 문제해결능력, 외국어능력이 필수적이다. 국내기업 중 해외 시장 진출을 의뢰하거나, 해외 기업 중 국내 장에 진출하려는 기업이 늘어나 해외 사무소와 업무 협조할 일도 많고, 경영학 용어나 각종 자료들이 영어 등 외국어로 되어 있는 경우가 많기 때문이다. 또한 여러 나라의 외국인들과 협업할 수 있는 글로벌 마인드도 중요하다. 진취형, 사회형, 탐구형의 흥미를 지닌 사람들에게 적합하며 신뢰성, 사회성, 분석적 사고, 창의성 등의 성격을 지닌 사람에게 유리하다. 수학, 영어, 경제 등의 교과에 대한 노력이 필요하고, 평소 신문, 방송 등을 활용하여 경제의 흐름에 관심을 가지고 있는 것이 필요하다.

관련 직업

인적자원전문가 # 경영지도사 # 기업분석가 # 헤드헌터 # 노무사

관련 자격

경영지도사 손해사정사 공인회계사 물류관리사 유통관리사 세무사 관세사

진출 방법

대학에서 경영학, 경제학 등 상경계열 분야를 전공하는 것이 유리하며, 보통 석사 이상의 학위가 요구된다. 특정 분야의 전문가로 3년 또는 5년 이상의 경력이 있으면 학사 학위로도 채용될 수 있지만, 일반적으로 석사 또는 박사 학위 소지자가 많고 특히 경영학 석사(MBA) 출신이 많다. 입사 초기에는 연구 보조의 업무를 수행하거나 조사자로 활동하면서 업무를 익히고, 회사 내부의 교육을 통해 전문가로 성장해 나간다.

최근 인수합병과 관련한 기업 평가, 해외 시장 진출에 따른 시장 분석, 빅데이터를 활용한 고객분석, 정보 보안 등으로 컨설팅 영역이 세분화되는 추세이다. 또 산업 간 융·복합화로 인해 컨설팅 수요가 늘어나는 등 컨설팅 영역이 다양해지고 있다. 따라서 앞으로 경영컨설턴트가 되기 위해서는 전문가로서 특화된 영역을 확보하여 경쟁력을 갖추는 것이 필요하다.

경제학자

: 주로 사회에서 일어나는 경제 현상을 분석하고 연구하며, 수학과 통계 등의 방법을 사용하여 일관된 경제 법칙을 발견하여 설명하는 전문가이다.

직업 소개

재화와 용역의 생산, 분배 및 교환으로부터 발생하는 여러 경제적·사회적 문제들을 해결하기 위해 경제학의 원리와 이론을 적용하여 합리적 해결방법을 연구한다. 금융, 노동, 농업 등 전문 분야의 경제적, 통계적 자료를 연구하고, 고용, 생산성, 임금과 시간 등 연구 영역에 관련된 자료를 수집한다. 경제 관계 자료를 검토하고 분석하여 연구 결과를 도표로 나타낼 수 있도록 준비한다. 자금의 공급 방안, 국내 및 국제간의 화폐 정책, 투자 및 자금 전환을 규제하는 등 경제 정책을 정립하는 데 도움을 주기 위한 연구를 한다.

적성 및 흥미

- 수리능력
- 문제해결능력
- 논리적사고

금융·노동·농업 등 전문 분야의 경제적·통계적 자료처리능력, 경제학, 경영학, 회계학 등 경제 전반에 대한 지식을 가지고 있어야 하며, 사회 전반의 경제 현상에 대한 조사와 분석활동이 많으므로 통계분석을 위한 기본적인 수리능력과 통계 관련 프로그램의 활용능력이 요구된다. 또한 사회의 구체적인 문제들에 늘 관심을 가지고 이를 논리적으로 분석하고, 해결방안을 모색하는 것을 즐기는 자세와 경제학 연구 결과를 보고서로 작성할 수 있는 논리적이고 분석적인 글쓰기 능력이 요구된다.

탐구형과 관습형의 흥미를 가진 사람에게 적합하며, 분석적 사고, 꼼꼼함, 성취 등의 성격을 가진 사람들에게 유리하다.

수학, 사회, 정보 등의 교과에 대한 노력이 필요하고, 평소 관련 현상에 호기심을 가지고 주도적으로 탐구 활동을 하면 도움이 된다.

관련 직업

경제학연구원　# 국제경제학자
노동경제학자　# 산업경제학자
금융경제학자

진출 방법

경제학 관련 학과에서 석사학위 이상의 학력을 지녀야 한다. 관련 학과에 진학하면 경제학에 대한 개념과 이론 등을 배우고 연구 수행을 위해 필요한 각종 연구 방법 등을 학습하게 된다. 석·박사 학위과정에 진학하면 세부적인 자신의 전공 분야를 선택하게 되는데 향후 이와 관련된 분야에서 연구를 하게 된다. 특히 경제학 연구원이 되기 위해서는 연구 프로젝트에 참여하거나 연구보조원(RA)으로 근무하면서 다양한 연구 경험을 쌓으면 유리하다.

공공기관이나 기업체, 경제연구소, 정부출연연구소, 기업부설 및 민간연구소, 대학부설연구소 등의 연구원이 되기 위해서는 공개채용이나 특별채용을 통해 선발되어야 한다. 채용방식은 연구소마다 차이가 있으나 대개 1차 서류심사, 2차 연구논문 발표 및 토론, 3차 면접 등의 과정을 거친다.

03

공인중개사

: 아파트, 건물, 토지 등에 대하여 팔고자 하는 사람과 사고자 하는 사람 간의 매매, 교환, 임대차, 기타 권리의 득실변경에 대한 행위를 알선하고 중개하는 일을 한다.

직업 소개

부동산을 팔고자 하는 자(매도자)에게 중개를 의뢰받으면 해당 부동산의 지번, 대지, 건평, 방수, 매도 희망액 등을 파악하여 정리한다. 또한 고객에게 알맞은 부동산을 선정하여 고객과 함께 해당 부동산을 답사한 후 팔고자 하는 자와 사려고 하는 자(매수자) 간의 매매 희망가격을 조정하고 계약이 성립되도록 주선한다. 계약이 성립되면 매매계약서에 매매대상물의 양도일시, 매매조건과 단서 조항을 기재하고, 계약일시와 매도자, 매수자 및 중개인의 인적사항을 서명 또는 날인한다. 부동산 이용과 개발에 대한 상담, 분양대행, 경매 대상 부동산에 대한 권리분석 등 컨설팅 업무를 담당하기도 한다.

적성 및 흥미

부동산중개인은 법률적 지식과 매도자와 매수자 간의 원활한 계약 성립을 위해 대인관계기술능력, 협상능력, 정보수집능력이 필요하다. 고객과의 거래관계에서 신뢰감을 줄 수 있는 태도와 단정한 용모, 원활한 대인관계가 요구된다. 다른 사람들이 말하는 것을 집중해서 듣고 상대방이 말하려는 요점을 이해하거나 적절한 질문을 할 수 있어야 하며, 이득과 손실을 평가해서 결정을 내릴 수 있는 판단력, 의사결정능력, 공간지각력, 협상력 등이 요구된다.
진취형과 사회형의 흥미를 가진 사람에게 적합하며, 신뢰성, 꼼꼼함, 인내 등의 성격을 가진 사람들에게 유리하다.

관련 직업

부동산컨설턴트

관련 자격

공인중개사

진출 방법

공인중개사가 되기 위해 필요한 학력은 없다. 그러나 활동하기 위해 필요한 자격인 공인중개사 자격을 취득해야 하고, 전문대학 및 대학교에서 부동산학과, 부동산관리학과, 부동산경영학과, 부동산정보과, 부동산컨설팅학과, 부동산재테크과 등을 졸업하면 유리하다.
자격증 취득은 국토교통부의 주관으로 한국산업인력공단이 매년 시행하는 공인중개사 시험에 합격해야 한다. 시험은 1차 시험과 2차 시험으로 구성되어 있다. 1차 시험은 부동산학개론(부동산감정평가론 포함), 민법 및 민사특별법 중 부동산 중개에 관련되는 규정에 대해서 평가한다.
2차 시험은 공인중개사의 업무 및 부동산 거래 신고 등에 관한 법령 및 중개 실무, 부동산공법 중 부동산 중개에 관련되는 규정 그리고 부동산 공시에 관련된 법령과 세법에 대하여 평가한다. 중개사무소 개설 등록을 위해서는 자격증 취득 후, 한국공인중개사협회나 대학에서 위탁·시행하는 실무교육을 이수해야 한다.

관세사

: 법률 용어로 통관 절차를 대신해주거나 관세법상의 쟁의, 소송 따위를 대신해주는 전문 직업인이다.

직업 소개

관세 업무의 소송을 대리한다는 면에서 변호사와 관련되나 변호사는 소송에 관한 행위 및 행정 처분에 관해 본인을 대리하고, 관세사는 관세법과 관련된 쟁의나 소송에 관한 업무를 대리한다.

관세사는 물건의 수출·수입 절차를 대신 밟아주고 문제가 생겼을 때 대리하여 해결하며 관세법상의 행정 소송을 수행하는 일을 한다. 또한 수출입 물품에 대해 물품분류기호에 따라 분류하고 이에 대한 세율을 부과한다. 과세가격 확인 및 세액을 계산하고 관세법에 의한 수출통관 신고와 이와 관련되는 절차를 이행한다. 관세에 대한 상담이나 자문·관세법 및 관세에 관한 법률에 따른 수출, 수입, 반출, 반입 또는 반송의 신고 등과 관련된 업무를 수행한다. 관세사는 업무자율성과 업무권한이 높고 업무에 대한 사회적 평판이 긍정적이며, 직업에 대한 소명의식도 높은 편이다.

적성 및 흥미

- 수리·전산능력
- 법률 지식
- 정직성

세액 등을 신속하고 정확하게 계산할 수 있는 수리력과 재정관리 및 전산에 관한 능력, 문서작성능력을 갖추어야 한다. 또 법률 지식과 외국어 실력도 있어야 한다. 관세에 관한 업무를 다루기 때문에 정직성과 도덕성, 원만한 대인관계가 요구된다.

관습형과 진취형의 흥미를 가진 사람에게 적합하며, 언어능력, 자기통제능력, 스트레스 감내, 리더십 등의 성격을 가진 사람들에게 유리하다. 경제, 회계, 법 등 다양한 분야에 대한 높은 수준의 전문지식이 요구되기 때문에, 이와 관련된 학문에 소질이 있으면 도움이 된다.

사회(경제, 정치와 법, 사회·문화 등)나 수학, 영어 등의 교과에 대한 노력이 필요하고, 평소 법에 관해 관심을 가지고 수학적 사고력을 키우는 것이 필요하다.

관련 직업

통관대리인 # 변호사

관련 자격

관세사

진출 방법

관세사로 활동하려면 관세사 자격을 취득해야 한다. 시험 응시자격은 만 20세 이상이면 학력, 성별, 나이의 제한 없이 누구나 가능하다. 관세사는 총 2차 시험으로 구성되어 있으며, 1차 시험에서는 관세법개론과 무역영어, 내국소비세법, 회계학을 평가하고, 2차 시험에서는 관세법, 관세율표 및 상품학, 관세평가, 무역실무를 평가한다.

자격증을 취득한 후에는 개인관세사무소, 합동관세사무소를 운영하거나 취업하며 통관취급법인, 무역관련 기업체, 관세청 산하기관 등에 진출한다. 대학에서 경영학, 경제학, 무역학, 세무(회계)학, 법학 등 관련 학과를 전공을 하면 관세사 시험에서 유리하다.

05

광고 및 홍보전문가

: 광고회사에 소속되어 직접 광고물을 기획·제작하거나 홍보대행사에서 전문적인 홍보를 담당해 진행한다. 또는 일반 기업체의 마케팅·홍보부서에서 자사의 상품판매 전략 수립과 홍보물을 제작하기도 한다.

직업 소개

광고할 상품에 대해 조사·분석하여 광고기획서를 작성하고, 제작 방향과 예산을 수립·조정하며 상품의 경쟁상황, 시장 상황, 판매 기간 등에 대한 자료와 광고매체에 대한 효과를 분석하여 광고를 제작한다. 광고전문가의 직무를 기획단계와 제작단계로 나누어 보면 기획단계에는 광고기획자(AE, Account Executive), 매체담당자, 광고마케터 등이 있으며, 제작단계에는 카피라이터, 아티스트 등이 있다. 홍보전문가는 기업의 명성이나 이미지와 같이 눈에 보이지 않는 기업의 자산을 그 조직의 성격과 특성에 맞도록 전문적인 홍보를 담당하고, 홍보 프로그램을 연구·조언하는 일을 한다.

적성 및 흥미

새로운 광고 홍보물을 제작하기 위한 창의력과 예술적 감수성도 필요하며, 주로 여러 분야의 사람들과 함께 작업하기 때문에 대인관계가 좋고 팀워크를 잘 이룰 수 있는 친화력이 필요하다. 광고시장 조사나 자료 분석을 위해 통계를 많이 다루기 때문에 수리능력도 갖추어야 한다. 유연한 사고력과 사회성, 적응성 및 융통성, 협조심 등도 요구된다.

예술형, 탐구형, 진취형의 흥미를 가진 사람에게 적합하며, 항상 새롭고 앞선 감각을 유지하기 위해 끊임없이 연구할 수 있는 열정, 특히 본인의 생각을 논리적으로 표현해서 타인을 잘 설득할 수 있는 능력이 무엇보다 중요하다.

영어, 국어, 미술 등의 교과에 대한 노력이 필요하고, 평소 광고·홍보나 디자인 관련 동아리활동을 꾸준히 하면 도움이 된다.

관련 자격

시각디자인산업기사 | 컴퓨터그래픽스운용기능사

관련 직업

광고아티스트 | # 아트플래너 | # 시각디자이너 | # 웹디자이너 | # 영화전문홍보가 | # 일러스트레이터

진출 방법

대학에서 신문방송학, 언론정보학, 광고(홍보)학, 매스컴학 등을 전공하면 유리하다. 보통 광고회사나 홍보대행사에 취업하며 민간기업체나 공공기관의 홍보부서에서 일하거나 독립적으로 프리랜서로 일하기도 한다. 신입사원 채용 시 일반적으로 전공에 제한이 없기 때문에 비전공자들도 이 분야에 관심이 있다면 다양한 방법들을 통해 관련 지식을 쌓아 진출할 수 있다.

대학 시절 광고 동아리활동을 하거나 사설 광고학원을 통해 관련 지식과 경험을 쌓거나 광고회사에서 실시하는 인턴사원 제도에 참여해 실무 경험을 쌓을 수 있다. 광고회사나 홍보대행사의 경우 회사 공채시험을 통해 입직하는데, 주요 광고사에서 실시하는 공모전에 응모해 입상을 하면 취업 시 유리하다.

노무사

: 국가에서 공인하는 유일한 노동법률전문가로 노동시장의 갈등을 조정하는 일을 한다.

직업 소개

고용노동부, 노동위원회, 근로복지공단 등을 상대로 노동자의 권리 구제를 대행하고, 기업을 위해 각종 인사노무관리 상담이나 지도, 작업장 혁신 컨설팅 업무를 한다. 노사 양측의 의뢰를 받아 노무관리를 진단하거나 분쟁을 합리적으로 조정·중재하는 일도 주요한 업무 영역이다. 노동법률전문가로서 노무사들의 진면목은 부당해고, 구제신청 등 행정심판에서 확연히 드러난다. 변호사들은 주로 서면으로 법정 공방을 진행하지만, 노동위원회에서 사용자와 노동자의 대리인으로서 만나는 노무사들은 사전 서면 작업은 물론, 심문회의에서 직접 구두 변론을 펼쳐야 한다. 이와 같은 경우에는 순간 판단과 언변에 의해 심판의 결과가 달라지기 때문에 항상 긴장감을 지니고 있어야 한다.

적성 및 흥미

- 협상능력
- 윤리의식
- 문제해결능력

기업체(경영진)와 근로자 간의 분쟁이나 갈등을 예방하거나 조정하기 위해 협상능력 및 설득능력이 필요하며 노사관계 제반에 대해 업무대리를 의뢰할 수 있는 신뢰성, 윤리의식도 요구된다. 또한 문제의 원인과 현상을 정확히 파악하고 개선방향을 제시할 수 있어야 하므로 문제해결능력과 분석적 사고역량도 요구된다. 갈등 중인 당사자들을 상대하고 민감한 상황에 대처하기 위한 노련한 대인관계역량과 상담능력도 갖추는 것이 좋다. 사회형과 관습형의 흥미를 지닌 사람들에게 적합하며 활동적이고 적극적인 성격을 지닌 사람들에게 유리하다. 평소 사회(정치와 법, 사회·문화)·국어 등의 교과에 대한 노력이 필요하고, 경영, 경제, 행정, 법률 관련한 문제에 관심을 가지고 조사나 연구 등의 창조적인 활동을 하면 도움이 된다.

관련 직업

인적자원전문가 # 경영컨설턴트 # 직무분석가 # 헤드헌터 # 변호사

관련 자격

공인노무사

진출 방법

고용노동부에서 발급하는 국가전문자격인 공인노무사 자격시험에 합격한 후 종사하는 것이 일반적이다. 시험 응시자격에 별도의 제한은 없으나 대학에서 법학, 경영학, 경제학, 노사관계 등을 전공하면 유리한 편이다. 법률에 근거하여 문제를 판단하고 처리해야 하므로 평상시 노동관계법령에 대한 지식을 쌓아두는 것도 필요하다.

공인노무사 자격시험은 1차 노동법, 민법, 사회보험법 등 6과목에 대한 객관식, 2차 노동법, 인사 노무관리론, 행정소송법 등 4과목에 대한 논문서술식, 그리고 3차 면접을 거쳐 최종 합격할 수 있다.

07

물류관리사

: 물류관리에 대한 전문적인 지식을 가지고 원자재의 조달에서부터 물품의 생산, 보관, 포장, 가공, 유통에 이르기까지 물류가 이동되는 전체 영역을 관리한다.

직업 소개

물류시스템 기획, 물류정보시스템 개발, 물류기술 개발, 물류센터 운영·배송, 물류창고 및 자재·재고관리, 물류 컨설팅 등의 다양한 업무를 담당한다. 경제 규모가 증가하고 교통과 통신이 발달함에 따라 물류의 이동량은 급격하게 증가하고 있다.

물류관리사는 상품의 정보와 흐름을 관리하기 위해 모든 기업에서 필요하며, 물류 관련 정부기관이나 공기업, 물류 전문 기업, 대기업 및 중소기업의 물류 관련 부서, 물류 연구기관 등 다양한 곳에서 일한다. 업무의 특성상 1년 내내 쉬는 날 없이 일하는 경우도 있고, 책임감과 스트레스도 많은 편이나 최근 물류관리사의 중요성이 대두되면서 근무 환경이 많이 개선되고 있는 것으로 보인다.

적성 및 흥미

사회현상이나 시장 동향, 조직 시스템을 통찰할 수 있는 능력이 필요하다. 또한 현 물류 체제의 문제점을 파악하여 새로운 물류 전략을 기획할 수 있는 정보수집능력, 분석능력도 필요하다. 대량의 정보를 분석하는 데 도움이 되는 컴퓨터 프로그램 활용능력, 고객들에게 물류정보를 신속 정확하게 제공하기 위한 스마트 기기 활용능력도 필요하다. 물류 현장과 물류 시장의 동향을 파악하는 분석능력, 프로젝트를 진행할 수 있는 추진력, 경영진과 고객을 설득할 수 있는 의사소통능력, 협상능력도 요구된다. 탐구형, 관습형의 흥미를 지닌 사람들에게 적합하며 창의성, 개방적 사고능력을 지닌 사람들에게 유리하다. 수학, 영어, 사회 등의 교과에 대한 노력이 필요하고, 평소 사회현상이나 경제에 관심을 가지고 있는 것이 필요하다.

관련 자격

물류관리사 유통관리사

관련 직업

물류분석가 # 고객서비스관리자
국제물류관리자 # 재고통제관리자
물류엔지니어 # 생산관리엔지니어
수송관리자 # 물류센터운영관리자

진출 방법

물류관리사는 관련 분야의 전문대학 이상의 학력이 요구되며, 기업부설연구소, 컨설팅 업체, 정부기관에 물류 관련 연구원으로 일하고자 할 때는 석사 이상의 학위가 필요하다. 물류관리사가 되기 위해서는 1년에 1회 시행되는 물류관리사 국가자격시험에 합격해야 한다. 시험과목은 물류관리론, 화물운송론, 보관하역론, 물류관련법규, 국제물류론 등 총 5과목으로 모두 객관식으로 출제된다. 따라서 물류관리사 국가자격시험에 대비하기 위해서는 대학에서 경제학, 경영학, 무역학, 물류학, 산업공학 등을 전공하는 것이 유리하다.

물류산업은 21세기의 유망 직종 중의 하나이다. 우리나라는 국가적 차원에서 동북아 허브 건설을 위해 부산, 진해, 광양 등을 동북아 물류중심 항만으로 육성하고 있으며, 일반 기업에서도 경영에서 물류가 차지하는 비중은 나날이 늘고 있다.

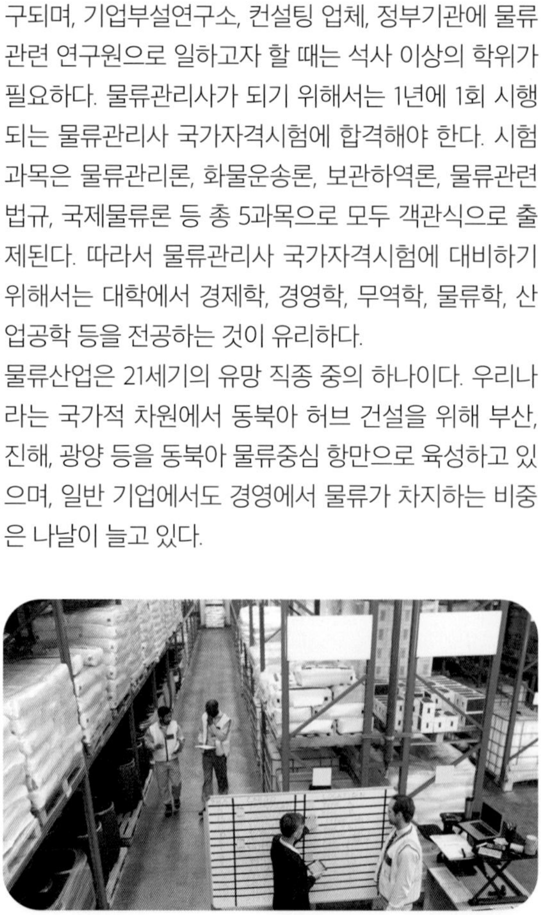

빅데이터전문가

: 빅데이터는 일반적인 DB로 저장·관리·분석할 수 있는 범위를 초과하는 규모의 데이터를 말한다. 빅데이터전문가는 대량의 빅데이터로 사람들의 행동이나 시장의 변화 등을 분석하는 데 도움이 되는 정보를 제공하는 일을 한다.

직업 소개

분석 목표에 따라 빅데이터의 분석 방법을 기획하여, 분석할 빅데이터 자원을 수집하고, 대용량의 데이터를 처리하는 플랫폼을 활용하여 처리한다. 실시간으로 데이터를 수집·저장·분석하고 시각화하여 의미 있는 분석 결과를 도출하기도 한다. 또한 빅데이터와 관련된 새로운 기술, 유행, 트렌드 등을 수시로 파악하는 일을 수행한다. 전 세계적으로 빅데이터 전문 인력에 대한 수요가 급증하고 있고, 국내에서도 산업 수요가 증가하고 있다.

적성 및 흥미

- 창의적 시각
- 끈기
- 이해력

창의적인 시각과 호기심이 필요하다. 또한 분석은 많은 시간이 소요되므로, 오랜 분석 과정을 인내하기 위한 끈기와 나날이 발전하는 새로운 데이터 처리 방법을 꾸준히 공부하는 자세도 필요하다. 뿐만 아니라 데이터 속에서 새로운 가치를 만들어 내야 하기 때문에 통계적인 이론과 복잡한 프로그램에 대한 이해력, 다양한 관점에서 문제를 의식하고 개선하려는 창의력과 추진력도 필요하다.
탐구형과 기업형에 적합하며, 세계 각국의 최신 경향 및 빅데이터와 관련된 내용에 호기심이 많으면 좋다.
평소 수학, 과학, 정보 등의 교과에 관심을 가지고 주도적으로 탐구 활동을 하면 도움이 된다.

관련 직업

빅데이터분석기사 # 데이터분석전문가 # 컴퓨터시스템설계분석가 # 시스템소프트웨어개발자 # 응용소프트웨어개발자

관련 자격

데이터아키텍처전문가 사회조사분석사 빅데이터분석가 자연어처리전문가 데이터사이언티스트

진출 방법

데이터를 활용하기 위한 고도의 지식과 기술이 필요하다. 대학에서 통계학 또는 컴퓨터공학, 산업공학 등을 전공하면 전문가로서 일을 처리하는 데 도움이 된다. 빅데이터전문가는 드러난 수치를 단순하게 나열하는 연구를 하는 것이 아니기 때문에 경영학이나 마케팅 분야의 지식이나 경험과 관련이 깊다. 인문학 전공자라면 통계학을 추가로 공부하면 된다. 이외의 전공자들은 단기 전문 교육과정을 활용하여 빅데이터를 연구할 수도 있다. 대기업의 빅데이터 관리부서, 검색포털 사이트 업체, 사설 데이터분석 업체 등 다양한 기업으로 진출할 수 있다.

09

세무사

: 개인과 기업 등 납세자의 위임을 받아 세무서에 각종 세금을 신고하거나 회계장부를 작성하는 전문가이다.

직업 소개

법적인 절차를 통해 의뢰인에게 가장 유리한 납세 절차를 조언하기도 하고, 부당하게 많은 세금을 고지받을 경우 국세청을 상대로 심사청구를 할 수도 있다.
또 국세청에서 납세자에 대한 세무조사를 나올 때 세무사는 납세자를 대신해 조사를 받고 의견을 대신할 수 있다. 최근에는 세무사도 단순 세금 신고에서 벗어나 세금 전반에 대한 컨설팅을 해주는 역할로 확대되고 있다. 세무사가 가장 바쁠 때는 3월 법인세 신고와 5월 개인 소득세를 신고하는 시기이다. 앞으로 세법이 더욱 복잡해지고 경제 규모도 커지면서 세무사에 대한 수요는 늘어날 것으로 보인다.

적성 및 흥미

수리적 능력이 뛰어나야 하며 비교, 분석, 숫자의 해석이 빠른 사람에게 유리한 직업이다. 정확하고 빠른 업무 수행을 위해 컴퓨터에도 능해야 하며, 관련 정보에 대해 읽고 듣고 이해하는 능력도 뛰어나야 한다. 다양한 고객을 대하기 때문에 원만한 대인관계를 유지할 수 있어야 하며, 세무 관련 업무를 믿고 맡길 수 있는 꼼꼼함, 업무 중 알게 된 개인정보를 보호하는 윤리의식도 요구된다. 또한 업무를 원만하게 수행하기 위해서는 경영, 경제, 행정, 법률 및 상담 등에 대해 꾸준히 탐구하는 자세가 필요하다. 관습형과 탐구형의 흥미를 지닌 사람들에게 적합하며 정직성, 기억력, 유연성, 신뢰성 등의 성격을 가진 사람들에게 유리하다. 수학, 정치와 법, 경제 등의 교과에 대한 노력이 필요하고, 평소 수학이나 통계, 경제 관련 동아리에서 주도적으로 활동하면 도움이 된다.

관련 자격

세무사

관련 직업

회계사 # 관세사
감정평가사 # 경영컨설턴트

진출 방법

세무사가 되기 위해서는 국세청에서 시행하는 세무사 자격시험에 합격해야 한다. 공인된 영어 시험에서 일정 점수 이상을 획득하고 1차 객관식 시험과 2차 논술형 시험을 통과해야 한다. 1차 시험은 재정학, 세법학개론, 회계학개론, 상법 등에 대한 지식을 평가하며 2차 시험에서는 회계학, 세법학 등의 전문지식을 평가한다.
세무사 자격 취득 후 상당수는 개업을 하거나 세무법인으로 진출하고 있다. 이를 위해서는 시험 합격 후 6개월간의 실무교육 이수를 통해 직무수행능력을 갖춰야만 한다. 자격 취득자 중 일부는 정부기관, 공기업 및 일반 기업체에도 취업하고 있으며 최근에는 국세청의 세무직 공무원으로 입직하기도 한다. 세무사 시험의 응시자격은 특별히 제한이 없지만, 대학에서 경제학과, 경영학과, 법학과, 세무회계학과, 회계학과, 세무학과, 무역·유통학과 등을 전공하는 것이 유리하다.

손해사정사

: 보험금을 처리해주는 전문 직업이다. 즉, 보험가입자에게 사고로 손해가 발생했을 때 손해비용이나 보험금을 객관적이고 공정하게 산정하는 일을 한다.

관련 직업

보험산정인

보험사정인

관련 자격

손해사정사

직업 소개

사고 발생에 관한 정확한 자료를 수집하여 분석하고, 보상범위를 결정하기 위해 보상협상 사무원의 보고서를 조사하며, 유사한 보험사례나 판례들을 검토한다. 또한 사고현장 조사와 손해사실을 확인하며, 증거를 수집하여 실제 손해 정도를 판단한다. 보상청구의 타당성 여부와 협상이 회사의 관례 및 절차에 따라 이루어졌는지 확인하고, 보험금 청구의 적정성을 심사하기 위해 변호사, 의사 등의 자문을 구하기도 한다. 이후 조사 자료와 보험 약관 등을 분석·정리하고 지급해야 할 보험금을 산출하여 손해사정보고서를 작성하기도 한다.

적성 및 흥미

- 판단능력
- 수리능력
- 정직성

사고에 대한 정확한 자료수집, 조사 및 판단능력이 요구되며 언어능력과 통계학적 계산을 신속하고 정확하게 할 수 있는 수리능력이 필요하다. 보험회사와 피보험자 간의 이해관계에 얽매이지 않고 공정하고 객관성 있게 업무를 수행할 수 있는 정직성과 책임감이 요구된다.

관습형과 사회형의 흥미를 지닌 사람들에게 적합하며 정직성, 스트레스 감내, 신뢰, 리더십 등의 성격을 가진 사람들에게 유리하다.

국어와 수학, 정치와 법 등의 교과에 대한 노력이 필요하고, 평소 수학이나 통계, 법 관련 동아리에서 주도적으로 활동하면 도움이 된다.

진출 방법

손해사정사가 되기 위해서는 금융감독원이 주관하고 보험개발원이 시행하는 손해사정사 자격시험에 합격해야 한다. 자격증을 취득한 후 금융감독원, 손해보험회사, 손해보험협회, 손해사정법인, 화재보험회사 등에서 6개월의 실무수습을 받게 된다. 때문에 대학에서 금융보험학, 경영학, 법학, 수학, 통계학 등 관련 학과를 전공하면 유리하다.

손해사정사는 신체, 재물, 차량, 종합 손해사정사로 구분되어 활동할 수 있으며, 종합 손해사정사는 별도의 시험 없이 재물, 차량, 신체 손해사정사를 모두 취득하게 되면 자격 등록이 가능하다.

사회가 복잡해지고 다양해짐에 따라 각종 사건 사고가 늘어나고 있어 이로 인해 혹시 모르는 사고에 대비하려는 보험가입자가 많아짐에 따라 손해사정인의 고용은 앞으로도 증가할 것으로 전망된다.

11

투자분석가(애널리스트)

직업 소개

매일의 주식 및 채권보고서, 경제예측, 거래량, 금융잡지, 증권편람, 회사재무제표 등과 출판물을 이용하여 회사, 주식, 채권 및 기타 투자에 대한 정보를 수집한다. 우리나라의 경우 금융투자협회에 금융투자분석사라고 정식 등록해야 애널리스트로 일할 수 있다. 증권회사의 리서치 조직에 근무하면서 법적으로 허가를 받아 공개적으로 기업이나 경기와 관련된 보고서를 쓸 수 있는 권한을 부여받는다. 이들은 개별 기업들의 주어진 환경과 산업전망에 따라 주식 혹은 펀드 등 파생상품 시장의 관계를 파악하고 전반적인 시장 동향을 분석하는 역할을 한다.

: 자신의 회사 혹은 회사 고객들에게 금융 및 투자자문을 제공하기 위해 시장 정보를 수집하고 분석하고 연구하는 전문가이다.

관련 직업

증권애널리스트 # 신용분석가 # 파생상품애널리스트 # 재정분석가 # 투자애널리스트 # 펀드애널리스트 # 계량분석가

적성 및 흥미

수학적 마인드와 거시경제를 읽을 수 있는 수치 분석 능력이 있어야 하며, 판단력과 분석력, 역동적인 증권시장의 변화에 대처할 수 있는 균형감각을 갖추어야 한다. 때로는 과감하게 의사결정을 내릴 수 있는 결단력이 필요하며, 상대방을 설득할 수 있는 능력과 신뢰를 줄 수 있는 태도가 필요하다. 최근에는 영문 분석자료 작성이나 외국인 고객을 대상으로 하는 영어 프레젠테이션이 증가하고 있어 외국어 실력과 함께 의사전달능력도 중요해지고 있다.
탐구형, 진취형, 관습형의 흥미를 가진 사람에게 적합하며, 24시간 쉴 새 없이 움직이는 힘든 일과를 견딜 수 있는 체력과 끈기, 그리고 시장에 대한 호기심도 요구된다. 수학, 영어, 경제 등의 교과에 대한 노력이 필요하고, 평소 경제신문 등을 활용하여 관련 내용에 관심을 가지고 있는 것이 필요하다.

진출 방법

4년제 대학교에서 경영학, 경제학, 회계학, 금융학, 세무학, 국제경영학, 경영회계학, 국제경제학, 재무금융학을 전공하면 유리하다. 일부에서는 석사 이상의 학위를 요구하는 곳도 있으며 최근에는 이공계 출신들도 많이 고용되고 있다.
주로 증권사, 보험회사, 투자자문회사, 자산운용사, 은행, 경제연구소 등으로 진출한다. 공식적인 활동을 하려면 증권회사에 입사해야 하며, 일반 기업에서 애널리스트를 뽑는 경우도 있다. 증권사에 신입 사원으로 입사해 기업 분석을 담당할 수도 있지만, 해당 산업 종사자들이 전문성과 경험을 바탕으로 이직해서 애널리스트가 되는 경우도 많다. 증권업협회, 투신협회, 경제신문사 등에서 개설되어 있는 애널리스트 관련 강좌를 수강하고 수료증을 취득하면 취업, 이직 시에 유리하다.

관련 자격

금융투자분석사 국제투자분석사 증권중개인

외환딜러

: 국제금융시장에서 통용되는 달러(미국), 유로화(유럽연합), 엔화(일본), 위안화(중국), 바트화(태국) 등 각국 화폐와 파생상품을 가장 싼 시점에 사서 가장 비쌀 때 팔아 그 차액만큼 이익을 남기는 금융전문가다.

직업 소개

외환딜러는 국제금융시장의 동향을 파악하고 분석하는 데 힘을 쏟는다. 또한 미래 시장 예측 등을 통해 외화자금을 효율적으로 조달하기도 한다. 금융사 외환딜러는 외화자금의 운용 업무를 담당하며 이에 따른 리스크 관리 업무도 병행한다.

외환딜러는 항상 환율에 영향을 줄 수 있는 국내외 뉴스나 금융지표, 경제 흐름을 다른 사람보다도 먼저 체크하고 매매 거래를 위한 전략을 세우는 등 항상 남보다 앞서기 위한 노력이 필요한 직업이다.

적성 및 흥미

- 경제지식
- 외국어 실력
- 상황판단력

세계의 정세변화와 경제변동에 대한 지식을 갖추어야 한다. 전문 지식을 갖추는 것과 동시에 세계 경제 흐름, 경제에 대한 지식, 능숙한 외국어 실력이 필요하다.

탐구형, 진취형의 흥미를 가진 사람에게 적합하며, 변화에 대한 감각, 분석력, 직관력, 빠른 상황 판단력과 결단력 등이 요구된다. 또한 손해를 보아도 금방 잊어버릴 수 있도록 대담함과 자기통제능력도 요구된다.

영어, 수학, 국어, 경제 등의 교과에 대한 노력이 필요하고, 평소 국내외의 금융이나 경제의 흐름을 파악할 수 있는 활동을 꾸준히 하는 것이 좋다.

관련 직업

증권애널리스트 # 계량분석가 # 펀드애널리스트 # 재정분석가 # 신용분석가 # 투자애널리스트 # 파생상품애널리스트

관련 직업

외환전문역I종/II종 외환관리사 투자상담사

진출 방법

외환딜러는 4년제 대학에서 경영, 경제, 회계, 무역, 통계학 등을 전공하면 유리하다. 또한 경영(MBA), 경제, 회계 분야의 석사 학위 이상을 요구할 수도 있다.

외환딜러가 되는 방법은 일반적으로 두 가지다. 첫 번째는 국내 은행이나 증권사, 선물회사, 대기업 등 공채시험에 합격하여 금융 실무 능력을 쌓은 후 테스트나 추천에 의해 외환 업무를 담당하는 것이다. 또 다른 방법은 외국에서 경영 · 경제학 등 관련 분야를 공부하고 세계적으로 공인된 국제외환딜러 자격증을 취득하는 방법이 있다. 이를 취득하면 국내 금융사에 특별채용되거나 외국계 은행에 입사해 수습 과정을 받고 딜러가 될 수 있다.

13

펀드매니저

: 자본시장, 즉 주식시장의 변동에 따라 포트폴리오를 조합하여 최대한의 투자수익을 올리도록 노력하는 전문가이다.

직업 소개

일반적으로 투자신탁회사, 은행, 보험사, 투자자문사 등에서 자산 운영을 담당한다. 펀드는 보통 주식, 채권, 파생금융상품, 현금 등으로 나뉘어 운용된다. 주식은 가격 변동이 워낙 심해 운영되는 펀드별로 수익률은 다를 수 밖에 없으며, 이는 전적으로 펀드를 운용하는 펀드매니저의 능력에 따른 차이라고 볼 수 있다. 펀드매니저는 한 사람이 몇 개의 펀드를 운용하기도 하고 하나의 펀드에 여러 명의 펀드매니저들이 팀으로 참여하기도 한다.

적성 및 흥미

경제 경기 흐름을 잘 파악하고, 정치의 흐름과 기업의 작은 정보에도 민감해야 한다. 불특정 다수의 투자자로부터 자금을 모아 수익을 올리는 일 자체에 자신의 능력이 그대로 드러나기 때문에 도전적이고 자기 성취감이 강한 사람에게 적합하다. 끈기와 승부욕도 필요하고 하루 종일 긴장 상태에 있기 때문에 강한 체력은 필수이다. 환율, 물가 등 경제 내외 변수를 읽는 탁월한 수리력과 분석력, 예측력, 판단력, 순발력, 강한 윤리의식과 책임감, 성실함을 필요로 한다.

사회(경제, 정치와 법, 사회·문화 등)나 수학 등의 교과에 대한 노력이 필요하고, 평소 세계경제의 흐름, 부동산경제 및 관련 법규에 대한 관심을 가지고 있는 것이 좋다.

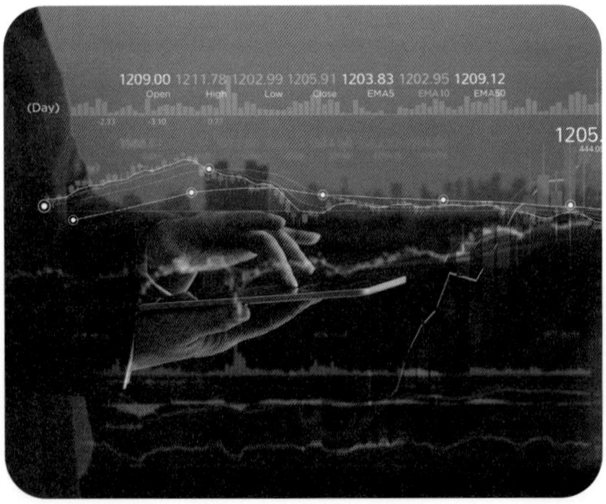

관련 직업

외환딜러 # 투자인수심사원
보험계리사 # 손해사정사
금융자산운용가 # 증권중개인
투자분석가 # 신용분석가
보험인수심사원 # 리스크매니저

관련 자격

증권분석사 투자자산운용사
금융투자분석사 증권투자상담사
집합투자자산운용사 일임투자자산운용사
재무위험관리사 자산관리사

진출 방법

일반적으로 4년제 대학교에서 경영학, 경제학, 금융학, 금융회계학, 세무학, 법학, 통계학 등을 전공하는 것이 유리하다. 경영, 경제, 회계 분야의 석사 학위 이상을 요구하는 곳도 있으며 최근에는 이공계 출신의 진출도 높다. 졸업 후 자산운용회사, 종합금융사 등에 입사하여 일정 기간 이상의 운용 업무경력을 쌓는 것이 필요하다. 또는 증권사에 입사하여 주식투자의 노하우를 쌓고 은행, 보험사, 공무원연금, 국민연금 등의 자금부나 신탁부에 등에 취업하면 펀드매니저로서 성장할 수 있는 기회를 가질 수 있다. 이들을 펀드매니저라고 부르지는 않지만 주식운용부나 상품운용부, 투자자문운용부의 직원으로 펀드를 운용하는 업무를 담당한다. 펀드매니저가 되기 위해서는 자격증 취득도 필수적이지만 실제로 수익을 올리며 자산을 운용하는 역량을 가지는 것이 중요하다. 모의투자대회 같은 금융기관 공모전에 응시하여 입상하면 취업할 때 유리하다.

항공승무원

: 탑승객이 목적지까지 안전하고 쾌적하게 여행할 수 있도록 도와주고, 기내에서 각종 서비스를 제공하는 직업이다.

직업 소개

탑승 전에는 각자의 업무를 분담하고, 유의 사항 및 신규 업무 지식 등에 관한 지시 사항을 전달받는다. 기내에 탑승한 후에는 목적지, 비행시간, 항로 및 기상 조건, 기타 유의 사항 등을 교육받는다. 또한 비상 장비 및 기내 시설의 이상 유무, 기내용품의 수량 및 탑재 여부, 의료장비, 기내의 청결상태 등을 포함한 객실 서비스에 관한 제반 사항을 확인하고 준비한다. 준비가 끝나면 승객이 제시하는 탑승권을 확인하여 좌석 안내, 탑승이 완료되면 승객의 안전벨트 착용 여부, 이동물품의 고정 여부 등을 확인한다. 비행기가 이륙하면 승객에게 식사와 음료 등을 제공하고, 주의사항을 알려주는 등 안전조치를 담당한다.

적성 및 흥미

- 순발력
- 서비스정신
- 체력

국제선 비행에 대비한 지식과 외국어 실력을 갖추어야 한다. 또한 위기 상황에 대처할 수 있는 순발력과 서비스정신, 봉사정신도 필요하다. 항상 단정하고 친절한 태도로 사람을 대해야 하며, 장시간 비행하는 경우가 많으므로 강한 체력과 인내심도 요구된다. 사회형과 현실형의 흥미를 가진 사람에게 적합하며 남에 대한 배려, 스트레스 감내, 자기통제 능력, 언어능력, 대인관계능력 등의 성격을 가진 사람들에게 유리하다.

평소 국어, 영어, 사회 등의 교과에 관심을 갖고, 폭넓은 분야의 독서를 통해 기본적인 소양을 갖추도록 해야 한다. 또한 나눔 활동과 도우미 활동 등과 같은 학교교육계획에 의해 진행되는 다양한 활동에 적극 참여하는 것도 도움이 된다.

관련 직업

선박 및 열차객실승무원 # 스튜어드 # 여행상품개발자 # 여행안내원

진출 방법

대학이나 전문대학의 항공운항(학)과, 스튜어디스(학)과를 졸업하면 유리하다. 또는 사설학원에서 교육과 훈련을 받고 항공 승무원으로 진출할 수도 있다.
국내 항공사의 채용 조건은 신입 객실승무원의 응시 자격으로 기내 안전 및 서비스 업무에 적합한 신체조건을 갖추고, 교정시력 1.0이상(항공사별로 다를 수 있음)을 권장하고 있으며 나이나 전공의 제한은 없다. 채용절차는 서류전형 후 1차 면접, 인성 및 적성검사, 신장 및 체중측정, 신체력검사, 수영테스트를 거쳐 최종 합격자를 선별한다.
국내 항공사는 일정 기간의 인턴승무원 과정을 거쳐 최종 정규직으로 채용하고 있다. 외국 항공사 채용은 대부분 국내 승무원 전문 학원에서 공채를 대행하는데, 서류심사 및 1, 2차 면접은 학원에서 관계자들이 진행하고 최종 면접만 외항사의 직원들이 와서 평가하는 구조이다. 이외에도 외항사 오픈데이(Open Days)일정을 확인하여 국외로 면접을 보러 가기도 한다.

15

호텔컨시어지

: 호텔리어 중에서도 고객의 가장 가까이에서 일을 한다. 주로 호텔 로비에 있는 컨시어지 데스크에서 근무하며, 고객이 요구하는 모든 서비스를 제공한다.

직업 소개

공항에서의 영접 및 환송 서비스, 리무진 및 수하물 서비스에서부터 교통안내, 관광·쇼핑안내, 문화·공연·엔터테인먼트, 고객이 어려움을 호소하는 모든 사항을 신속하게 해결한다. 컨시어지 데스크는 하루 24시간 3교대 근무로 운영된다. 컨시어지들은 항상 깔끔하게 외모를 정돈하고 업무에 임해야 한다. 당일 행사나 특별하게 대접해야 할 VIP가 있는지를 확인하고 객실을 체크하며 업무를 시작한다. 최대한 고객이 편안히 쉴 수 있도록 고객 개개인의 취향까지 확인하여 맞춤 서비스를 제공하기도 한다. 고객에게 다양한 정보를 제공하기 위해서는 정보 습득이 무엇보다 중요하므로 틈틈이 인터넷이나 신문, 잡지 등을 보며 최신 정보를 수집하고, 다른 컨시어지들과 정보를 공유하기도 한다.

관련 직업

호텔 식음료 부지배인 # 호텔리어 # 호텔 연회 부지배인 # 호텔지배인

관련 자격

호텔경영사 호텔관리사 호텔서비스사 조주기능사 관광통역안내사 국내여행안내사

적성 및 흥미

겸손함과 성실함을 바탕으로 고객의 입장을 먼저 생각하는 자세가 중요하다. 고객에게 일어나는 다양한 돌발 상황에 빠르게 대처할 수 있는 상황판단능력과 현실대응력, 책임감, 정확성 등이 요구된다. 고객이 요구하는 다양한 정보를 제공해야 하므로 최신 유행에도 민감하고, 고객이 무엇을 원하는지 빠르게 알아차릴 수 있는 센스도 필요하다. 외국 고객을 많이 상대하는 직업이기 때문에 영어, 일본어, 중국어 등과 같은 외국어능력도 요구된다.

현실형과 사회형의 흥미를 지닌 사람들에게 적합하며 협동심, 적응력, 배려심, 융통성 등이 강한 사람이라면 업무를 하는 데 도움이 된다.

국어, 영어, 사회 등의 교과에 대한 노력이 필요하고, 외국어·문화·관광·서비스와 관련된 동아리에서 주도적으로 활동하면 도움이 된다.

진출 방법

대부분 전문 대학이나 대학교에서 호텔 관련학을 전공하거나 호텔 전문 교육과정을 수료하면 유리하다. 호텔 컨시어지 부서에 입직하면 우선 벨맨으로 활동하며 손님을 맞이하는 방법과 서비스마인드를 배운다. 호텔마다 조금씩 다르지만 어느 정도 경력을 쌓아야만 담당 호텔의 컨시어지로서 고객서비스를 총괄하며 책임지게 된다.

국내 대학에 호텔 관련학이 많이 개설되어 있어 매년 배출되는 인력이 많고, 외국에서 관련 학문을 공부하고 국내에 취업하고자 하는 사람이 많은 만큼 치열한 경쟁을 이겨내야 컨시어지로 일할 수 있다. 따라서 호텔에 실습을 나가거나 인턴 활동 등 실무 경험을 쌓는 기회를 잘 활용해야 한다. 또한, 다양한 분야에서 서비스 관련 아르바이트를 하거나 해외 경험을 쌓는 것도 도움이 된다.

회계사

: 개인이나 기업, 공공시설, 정부 기관 등의 경영상태, 재무상태, 지급능력 등의 다양한 재무 보고와 관련하여 상담을 해주거나 관련 서류를 작성하는 일을 하는 전문가이다.

직업 소개

회계란 통일된 용어를 사용하여 기업활동을 정리하고 요약하는 과정이라고 할 수 있다. 기업 활동을 하기 위해서는 '비즈니스 언어'인 회계를 반드시 알아야 한다. 회계사는 기업에서 작성한 재무제표가 적절한지 감사하고, 감사 보고서를 작성한다. 기업이 회계와 결산 업무가 바르게 행해지도록 재무제표를 작성하고, 전표와 장부의 정비 및 개선에 대해 지도하는 회계 업무를 수행한다. 납세 신고서를 작성하거나 세금에 대한 상담, 지도, 세무 소송 등을 대리하는 세무 업무도 수행하기도 한다.

적성 및 흥미

- 수리능력
- 분석력
- 판단력

회계 관련 서류들을 세밀하게 검토하고 계산상의 오류를 잡아낼 수 있는 수리능력과 분석력, 정확한 판단력이 필요하다. 꼼꼼하고 치밀한 성격이 유리하며 공정한 업무처리능력과 다양한 고객을 상대로 하기 때문에 원만한 대인관계능력도 갖추어야 한다.

진취형, 탐구형, 관습형의 흥미 유형을 지니고, 독립성, 꼼꼼함, 분석적 사고 등의 성격을 가진 사람에게 유리하다.

사회(경제, 정치와 법, 사회·문화 등)이나 수학 등의 교과에 대한 노력이 필요하고, 평소 수학이나 통계관련 능력을 키우기 위해 노력하는 것이 필요하다.

관련 직업

노무사
인적자원전문가
헤드헌터
경영컨설턴트
세무사

관련 자격

공인회계사

진출 방법

금융감독원에서 주관하는 공인회계사 시험에 합격해야 한다. 시험에 합격하면 회계법인, 개인사무소, 정부기관, 금융기관 등으로 진출한다.

회계사는 회계 법인에 고용되어 일을 하게 된다. 따라서 대기업이나 일정 수준의 돈을 벌어들이는 회사의 장부검사를 맡는 일을 한다. 성과에 따라 각 회사에서 정하는 직급으로 승진할 수 있고, 재정적인 여건과 본인의 인지도가 형성되면 창업을 할 수도 있다. 특별하게 기업의 법인에 소속되어 회계사의 일을 할 경우, 법인회계사로 활동하게 된다. 법인회계사라고 특별한 것은 아니고 단지 소속이 법인일 뿐이다.

회계사가 되기 위해서 특별한 학력이 필요한 것은 아니지만 대학교나 학점은행제를 통해 회계학 및 세무 관련과목 12학점 이상, 경영학 과목 9학점 이상, 경제학 과목 3학점 이상을 이수해야만 공인회계사 시험에 응시할 수 있다.

경영정보학과

세계화, 정보화 추세 등 기업환경의 변화에 적극 대처할 수 있도록 여러 가지 경영정보를 신속하고 정확하게 분석·활용하여 경영 의사결정에 중요한 지원 역할을 할 수 있도록 하는 학문이다.

윤리적 사고능력과 정보화 사회를 이끌 수 있는 지도자를 배출하여 정보화 사회 발전에 이바지하려는 학과이다. 글로벌 정보화 추세 하에 기업경쟁력의 핵심 요소인 정보기술을 이해하고 응용하여 기업의 경영관리와 효율적 사업 수행에 필요한 정보를 수집·저장·관리·분석할 수 있는 경영정보기술인의 양성을 교육의 목표로 한다.

졸업 후 진출 분야 및 직업

진출 분야

금융, 전자, 정보 시스템 및 유통 기업, 국내외 경영·IT컨설팅회사, 국내 및 해외 기업의 마케팅, 영업, 생산, 물류, 회계, 재무, 기획 분야 등

진출 직업

IT컨설턴트, 웹기획자, 웹디자이너, 웹마스터, 웹프로그래머, 물류관리사, 경영지도사, 감정평가사 등

01

개설 대학

경남대학교, 경상대학교, 동국대학교, 동명대학교, 동아대학교, 부산가톨릭대학교, 상지대학교, 울산대학교, 제주대학교, 충북대학교 등

관련 학과

G2빅데이터경영학과, 정보경영학전공, IT경영전공, 경영정보학전공, IT경영학과, 글로벌IT경영전공, 디지털기술경영전공, 빅데이터경영학과

고등학교 권장 선택과목 로드맵

교과 영역	선택과목	
	일반선택	진로선택
기초	미적분, 확률과 통계	경제 수학, 기하, 수학과제 탐구, 진로 영어
탐구	한국지리, 세계지리, 경제, 사회·문화	사회문제 탐구
체육·예술		
생활·교양	심리학, 실용 경제, 정보, 제2외국어 I	창의 경영, 지식 재산 일반, 제2외국어 II

경영학과

조직의 목적을 효율적으로 달성할 수 있는 최적의 의사결정을 하는 데 필요한 지식을 연구하는 학문이다.

글로벌화, 정보화의 환경 속에서 창조적 지식인이자 조직의 진취적인 리더가 되는 데 요구되는 경영학 이론과 실천적 지식을 체계적으로 교육함으로써 사회와 기업이 요구하고 있는 능력 있는 전문경영인의 육성을 목적으로 하는 학과이다. 따라서 경영학과는 세계화된 경영 현실에서 당면하게 될 제반 문제를 분석하고, 기업 목표를 지향적으로 해결할 수 있는 능력을 갖추어 전문경영자를 양성하는 것을 목표로 한다.

졸업 후 진출 분야 및 직업

진출 분야

금융·증권회사, 유통회사, IT관련기업, 정보기술회사, 경영컨설팅회사, 일반 기업의 관리직·영업직, 자산운용사, 리서치회사, 중앙정부 및 자치단체 등

진출 직업

무역·통상전문가, 펀드매니저, 세무사, 경영컨설턴트, 자산관리사, 회계사, 시장조사전문가, 노무사, 애널리스트, 손해사정인 등

개설 대학

가톨릭대학교, 건국대학교, 경성대학교, 경희대학교, 공주대학교, 대전대학교, 동국대학교, 동덕여자대학교, 동아대학교, 부산대학교, 삼육대학교, 상지대학교, 서울여자대학교, 성균관대학교, 순천향대학교, 아주대학교, 연세대학교, 영남대학교, 용인대학교, 인하대학교, 전북대학교, 제주대학교, 한신대학교 등

관련 학과

IT경영학과, 국제경영학과, 관광경영학과, 글로벌(관광)경영학과, 글로벌비즈니스학과, 경영정보학과, 기술경영학과, 의료경영학과, 데이터경영학과, 보건·의료경영학과, 융합경영학과, 호텔(관광)경영학과

고등학교 권장 선택과목 로드맵

교과 영역	선택과목	
	일반선택	진로선택
기초	미적분, 확률과 통계	경제 수학, 기하, 수학과제 탐구, 실용 영어, 영어권 문화
탐구	경제, 세계지리, 정치와 법, 사회·문화	사회문제 탐구
체육·예술		
생활·교양	제2외국어 Ⅰ, 정보, 심리학, 실용 경제	제2외국어 Ⅱ, 창의 경영, 지식 재산 일반

경제학과

인간의 물질생활과 관련된 여러 문제에 대한 최선의 해답을 찾고, 한정된 자원을 이용한 최선의 선택에 대해 연구하는 학문 분야이다.

인간의 물질생활과 관련된 여러 문제들에 대한 최선의 합리적 해답을 찾고자 경제학적 분석력, 합리적 판단력, 세계 수준에서 경쟁할 수 있는 업무능력을 키우기 위해 이론과 응용성을 조화시킨 경제학을 과학적 방법으로 연구한다. 이에 따라 지도적 인격과 창조적 능력을 갖추고 사회의 제반 경제 문제를 파악하여 적절한 대책과 해결을 모색할 수 있는 능력 있는 전문 경제인 양성을 교육의 목표로 한다.

졸업 후 진출 분야 및 직업

진출 분야

금융·증권회사, 무역회사, 종합금융사, 정보기술회사, 컨설팅회사, 회계법인, 노무법인, 자산운용사, 리서치회사, 언론사, 일반 기업의 관리직·영업직, 중앙정부 및 자치단체, 금융 무역 수출입 관련 공공기관 등

진출 직업

은행원, 국제통상전문가, 산업분석가, 투자분석가, 컨설팅전문가, 국내외 연구기관 연구원, 협상전문가 등

개설 대학

가천대학교, 가톨릭대학교, 건국대학교, 경희대학교, 고려대학교, 국민대학교, 단국대학교, 동국대학교, 동덕여자대학교, 동아대학교, 목포대학교, 부경대학교, 서울여자대학교, 성신여자대학교, 세종대학교, 숭실대학교, 아주대학교, 이화여자대학교, 인천대학교, 인하대학교, 제주대학교, 조선대학교, 충남대학교, 한림대학교 등

관련 학과

산업응용경제학과, 경제통계학부, 국제경제학과, 금융경제학과, 소비자경제학과, 글로벌경제학과, 농업경제학과, 사회적경제학과, 식품자원경제학과, 신산업융합학과, 환경자원경제학과

고등학교 권장 선택과목 로드맵

교과 영역	선택과목	
	일반선택	진로선택
기초	미적분, 확률과 통계	기하, 경제 수학, 수학과제 탐구, 실용 영어, 영어권 문화
탐구	경제, 세계지리, 사회·문화,	사회문제 탐구
체육·예술		
생활·교양	실용 경제, 심리학, 정보	창의 경영, 지식 재산 일반

관광경영학과

여행사, 호텔, 항공사, 외식업, 테마파크, 카지노 등과 같은 관광산업에 대한 경영 지식 및 실무에 관해 연구하는 학문이다.

관광산업 전반에 대한 이론 수업과, 논문작성과 관련된 통계 및 연구조사방법 수업, 관광사업체 방문 및 업계인사 초청 특강 등 실무 중심의 수업을 통해 관광산업에 필요한 고급 인력을 양성하는 학과이다. 미래 문화생활 패턴을 선도하는 관광전문경영인, 한국의 매력을 창출하고 홍보하는 민간외교관을 양성하는 데 교육의 목표를 둔다.

졸업 후 진출 분야 및 직업

진출 분야

여행사, 호텔, 항공사, 테마파크, 이벤트기획업체, 외식업체, 골프장, 카지노, 면세점, 리조트, 기업체의 일반사무직 및 해외 영업직 등

진출 직업

경영기획사무원, 국제회의전문가, 레스토랑지배인, 레크리에이션강사, 여행기획자, 관광·문화 관련 연구원, 호텔관리자, 카지노딜러, 외식산업 매니저 등

개설 대학

가천대학교, 강릉원주대학교, 강원대학교, 남서울대학교, 대구가톨릭대학교, 동아대학교, 목포대학교, 배재대학교, 상지대학교, 순천향대학교, 신라대학교, 안양대학교, 용인대학교, 전주대학교, 제주대학교, 호남대학교 등

관련 학과

관광경영학전공, 국제관광경영학과, 글로벌관광경영학과, 문화관광경영학과, 항공호텔관광경영학과, 호텔관광경영학과

고등학교 권장 선택과목 로드맵

교과 영역	선택과목	
	일반선택	진로선택
기초	확률과 통계	영어권 문화, 실용 영어
탐구	경제, 한국지리, 세계지리, 세계사	사회문제 탐구, 여행지리
체육·예술		
생활·교양	심리학, 제2외국어 I	창의 경영, 제2외국어 II

광고홍보학과

05

정보화 시대의 미디어 환경 변화에 대응하는 전략가 및 기획자, 실행자로서의 미래형 커뮤니케이션 전문가를 양성하기 위한 학문이다.

광고업계의 국제화 속에서 광고대행사와 관련 조직에 적용할 수 있는 학문적 이론과 실천적 지식을 체계적으로 교육하는 학과이다. 또한 급변하는 사회·경제적 환경에서 단순한 커뮤니케이션 기술자가 아닌 '전략적 커뮤니케이션 관리자'로서 활동할 수 있는 융합형 교과목을 운영한다. 광고홍보학과는 광고와 홍보 관련 전문 지식과 실무능력을 배움으로써 사람의 마음을 움직일 수 있는 창의적 인재의 양성을 목표로 한다.

졸업 후 진출 분야 및 직업

진출 분야

광고 및 홍보대행사, 기업의 마케팅 부서, 출판사, 영화 배급사, 연예기획사, 광고대행사, 홍보대행사, 광고매체사, 인터넷 광고대행사, 이벤트회사, 일반 기업 홍보팀 등의 사무직, 신문사, 잡지사, 방송국, 조사·리서치 업체 등

진출 직업

광고기획자, 광고 및 홍보사무원, 광고 및 홍보전문가, 광고스타일리스트, 기획·홍보 및 광고관리자, 마케팅 및 여론조사전문가, 마케팅전문가, 이벤트기획자, 작가, 카피라이터, 홍보전문가 등

개설 대학

가톨릭관동대학교, 경성대학교, 고신대학교, 남서울대학교, 동국대학교, 동서대학교, 서원대학교, 세명대학교, 신라대학교, 중앙대학교, 청운대학교, 평택대학교, 한림대학교, 한양대학교(ERICA) 등

관련 학과

광고홍보언론학과, 광고홍보언론학부, 광고홍보전공, 광고홍보이벤트학과, 홍보관광학과, 광고홍보학전공, 광고홍보학부, 미디어영상광고홍보학부

고등학교 권장 선택과목 로드맵

교과 영역	선택과목	
	일반선택	진로선택
기초		경제 수학, 실용 영어
탐구	경제, 사회·문화	사회문제 탐구
체육·예술	음악, 미술	음악 감상과 비평, 미술 감상과 비평
생활·교양	정보, 심리학, 실용 경제	지식 재산 일반

국제통상학과

국제경제·국제경영·국제상무의 핵심 분야를 중심으로 국제 협상, 통상법규, 전자상거래, 비즈니스 외국어 등 통상관련 분야에 대해 종합적으로 연구하는 융합적 학문이다.

세계가 하나의 생활권으로 변해가는 현대의 시대적 흐름에 따라 국제통상의 실제와 관련된 이론 체계를 제공하는 교육과정을 통하여 급변하는 국제통상환경에 대한 적응력을 높이기 위한 학과이다. 상품 및 서비스 무역의 실무교육을 통한 상담능력을 지닌 국제통상전문가, 국제 환경에 적절히 대응할 수 있는 자질과 소양을 지닌 국제비즈니스맨과 무역실무전문가의 양성을 교육목표로 한다.

졸업 후 진출 분야 및 직업

진출 분야

일반 기업체, 은행, 증권사, 자산운용사, 종합금융사, 보험회사, 카드회사, 컨설팅회사, 무역회사, 회계법인, 노무법인, 리서치회사, 신문사, 잡지사, 방송국 등

진출 직업

M&A전문가(기업인수합병전문가), 경영컨설턴트, 관세사, 물류관리사, 국제금융딜러, 물류관리사, 외환딜러, 투자분석가(애널리스트)

개설 대학

강릉원주대학교, 국민대학교, 대진대학교, 동국대학교, 동서대학교, 순천향대학교, 인하대학교, 한국외국어대학교 등

관련 학과

유통경영학과, 국제무역학과, 국제물류학과, 무역학과, 국제통상학부, 국제통상학전공

고등학교 권장 선택과목 로드맵

교과 영역	선택과목	
	일반선택	진로선택
기초	미적분, 확률과 통계	실용 국어, 실용 수학, 경제 수학, 수학과제 탐구, 실용 영어, 영어권 문화
탐구	경제, 정치와 법, 사회·문화, 세계사, 세계지리	사회문제 탐구, 여행지리
체육·예술		
생활·교양	제2외국어 Ⅰ, 한문 Ⅰ, 논술, 실용 경제, 심리학	지식재산일반, 창의 경영

국제학부

지구촌화라는 인류 공동체의 과제에 부응하여 개인과 집단, 집단과 집단, 국가와 국가 및 국제기구의 관계를 정의하며, 국제화·세계화에 따른 세계 각 지역의 정치, 경제, 군사, 문화, 언어, 문학 등 다양한 분야를 종합적으로 연구하는 학문이다.

국제개발협력, 국제통상, 국제 평화 안보, 지역학 및 한국학 전공의 학제를 아우르는 복합적인 교육과정을 운영한다. 이를 통해 세계의 다양한 언어, 문화, 정치, 경제 등에 깊은 안목을 갖추고, 우리나라와 다른 나라와의 관계를 원활하게 하는 인재를 육성하는 것을 교육의 목표로 한다.

졸업 후 진출 분야 및 직업

진출 분야

무역회사, 금융·증권사, 언론사 해운회사, 항공사, 복합 운송회사, 유통업체, 다국적기업, 여행사, 기업체의 사무직 및 해외영업직, 해외현지기업, UN, 국제기구, 대사관, 중앙정부 및 지자체, 무역·수출입 관련 공공기관, 국제경제무역 관련 연구소 등

진출 직업

관세사, 외환관리사, 유통관리사, 물류관리사, 전자상거래관리사, 사회조사분석사, 국제무역사, 연구원 등

07

개설 대학

가톨릭대학교, 경동대학교, 고려대학교, 광운대학교, 부산대학교, 이화여자대학교, 충남대학교, 한국외국어대학교, 한양대학교 등

관련 학과

동아시아국제학부 / 국제학과 / 국제개발협력학과 / 국제경영학과 / 국제관계학과 / 스크랜튼학부

고등학교 권장 선택과목 로드맵

교과 영역	선택과목	
	일반선택	진로선택
기초	미적분, 확률과 통계	기하, 경제 수학, 수학과제 탐구, 진로 영어, 영어권 문화
탐구	경제, 정치와 법, 사회·문화, 세계사, 세계지리, 동아시아사	사회문제 탐구, 여행지리
체육·예술		
생활·교양	정보, 제2외국어 Ⅰ, 실용 경제, 심리학, 논리학	지식 재산 일반, 제2외국어 Ⅱ, 창의 경영

금융학과

금융산업 또는 금융현상에 대한 이해를 위해 금융거래에서의 독특한 메커니즘, 금융상품이 지니고 있는 의미, 금융상품의 가치판단, 금융거래상의 정보화를 이해하고자 하는 학문이다.

금융 전반에 대한 기초적인 이해를 바탕으로 글로벌 경쟁시대의 금융전문가에게 필요한 지식과 능력을 함양하는 학과이다. 기본적인 이론과 실무에 대한 학습을 통해 금융환경의 변화에 대응할 수 있는 창조적이고 전략적인 마인드와 금융시장을 선도할 수 있는 종합적인 금융 전문가의 양성을 교육의 목표로 한다.

졸업 후 진출 분야 및 직업

진출 분야

일반 기업체의 금융자산관리팀, 은행, 증권사, 자산운용사, 종합금융사, 보험회사, 카드회사, 컨설팅회사, 무역회사, 회계법인, 노무법인, 리서치회사, 신문사, 잡지사, 방송국 등

진출 직업

재무위험관리사, 감정평가사, 경리사무원, 경영기획사무원, 경영컨설턴트, 경제학연구원, 금융관리자, 금융자산운용가, 보험계리사, 부동산펀드매니저, 세무사, 손해사정사, 신용분석가, 투자자산운용사, 은행원 등

개설 대학

동아대학교 등

관련 학과

경제금융학과 / 국제금융학과 / 글로벌금융학과 / 부동산금융학과 / 수리금융학과

고등학교 권장 선택과목 로드맵

교과 영역	선택과목	
	일반선택	진로선택
기초	미적분, 확률과 통계	기하, 경제 수학, 수학과제 탐구, 진로 영어
탐구	경제, 한국지리, 세계지리, 사회·문화	사회문제 탐구
체육·예술		
생활·교양	제2외국어 I, 정보, 실용 경제, 심리학	제2외국어 II, 지식 재산 일반, 창의 경영

09

농업경제학과

농업과 관련하여 발생하는 여러 경제현상을 연구하여 농업의 발전과 경제의 관련성을 고찰하는 학문이다.

농촌과 농업 및 그 연관 산업에 대한 제반 문제를 경제적 측면에서 종합적으로 접근하는 학과이다. 경제이론을 농업 및 농업사회 분야에 적용하여 농업 경제와 농촌 사회의 문제해결에 필요한 전문지식을 가르친다. 우리 농촌과 농업 발전, 농민의 복지 증진과 식량 안전, 더 나아가 지구촌 에너지 절감 등을 연구하여 국민경제의 균형적인 발전에 이바지하는 인재를 육성하는 것을 교육의 목표로 한다.

졸업 후 진출 분야 및 직업

진출 분야

금융기관, 유통회사, 제약회사, 식품회사, 농약 관련회사, 종묘회사, 농촌진흥청 산하 연구소, 지자체 농업기술원, 농어촌연구원, 국립환경과학원, 한국농어촌공사, 한국수자원공사, 한국전력공사, 한국가스공사, 환경·전자·농식품 분야의 기업체 등

진출 직업

경제학연구원, 농경제학자, 농업기술자, 토목직/기계직/기술직 공무원, 중·고등학교 교사, 대학교수 등

개설 대학

순천대학교, 전남대학교, 충남대학교, 충북대학교 등

관련 학과

- 농경제유통학부(농업경제학)
- 농경제유통학부(식품유통학)
- 농경제사회학부

고등학교 권장 선택과목 로드맵

교과 영역	선택과목	
	일반선택	진로선택
기초	확률과 통계	실용 국어, 기하, 수학과제 탐구, 경제 수학, 진로 영어
탐구	경제, 한국지리, 세계지리, 세계사, 사회·문화	여행지리
체육·예술		
생활·교양	제2외국어 Ⅰ, 한문 Ⅰ, 환경, 실용 경제, 심리학, 교육학, 보건	농업 생명 과학, 창의 경영, 지식 재산 일반

무역학과

국가 간의 교류가 늘고 세계가 하나의 생활권으로 변해가는 현대 사회의 흐름을 반영하여 경제 발전에 중요한 무역에 관한 기본 이론과 실무를 연구하는 학문이다.

국가 간 무역이론과 상거래 이론을 바탕으로 세계화 시대에서 다양한 국가와의 대외무역을 주도하며 국가경제 발전에 이바지하는 것을 교육의 목표로 한다. 급변하는 국제 통상 환경에 대한 적응력을 함양하고, 국제 환경에 적절하게 대응할 수 있는 자질과 소양을 지닌 국제 비즈니스맨과 무역실무전문가의 양성을 교육의 목표로 한다.

졸업 후 진출 분야 및 직업

진출 분야

종합상사, 무역회사, 유통회사, 물류회사, 해운회사, 언론사, 은행, 증권회사, 보험회사, 자산관리사, 일반 기업의 사무직 및 해외영업직, 해외 현지기업, 무역·수출입 관련 공공기관, 국제경제/무역 관련 연구소, 중앙정부 및 지방자치단체

진출 직업

국제무역전문가, 물류관리사, 유통관리사, 경영컨설턴트, 관세사, 애널리스트, 해외사업개발 및 국제마케팅전문가, 해외영업원 등

개설 대학

강릉원주대학교, 경희대학교, 군산대학교, 단국대학교, 대구가톨릭대학교, 목포대학교, 안동대학교, 원광대학교, 전북대학교, 제주대학교, 조선대학교, 청운대학교, 충남대학교, 한남대학교 등

관련 학과

국제무역경제학부, 국제무역학과, 국제통상학과, 국제물류학과, 경제통상학부, 글로벌무역학과, 글로벌무역통상학과, 무역물류학과, 무역·유통학부, 유통경영학과

고등학교 권장 선택과목 로드맵

교과 영역	선택과목	
	일반선택	진로선택
기초	미적분, 확률과 통계	영어권 문화, 실용 영어, 경제 수학, 수학과제 탐구
탐구	경제, 한국지리, 세계지리, 정치와 법	여행지리, 사회문제 탐구
체육·예술		
생활·교양	제2외국어 I, 실용 경제	제2외국어 II, 창의 경영, 지식 재산 일반

부동산학과

부동산에 대한 법률적 지식과 경제·정책, 경영·관리, 금융·투자, 건설·개발 등의 다양한 부동산 전문 분야를 포괄하는 학문이다.

최근의 부동산 시장 변화에 발맞추어 부동산 경제, 경영, 개발, 법, 기술 등의 다양한 분야를 종합적으로 연구, 교육하여 학문적 경쟁력을 갖춘 부동산 전문가의 양성을 교육의 목표로 한다. 세계 경제의 국제화, 개방화 추세에 따라 이제 국내 시장만이 아닌 세계 시장으로 그 범위를 넓혀가고 있다.

졸업 후 진출 분야 및 직업

진출 분야

건설회사, 전문부동산업체(부동산신탁업, 부동산컨설팅업, 부동산개발업 등), 감정평가회사, 일반 기업의 부동산관리부, 금융회사의 부동산금융팀, 중앙정부와 지자체의 국토정책 관련 부서, 한국자산관리공사, 각 시도 개발공사, 부동산 관련 연구소 등

진출 직업

감정평가사, 부동산중개인, 부동산펀드투자상담사, 도시계획가, 경매사, 주택관리사, 지적기사, 부동산권리분석사, 측량 및 지형공간정보기사, 국토정책 관련 공무원, 행정직 공무원 등

개설 대학

강원대학교, 건국대학교, 공주대학교, 광주대학교, 남서울대학교, 대구가톨릭대학교, 명지대학교, 영산대학교 등

관련 학과

부동산지적학과, 부동산경영학과, 부동산관리학과, 부동산국토정보학과, 도시계획부동산학과(부), 부동산금융학과, 융합전공학부 도시공학·도시부동산기획경영학 전공, 경제금융부동산학과, 회계세무부동산학과

고등학교 권장 선택과목 로드맵

교과 영역	선택과목	
	일반선택	진로선택
기초	미적분, 확률과 통계	경제 수학, 실용 수학, 진로 영어, 영어권 문화
탐구	한국지리, 정치와 법, 사회·문화, 경제, 세계지리	사회문제 탐구
체육·예술		
생활·교양	정보, 실용 경제, 심리학, 논술	창의 경영, 가정과학

세무학과

조세, 세법 등 자본주의 시장 경쟁 체제를 가장 잘 이해할 수 있으며, 경쟁력을 기르는 데 필요한 지식을 연구하는 실용적인 학문이다.

사회가 복잡해지고, 재테크의 수단도 늘어나면서 금융·회계·세무 관련 전문 지식의 중요성이 증대되고 있다.

세무학과는 회계학적 사고와 세법의 이론을 바탕으로 경제학·경영학·법학·전산학 분야의 인접학문을 연구하여 이를 세무 관련 업무에 적용할 수 있는 전문인을 양성하기 위한 학과이다. 경제학과, 경영학과와 관련된 기초 지식과 세무와 관련한 세부 심화 내용을 교육한다. 기업과 행정 분야에 필요한 유능한 인재, 조세정책, 세법 및 세무회계 분야의 학문 연구 및 실무를 담당하게 될 인재의 양성에 교육의 목표를 둔다.

졸업 후 진출 분야 및 직업

진출 분야

일반 기업체의 회계 관련 사무직, 은행, 증권사, 자산운용사, 종합금융사, 보험회사, 카드회사, 컨설팅회사, 무역회사, 회계법인, 노무법인, 리서치회사, 신문사, 잡지사, 방송국 등

진출 직업

공인회계사, 자산관리사, 세무사, 손해사정사, 외환딜러, 은행원, 증권중개인, 투자분석가, 경영컨설턴트 등

12

개설 대학

남서울대학교, 서울시립대학교, 창원대학교 등

관련 학과

세무학전공 / 회계세무학과 / 경영회계학과 / 경제세무학과 / 세무회계학과 / 세무경영학과

고등학교 권장 선택과목 로드맵

교과 영역	선택과목	
	일반선택	진로선택
기초	미적분, 확률과 통계	기하, 경제 수학, 수학과제 탐구, 진로 영어
탐구	경제, 정치와 법, 사회·문화, 세계지리	사회문제 탐구
체육·예술		
생활·교양	정보, 심리학, 실용 경제	창의 경영, 지식 재산 일반

식품자원경제학과

식량문제와 자연 자원의 개발 및 응용문제를 다루는 학문으로서 농산물 생산부터 식품 소비에 이르기까지의 과정, 농어촌 자연 자원의 이용과 개발에 대한 문제를 교육한다.

전통적으로 중요한 농업경제학의 전공 분야였던 농업생산, 농업경영, 농산물가격, 농산물 유통뿐만 아니라 식품산업을 비롯한 농업관련 산업, 지역개발, 국제무역 및 통상, 자원경제학, 환경경제학, 소비자경제학 등 전공 분야의 폭을 확장하고 있다. 또한 식품, 농업, 자원, 환경 및 보건 분야의 희소한 자원을 효율적으로 활용하고, 공정하게 배분하는 데 적합한 경제·경영학적 이론과 실증 분석기법을 연구하여 한국과 국제사회의 지속가능한 발전에 이바지할 수 있는 인재를 양성한다.

졸업 후 진출 분야 및 직업

진출 분야

식품회사, 유통회사, 외식업체, 무역업체, 유통서비스기관, 금융기관, 언론기관, 한국농어촌공사, 농촌경제연구원, 한국농수산식품유통공사, 농협, 농촌진흥청 등

진출 직업

공인회계사, 노무사, 관세사, 증권투자상담사, 감정평가사, 경제학연구원, 대학 교수, 공공기관 행정직 등

개설 대학

경북대학교, 경상국립대학교, 고려대학교, 부산대학교 등

관련 학과

식품경제외식학과, 식품산업관리학과, 농경제유통학부(식품유통학), 식품가공유통학과, 식품개발학과, 농업경제학과, 글로벌경제학과

고등학교 권장 선택과목 로드맵

교과 영역	선택과목	
	일반선택	진로선택
기초	미적분, 확률과 통계	기하, 경제 수학, 수학과제 탐구, 진로 영어
탐구	경제, 정치와 법, 한국지리, 세계지리, 세계사, 사회·문화	사회문제 탐구
체육·예술		
생활·교양	정보, 실용 경제, 심리학	창의 경영, 농업 생명 과학

의료경영학과

의료의 공급 및 이용과 관련된 정책을 개발하고 의료인력·시설·장비·자금·정보 등의 자원을 효율적으로 이용·관리할 수 있는 방안을 연구하는 학문이다.

21세기에 집중 육성할 지식기반의 핵심 산업으로 부각되고 있는 의료산업의 주역으로서 국가와 지역사회가 필요로 하는 의료정책 사업 개발 및 의료기관을 효과적으로 관리할 수 있는 의료경영인 전문가 양성을 목표로 한다. 이를 위해 의료 제도와 정책 및 의료 기관 경영과 관련이 있는 교과목을 편성, 운영하고 있다. 또한 첨단 전자·통신장비 및 소프트웨어를 구비하고 시청각 교육과 의료기관 등의 현장 실습을 활발히 진행하고 있다.

졸업 후 진출 분야 및 직업

진출 분야

종합병원(원무과, 보험과, 기획실, 총무과, 관리과, 인사과, 의무기록과, 영상의학과, 핵의학과, 병리과, 의료정보과), 민간보험회사, 손해사정법인, 컨설팅회사 등

진출 직업

병원코디네이터, 병원행정사, 의무기록사, 행정학연구원, 보험심사평가사, 의료보험사, 의무부사관 등

개설 대학

가천대학교, 가톨릭관동대학교, 영산대학교, 을지대학교 등

관련 학과

국제의료경영학과, 보건의료경영학과, 글로벌경영학과, 융합경영학과

고등학교 권장 선택과목 로드맵

교과 영역	선택과목	
	일반선택	진로선택
기초	확률과 통계	기하, 경제 수학, 수학과제 탐구, 진로 영어
탐구	경제, 정치와 법, 사회·문화	사회문제 탐구
체육·예술		
생활·교양	정보, 실용 경제, 심리학, 보건	창의 경영, 지식 재산 일반

항공관광학과

항공승무원으로서의 다양한 실무능력과 현장적 응능력을 키우고, 어학능력과 국제적 마인드를 높이며 협력과 공감을 중시하는 학과이다.

국내외의 경험과 체험을 통하여 글로벌 마인드를 갖추고 바른 인성으로 배려와 봉사를 실현하며 지역과 사회의 발전에 공헌하는 서비스 인재의 양성을 교육의 목표로 한다. 이를 위해 모형 기내서비스 실습, 인터뷰, 외국어, 비행 안전과 항공기 구조 등 항공 승무원에게 필요한 지식을 학습한다. 항공관광학은 '황금 알을 낳는 거위'라고 일컬어질 만큼 성장 가능성이 크고 고부가 가치를 창출하는 학문이다.

졸업 후 진출 분야 및 직업

진출 분야

항공사, 여행사, 호텔, 증권사, 외식업체, 항공운송 관련업체, 비서직, 면세점, 항공 관련 행정기관, 은행 및 금융권 등

진출 직업

항공기객실승무원, 호텔리어, 항공사지상직근무요원, 서비스컨설턴트, 비서 등

15

개설 대학

대구한의대학교, 송원대학교, 영산대학교, 위덕대학교, 한서대학교, 호원대학교 등

관련 학과

항공서비스경영학과 / 항공서비스학과 / 항공서비스학부 / 글로벌항공서비스학과 / 항공운항학과 / 항공운항서비스학과 / 항공호텔관광경영학과

고등학교 권장 선택과목 로드맵

교과 영역	선택과목	
	일반선택	진로선택
기초	미적분, 확률과 통계	경제 수학, 진로 영어, 영어권 문화
탐구	세계지리, 사회·문화, 세계사, 경제, 정치와 법	사회문제 탐구, 여행지리
체육·예술		
생활·교양	정보, 제2외국어 Ⅰ, 한문 Ⅰ, 심리학, 실용 경제, 보건, 논술	창의 경영, 제2외국어 Ⅱ

항공서비스학과

항공 및 서비스 분야에서 필요한 전문적인 교육을 바탕으로 풍부한 국제적 감각과 투철한 서비스 마인드를 지닌 항공승무원 및 서비스 전문인, 국제화된 전문인을 양성하는 학과이다.

전문적인 서비스지식, 외국어교육, IT교육, 체계적인 현장실습과 에티켓 교육을 병행한다. 글로벌 시대를 맞이하여 국가 간 교류가 늘어나고, 국민소득 수준의 향상으로 서비스 산업의 중요성이 높아짐에 따라 앞으로 그 수요가 더욱 증가하리라고 예상되는 학문이다.

졸업 후 진출 분야 및 직업

진출 분야

항공사, 여행사, 호텔, 증권사, 외식업체, 국제크루즈, 항공운송 관련업체, 비서직, 면세점, 항공 관련 행정기관, 한국철도공사, 항공 관련 연구소 등

진출 직업

비행기승무원, 크루즈승무원, 호텔리어, 항공사 지상직근무요원, 비서 등

개설 대학

경운대학교, 경일대학교, 광주대학교, 동명대학교, 배재대학교, 부산외국어대학교, 서원대학교, 세명대학교, 세한대학교, 신라대학교, 중원대학교, 한국교통대학교, 한라대학교, 호남대학교, 호서대학교 등

관련 학과

항공서비스경영학과, 글로벌항공서비스학과, 호텔항공서비스학과, 항공운항학과, 항공관광학과, 항공관광·카지노학전공, 항공관광외국어학부, 항공운항서비스학과, 항공호텔관광경영학과

고등학교 권장 선택과목 로드맵

교과 영역	선택과목	
	일반선택	진로선택
기초	확률과 통계	기하, 경제 수학, 수학과제 탐구, 진로 영어
탐구	세계지리, 사회·문화, 세계사, 경제, 정치와 법	사회문제 탐구, 여행지리
체육·예술		
생활·교양	기술·가정, 정보, 제2외국어 I, 심리학, 보건	창의 경영, 제2외국어 II

17

호텔경영학과

고부가가치를 창출하는 관광산업의 핵심인 호텔 산업과 서비스의 질을 높이기 위한 호텔경영 전반에 대해 연구하는 학문이다.

호텔 등 숙박 시설의 고객과 관광객들의 다양한 수요를 만족시키는 것은 물론 호텔 경영에 정통한 직업인, 호텔 산업을 주도할 전문인, 호텔관련 산업 발전에 기여할 교양인을 양성하는 것을 교육의 목표로 한다. 주로 지역의 호텔과 연계한 체험수업을 진행하며, 향후 여가의 중요성이 더욱 커질 것이므로 호텔 산업도 성장 잠재력이 아주 클 것으로 보인다.

졸업 후 진출 분야 및 직업

진출 분야

대기업의 관광 관련 부서, 호텔업체, 여행사, 테마파크, 항공사, 이벤트기획업체, 기업체 일반 사무직 및 해외 영업직, 해외 현지 호텔 및 기업, 언론사, 신문사 등

진출 직업

관광상품개발자, 관광·문화관련연구원, 여행안내원, 외식업체종사자, 이벤트기획자, 파티플래너, 레크리에이션지도자 등

개설 대학

가톨릭관동대학교, 남서울대학교, 동서대학교, 세명대학교, 전주대학교, 호남대학교 등

관련 학과

컨벤션호텔경영학과, 관관경영학과, 관광호텔경영학부, 글로벌호텔관광학과, 호텔관광경영학과, 호텔관광경영학부

고등학교 권장 선택과목 로드맵

교과 영역	선택과목	
	일반선택	진로선택
기초	미적분, 확률과 통계	경제 수학, 실용 영어, 진로 영어, 영어권 문화
탐구	경제, 정치와 법, 사회·문화, 세계지리, 세계사	여행지리, 사회문제 탐구
체육·예술		
생활·교양	심리학, 실용 경제, 정보, 제2외국어 I	창의 경영, 제2외국어 II

공공인재학부

행정학 및 정책학 관련 분야의 전문지식을 습득하도록 함으로써 국가와 시민사회의 발전에 기여하고, 공공 및 민간분야의 다양한 조직에서 능동적으로 일할 수 있는 인재를 육성한다.

다양한 사회현상을 균형 잡힌 시각으로 이해할 수 있도록 하고, 정책 과정에 대한 지식 습득을 통하여 합리적인 의사결정을 할 수 있도록 교육한다. 민주주의와 시민사회의 발전과정을 충분히 이해하고 관련 지식을 습득함으로써 공동체의 유지 및 발전에 기여하도록 하는 학과로, 글로벌 거버넌스와 정부 역할의 연구를 통하여 세계화에 부응하는 선도적 지식인으로서의 자질을 지닌 인재를 양성한다.

졸업 후 진출 분야 및 직업

진출 분야

금융기관, 사회적기업, 증권회사, 각 지역 시설관리공단, 시민사회단체 등

진출 직업

국가직 및 지방직 공무원(일반행정, 세무, 교육행정, 사회복지행정, 경찰행정직 등), 대학 교수, 연구원, 창업가 등

18

개설 대학

동양대학교, 목원대학교, 순천대학교, 전북대학교, 중앙대학교, 한신대학교 등

관련 학과

공공행정학과 / 공공인재학과 / 행정학과 / 자치행정학과

고등학교 권장 선택과목 로드맵

교과 영역	선택과목	
	일반선택	진로선택
기초	확률과 통계	심화 국어, 고전 읽기, 실용 영어 영어권 문화
탐구	경제, 사회·문화, 생활과 윤리, 정치와 법, 윤리와 사상	고전과 윤리, 사회문제 탐구, 여행지리
체육·예술		
생활·교양	기술·가정, 실용 경제, 보건, 논리학, 심리학, 교육학, 한문 I	가정과학

2

CHAPTER

법학

법의 현상을 연구의 대상으로 하는 법학 바탕의 영역이다.
좁은 의미로는 법률학, 넓은 의미로는 법해석학(해석학법)을 말한다.
여기에 법에 관한 제반 학문이 포함된다.

법의 궁극적인 목적은 정의와 평화의 실현에 있다. 위법행위에 대해 일정한 형벌을 가함으로써 사회 질서를 유지하고, 분쟁을 해결하며 공공선의 실현과 인간의 권리를 보장하는 기능이 있다.

법학은 실정법 분야에 따라 헌법·형법 등의 '공법' 분야,
민법·상법 등의 '사법' 분야, 노동법·경제법 등을 연구하는 '사회법' 분야로 구분된다.

정부의 행정수행, 정치활동, 기업운영 등에서도
전문적인 법 지식이 요구되면서 법학의 필요성이 더욱 커지고 있다.

관련 학과

법학과, 경찰법학과, 공법학전공, 법률실무과, 사법학전공, 지식재산학과 등

관련 자격

변호사, 법무사, 변리사, 세무사, 관세사, 손해평가사, 감정평가사, 공인중개사, 공인노무사, 일반행정사, 주택관리사보 등

진출 직업

감사사무원, 검사, 검찰수사관, 경찰관리자, 교도관, 교도관리자, 노무사, 법무사, 법원공무원, 변리사, 변호사, 비서, 세무사, 손해사정사, 저작권 에이전트, 조세행정사무원, 중·고등학교 교사, 출입국심사관, 판사 등

진출 분야

일반 기업의 총무·노무·인사·채권관리 등 법무 관련 부서, 금융·증권사, 언론사, 경찰청, 검찰청, 국회, 헌법재판소, 법무부, 법원, 특허청, 대한법률구조공단, 한국자산관리공사, 출입국관리사무소, 국제지식재산연수원, 법률연구소, 중·고등학교, 대학교 등

인재상

- A 공익을 우선시하며 공정한 판단력을 지닌 학생
- B 사회문제에 관심이 많고 봉사정신이 있는 학생
- C 법에 대한 관심과 흥미, 외국어능력을 지닌 학생
- D 주어진 상황을 논리적으로 분석할 수 있는 능력이 있는 학생
- E 방대한 양의 법조문을 익힐 수 있는 끈기 있는 학습태도를 갖춘 학생

01

변리사

: 개인이나 기업의 참신한 아이디어나 기술 등이 특허를 취득할 수 있도록 법률적인 도움을 주는 전문가이다.

직업 소개

고객이 특허가 될 만한 아이디어나 기술을 가져오면 특허 등록을 위한 문서작성(또는 소송을 위한 문서작성)을 하고, 초안이 완성되면 고객과 초안을 검토한 후 특허권을 출원·청구한다. 변리사는 특허 침해 분쟁과 관련해 특허심판원 및 특허법원에 대한 심판과 소송을 대리하기도 한다. 해당 기술의 객관적인 가치를 산정하는 특허가치 평가와 이를 토대로 기술 이전 및 라이센스 등에 관한 자문도 변리사의 주요 업무에 속한다.

최근에는 경쟁력 있는 기술을 발굴하여 기업에 제공하거나 기업 간 기술 이전에 관한 자문, 기술가치 평가, 기업의 연구개발 방향에 대한 조언을 하는 등 업무 영역이 확대되고 있다.

적성 및 흥미

문서를 통해 의뢰인의 권리를 보호할 수 있는 논리적인 사고력과 문서작성능력이 요구된다. 법률, 생물, 화학, 첨단과학 기술에 대한 지식과 외국어능력도 필요하다.

특허 관련 절차는 까다롭고 정해진 기일에 따라 업무를 완수해야 하기에 책임감과 성실함이 필요하며 치밀하고 꼼꼼한 성격의 사람에게 유리하다. 새로운 발명 여부와 그 속성을 자신의 기준으로 판단하는 독립성, 이를 바탕으로 타인을 설득하고 방향을 설정하는 지도력도 요구된다.

진취형의 흥미를 지닌 사람들에게 적합하며 관련 법규는 물론이고, 생물, 화학, 전자, 기계 등 특허대상 분야에 대한 전문성이 필요하다. 정치와 법, 사회·문화, 정보 등의 교과에 대한 노력이 필요하고, 평소 관련 현상에 호기심을 가지고 주도적으로 탐구 활동을 하면 도움이 된다.

관련 직업

변호사 # 법무사 # 저작권에이전트

관련 자격

변리사 변호사

진출 방법

변리사가 되기 위해서는 이공계 관련 학과나 법학을 전공하면 유리하다. 또한 학력이나 나이 제한은 없으나 특허청에서 시행하는 변리사 시험에 합격해야 한다. 시험은 산업재산권법, 민법개론, 자연과학개론, 특허법, 상표법, 민사소송법 등의 과목을 1, 2차 필기시험으로 보게 된다. 특허청 소속 공무원으로 일정 기간 이상 특허행정 사무에 종사한 경력이 있는 경우에는 제1차 시험을 면제하고, 제2차 시험의 일부 과목을 면제받을 수 있다. 또한 변호사 시험에 합격한 다음 실무 수습을 마쳐 변리사로 등록하기도 한다.

자격 취득 후에 특허법률사무소나 특허청 등에서 경력을 쌓은 뒤 특허법률사무소나 특허법인을 개업하는 경우가 많다.

변호사

: 개인 간의 다툼에 관련된 민사사건이나 형사사건이 발생할 경우 소송을 제기하거나 재판에서 그들을 변호해주는 활동을 하는 전문가이다.

직업 소개

민사소송사건, 조정사건, 비송사건, 행정소송사건 등에 있어서는 사건 당사자나 관공서의 의뢰·위촉을 받아 소송 의 제기와 취하, 조정, 이의, 화해 등의 업무를 수행한다. 형사소송사건에서는 피고인 또는 피의자 등과의 접견, 관계서류 또는 증거물의 열람 및 등사, 구속취소 또는 보석과 증거보존의 청구, 구속영장실질심사 및 구속적부심의 청구, 법원이 행하는 증인 심문과 감정 등에 참여한다. 전문적인 법률 지식을 통해 의뢰인에게 유리한 변론을 하고, 판결·결정에 불복하는 경우에는 항소·상고 등의 절차를 밟는 등 일반 법률업무를 수행한다.

적성 및 흥미

- 분석능력
- 꼼꼼함
- 신뢰성

사건에 대한 논리적 분석능력을 지녀야 하며, 자신의 생각을 말과 글로 논리정연하게 표현할 수 있는 능력이 있어야 한다. 공정하고 정의롭게 행동하려는 자세와 의뢰인에게 신뢰감을 줄 수 있는 태도가 요구된다. 소송을 수행함에 있어 피의자, 의뢰인, 검사, 판사와의 관계를 잘 처리할 줄 알아야 한다. 신뢰성, 분석적 사고, 꼼꼼함 등의 성격을 가진 사람들에게 유리하다.

진취형과 관습형의 흥미를 지닌 사람들에게 적합하며 정직성, 꼼꼼함, 신뢰성 등이 강한 사람이라면 업무를 하는 데 도움이 된다.

국어, 사회(경제, 정치와 법, 윤리와 사상 등) 등의 교과에 대한 노력이 필요하고, 평소 법과 논술, 토론 등에 관심을 가지고 관련 동아리에서 주도적으로 활동하면 도움이 된다. 다양한 분야의 독서로 배경지식을 기르고 사고력을 키우는 활동을 하도록 노력하도록 한다.

관련 직업

판사 # 검사 # 변리사 # 법무관 # 집행관

관련 직업

변호사

진출 방법

학사 학위를 받은 후 법학전문대학원(로스쿨)에 입학하여 3년(6학기) 동안 교육과 실습을 받아야 한다. 로스쿨은 법학적성시험(LEET) 성적과 일정 수준 이상의 공인영어성적이 있어야 입학할 수 있다.

로스쿨을 졸업한 뒤엔 변호사 자격시험에 합격해야 한다. 시험을 통과해 변호사 자격을 갖춘 뒤에도 처음 6개월간은 실무수습 과정을 거쳐야 정식 변호사로 활동을 할 수 있다. 실무수습 과정은 개인법률사무소나 대형 로펌 등 자신이 원하는 곳에 지원하여 합격한 곳에서 할 수 있다.

실무수습이 끝나면 개인사무소를 개업하거나 법무 법인에 지원을 해 소속 변호사로 활동할 수 있다. 시험 응시자격에 별도의 제한은 없으나 대학에서 법학, 행정학 등을 전공하면 유리하다.

03

판사

: 검사와 변호사가 벌이는 논쟁, 변호사 및 증인의 진술, 사건증거 등 재판에 관련된 자료들을 검토하고 법률에 근거해 판결을 내린다.

직업 소개

재판과 관련하여 공판 기일 진행과 증인의 채택, 증거의 채택방식 및 기타 재판절차를 정하는 일을 한다. 재판이 진행될 때는 변호사와 검사의 논쟁을 경청하고 증인의 진술과 법정에 제출된 증거를 검토하고 추론한다.
민사나 형사에서 소송이 제기되면 법률을 적용하여 원고와 피고 사이의 민사 분쟁을 해결하거나 기소된 형사사건의 범죄 여부를 판단한다. 검사의 요청이 있을 때에는 적합성 여부를 판단하여 체포나 구속 영장을 발부하기도 한다. 판사는 국민의 이권을 지키기 위해 최선을 다해야 하고 법과 양심에 따라 공정하게 법률을 해석하고 판단해야 한다.

적성 및 흥미

주어진 상황을 논리적으로 분석하여 합리적인 결론을 도출할 수 있는 능력을 가지고 있어야 한다. 또한 법률 이론에 대한 해박하고 전문적 지식이 요구된다. 법률지식 외에도 철학, 사회학, 인류학, 역사 등에 대한 기초 지식이 필요하다. 자신의 생각을 논리정연하게 표현할 수 있는 글쓰기 능력과 의사소통능력도 요구된다.
관습형과 탐구형의 흥미를 지닌 사람들에게 적합하며 공정성, 정의로움, 논리력, 자기성찰능력, 대인관계능력이 높은 사람에게 유리하다. 국어, 정치와 법, 역사 등의 교과에 대한 노력이 필요하고, 평소 법과 정치 등과 관련한 현상에 호기심을 가지고 주도적으로 탐구 활동을 하면 도움이 된다.

관련 자격

변호사

관련 직업

검사 # 변호사 # 법무사

진출 방법

법학전문대학원(로스쿨)에 진학하여 3년(6학기) 동안 법과 관련된 교육을 받아야 한다. 법학전문대학원(로스쿨)에 입학하기 위해서는 학사 이상의 학력이 요구되며, 법학적성시험(LEET) 성적과 일정 수준 이상의 공인영어성적이 있어야 한다. 로스쿨 졸업 후에는 변호사 자격시험에 합격하여 일정 기간 동안 변호사로서의 경력을 쌓으면 법원이나 법무부에서 진행하는 판사 자체 선발시험에 응시할 수 있다.
판사가 되기 위해 요구되는 지원 자격을 갖춘 후에는 서류심사, 법률서면작성(필기전형), 중간적격심사, 실무능력평가면접, 인성검사, 인성역량평가면접, 집중심리검사(필요 시), 최종면접 및 심층면접, 최종 적격심사, 대법관 회의 동의를 거쳐 임용이 된다.
글로벌화 및 정보화시대 진전으로 국제거래에 따른 분쟁, 특허 및 지적재산권 관련 민사소송과 컴퓨터범죄, 금융사기, 환경파괴, 위해식품제조 및 유통, 부당노동행위, 가정폭력 등 범죄와 형사소송이 다양하게 발생하고 범죄양상도 복잡해져 전문지식을 지닌 판사의 인력수요는 다소 증가될 것으로 전망된다.

MEMO

01

법학과

공동체 사회의 필수 규범인 '법'에 관한 질서와 현상에 대해 연구하는 학문이다.

사회 각 분야의 갈등을 해결하는 기준을 제시하고, 세계화에 따라 국제적인 사회문제를 해결할 수 있는 세분화된 교육을 제공하는 학과이다. 법학과는 사회 각 분야의 정의와 민주주의를 실현하기 위해 법률에 대한 전문적인 지식과 자질을 갖춘 유능한 법률 전문가를 양성한다. 세계가 한 이웃이 되고 단일 국가의 국내법만으로는 해결할 수 없는 복잡한 법률문제에 대한 분석을 통해 원만한 해결방안을 찾을 수 있는 법학도의 양성을 교육의 목표로 한다.

졸업 후 진출 분야 및 직업

진출 분야

출입국관리사무소, 교도소, 구치소, 보호감호소, 보호관찰소, 소년원, 일반 기업의 법무팀, 언론사, 변호사 사무실, 법무사 사무실, 공인노무사 사무실, 헌법재판소, 법무부, 특허청, 경찰청, 중앙정부 및 지방자치단체 등

진출 직업

감정평가사, 노무사, 법률상담사, 법무사, 변호사, 검사, 판사, 손해사정사, 저작권에이전트, 출입국관리관, 중앙정부 및 지방자치단체의 법무행정직, 검찰사무직, 마약수사직, 보호관찰직, 교정직, 소년보호직 등

개설 대학

가천대학교, 가톨릭대학교, 강릉원주대학교, 경남대학교, 경상국립대학교, 경성대학교, 계명대학교, 공주대학교, 군산대학교, 단국대학교, 대구가톨릭대학교, 대전대학교, 동국대학교, 명지대학교, 목포대학교, 부경대학교, 세명대학교, 순천향대학교, 숭실대학교, 안동대학교, 영산대학교, 전주대학교, 조선대학교, 창원대학교, 한림대학교 등

관련 학과

경찰법학과 / 공공인재법무학과 / 법학부 / 국제법무학과 / 기업융합법학과 / 법경찰학과 / 법무행정학과

고등학교 권장 선택과목 로드맵

교과 영역	선택과목	
	일반선택	진로선택
기초	확률과 통계	심화 국어, 실용 영어
탐구	경제, 사회·문화, 생활과 윤리, 윤리와 사상, 정치와 법	사회문제 탐구, 고전과 윤리
체육·예술		
생활·교양	논리학, 논술, 철학, 한문 I	한문 II

경찰법학과

사회의 본질과 존재가치를 이해하기 위해 법에 관한 전반적이고 체계적인 지식을 습득하고, 법 규정에 의하여 해결해야 할 사회현상을 논리적으로 해결하는 것을 교육하는 학과이다.

국가와 국민에 봉사하며 사회에 공헌할 수 있는 전문적인 능력을 갖춘 경찰 인재를 양성한다. 합리적, 논리적, 창의적인 사고방식을 함양시킴과 동시에 오늘날의 다양하고 전문적인 법률 수요를 충족시키고, 사회공동체의 안녕과 질서 유지 및 정의실현에 이바지할 법률전문가 및 경찰 지도자 양성을 교육의 목표로 한다.

졸업 후 진출 분야 및 직업

진출 분야

출입국관리사무소, 교도소, 구치소, 보호감호소, 보호관찰소, 소년원, 일반 기업의 법무팀, 민간 경비회사, 변호사 사무실, 법무사 사무실, 공인노무사 사무실, 헌법재판소, 법무부, 특허청, 경찰청, 중앙정부 및 지방자치단체 등

진출 직업

법률전문가, 기업의 관리자. 경찰지도자, 경찰직, 행정직(검찰, 법원, 교정, 보호관찰, 소방 등), 노무사, 법무사, 변호사, 검사, 판사, 손해사정사

개설 대학

목원대학교, 배재대학교, 상지대학교 등

관련 학과

공공인재법무학과, 국제법무학과, 기업융합법학과, 법경찰학과, 법학부, 법무행정학과, 법학과, 경영회계학부, 경제회계학부

고등학교 권장 선택과목 로드맵

교과 영역	선택과목	
	일반선택	진로선택
기초	확률과 통계	심화 국어, 실용 영어
탐구	경제, 사회·문화, 생활과 윤리, 윤리와 사상, 정치와 법	사회문제 탐구, 고전과 윤리
체육·예술		
생활·교양	논리학, 논술, 철학, 한문 I	한문 II

3

CHAPTER

사회과학

인간과 사회의 여러 현상을 과학적으로 탐구하는 분야로 모든 경험과학에 바탕을 둔다.
경영·경제와 법률을 제외한 사회학, 정치학, 인간 현상과 관련된 제반 학문이 포함된다.

사회과학에서는 다양한 사회현상을 배우고
사람들의 의견을 조사하고 과학적으로 분석하기 위해 설문조사기법, 통계분석방법 등의
조사방법론을 기본으로 배울 수 있다.
인간과 사회를 과학적으로 탐구하는 분야이기에 합리적인 사고와 논리적인 표현력,
사회변화를 파악하고 대응할 수 있는 분석능력과 적응능력을 기르는 것이 좋다.
사회 제반 현상에 관한 이해나 조사를 위해 수학이나 통계에 소질이 필요하다.

관련 학과

심리학, 사회학, 정치외교학, 국제학, 국제관계학, 아동·가족학, 사회복지학, 소비자·가정자원학, 언론·방송·매체학, 도시·지역·지리학, 행정학, 인류학, 문헌정보학, 군사·국방·안보학 등

관련 자격

청소년지도사, 사회조사분석사, 직업상담사, 전문상담교사, 정책분석평가사, 관세사, 공인노무사, 물류관리사, 유통관리사, 외환관리사, 가정복지사, 가족상담사, 소비자전문상담사, 소비자재무설계사, 사서, 보육교사, 중등학교 교사, 지적기사, 경비지도사 등

진출 직업

감정평가사, 경호원, 광고기획자, 관세사, 국제기구직원, 국제통상전문가, 국회의원 보좌관, 검찰수사관, 경찰관, 기자, 놀이치료사, 디지털미디어콘텐츠종사자, 디지털포렌식수사관, 리포터, 수사관, 무역사무원, 방송 프로듀서, 법조인, 보육/유치원교사, 심리치료사, 심리학자, 사회복지사, 상담전문가, 사회단체활동가, 사회조사원, 사회학연구원, 사서, 소비자전문상담사, 아나운서, 아트디렉터, 외교관, 웹마스터, 임상심리사, 정치평론가, 정치가, 지도제작전문가, 지역연구자, 직업군인, 행정공무원, 헤드헌터 등

진출 분야

병원 등 의료기관, 심리검사기관, 언론사, 출판사, 잡지사, 광고/홍보회사, 리서치회사, 컨설팅회사, 무역/유통회사, 은행, 증권사, 게임회사, IT업체, 항공사, 경비/보안업체, 어린이집/유치원, 국가정보원, 경찰청, 보건복지부, 행정안전부, 외교부, 국가정보원, 청와대, 국회, 정당, UN 및 국제협력기구, 시민단체(NGO), 중앙정부 및 지방자치단체, 사회과학 관련 연구소 등

인재상

- A 창의적인 사고와 인문학적 소양을 겸비한 학생
- B 사회문제에 대한 비판적 사고와 합리적 판단력을 지닌 학생
- C 개방적인 사고와 도전정신으로 무슨 일이든 적극적으로 행하는 학생
- D 탐구적 사고를 지니고 상황 변화에 능동적으로 대처할 수 있는 순발력이 있는 학생
- E 인간에 대한 관심이 많고 사람들의 성격·사고·행동 등에 지적 호기심이 있는 학생

01

감정평가사

: 판매, 구매, 과세나 자산처분을 목적으로 동산(공장, 자동차, 항공기 등), 부동산(토지, 건물, 아파트, 임야 등), 무형 자산 등의 경제적 가치를 평가하여 그 결과를 화폐가치로 산정하는 일을 하는 직업이다.

직업 소개

공시지가의 조사 평가, 국세, 지방세 등의 부과 기준 가격 산정을 위한 감정 평가, 공익사업을 위한 보상 평가, 금융 기관 등의 담보 평가, 법원 경매 물건 평가 등을 담당한다. 또한 감정 평가 의뢰서를 작성하고 대상물의 감정 목적을 감안하여 감정 계획을 세우기도 한다. 대상물의 가격에 미치는 모든 요인을 확인하여 대상 물건의 부동산 가격을 조사하고, 해당 물건의 용도, 입지 조건, 주변 시설 등 지역 특성을 살핀다. 모든 요인을 종합하여 최적의 감정 방법을 선정, 가격을 환산한 후 감정서를 작성한다. 유무형의 재산에 대한 경제적 가치를 판정하여 그 결과를 가액으로 표시한다.

감정평가 업무에도 최근 IT기술을 기반으로 한 시스템이 도입되고 있어 이는 감정평가사의 고용에 감소를 가져오는 요인이 될 수도 있을 것으로 보인다.

적성 및 흥미

수치와 통계를 계산하고 적용할 수 있는 수리능력, 공간지각력, 판단 및 의사결정능력을 갖추어야 한다. 꼼꼼하고 세밀한 성격을 가진 사람이 유리하며, 이해관계에 따라 감정평가의 결과가 좌우되지 않도록 공정성과 신뢰성, 책임감 등과 같은 엄격한 직업의식이 요구된다.

현실형과 탐구형의 흥미를 가진 사람에게 적합하며, 정직, 신뢰, 독립성 등의 성격을 가진 사람들에게 유리하다.

국어, 수학, 사회 교과의 노력이 필요하고, 관련 현상에 대한 호기심을 가지고 적극적으로 탐구활동에 참여하면 도움이 된다.

관련 자격

감정평가사

관련 직업

문서감정사 # 문화재감정사
미술품감정사 # 보석감정사
위폐감정사 # 음식료품감정사

진출 방법

감정평가사가 되기 위해서는 국토교통부에서 주관하고 한국산업인력공단에서 시행하는 감정평가사 자격증을 취득해야 한다. 감정평가사 시험에 학력, 나이, 전공 등의 특별한 자격 제한은 없다. 다만, 대학에서 법학, 경제, 부동산학, 도시학 등을 전공하면 유리하다. 자격증을 취득한 후에는 주로 한국감정원, 감정평가법인, 합동사무소, 개인사무소, 한국토지주택공사, 보험회사 등에 진출한다.

감정평가사무소를 개설할 경우에는 자격증 취득 후, 교육훈련과정 6개월과 실무훈련과정 6개월로 이루어진 1년간의 실무수습을 받아야 한다. 문화재감정사의 경우에는 고고학이나 미술사학 관련 학과 졸업 후 일정 기간의 경력이 요구된다.

경찰공무원

: 국민의 생명과 신체 및 재산의 보호, 범죄의 예방·진압 등을 위한 업무를 수행한다.

직업 소개

각종 안내 및 주민 신고접수, 고소 및 고발 등의 민원상담을 하며, 교통시설물의 관리와 배치, 교통정리 등을 하기도 하며, 국가의 주요 시설물, 재외 공관 등 보안시설을 관리한다. 범죄예방 활동을 위한 순찰, 기초질서 위반자의 단속, 범죄 유발환경인 주점, 숙박시설 등 풍속 영업소의 단속업무를 수행하며, 조직폭력배, 컴퓨터 범죄자, 마약사범, 환경사범 등 각종 범죄의 예방 및 검거를 담당하는 업무를 하기도 한다. 또한 기소한 범법자에 대한 재판이 있을 경우에는 증인의 자격으로 법원에 출두하기도 한다. 특수경찰관의 경우에는 테러 및 폭력 시위 진압, 해양경비, 각종 사이버범죄 단속, 마약사범 검거, 밀수범죄 단속, 환경사범 단속, 외국인범죄 단속, 불법체류·불법취업 등 출입국사범 단속, 경제 및 환경사범 단속 등의 업무를 수행한다.
경찰관은 근무시간이 길고 불규칙하여 다른 직업에 비해 정신적·육체적 스트레스가 매우 심한 직업이기에 소명의식과 봉사의식이 더욱 필요한 직업이라고 할 수 있다.

적성 및 흥미

- 추리·판단력
- 순발력
- 사명감

경찰관은 범죄수사업무에 있어 추리력과 판단력이 필요하며, 강인한 체력과 순발력이 있어야 한다. 민원인 등을 대할 때는 융통성과 인내심, 자기통제력 등이 있어야 하며, 국가와 국민을 위해 일한다는 봉사의식과 사명감을 갖추고 있어야 한다. 정직성과 시민과의 원활한 관계를 위해 사회성도 요구된다.
사회형과 진취형의 흥미를 가진 사람에게 적합하며, 남에 대한 배려, 리더십, 분석적 사고 등의 성격을 가진 사람들에게 유리하다. 평소 국어, 수학, 사회 등의 교과에 대한 노력이 필요하며 법, 정치, 경찰 관련 다양한 활동에 호기심을 가지고 탐구활동을 하면 도움이 된다.

관련 직업

형사 # 사이버경찰관
범죄과학수사관(CSI)

관련 자격

자동차운전면허 제1종

진출 방법

4년제 경찰행정학과를 졸업하고 순경 공개채용에 합격하면 일정 교육 이수 후 순경으로 일할 수 있다. 반드시 대학을 나올 필요는 없지만 경찰행정학과 등을 졸업한 후 경찰시험을 준비하면 좀 더 유리할 수 있다. 경찰 간부로 일하기 위해서는 경찰간부후보생시험에 합격하여 경찰간부후보생이 되거나 경찰대학에 입학해야 한다. 경찰대 학생은 4년간 경찰대학에서 법·행정학사 학위 과정을 수료하고, 학위과정 내에 사이버 범죄수사, 테러리즘 등 경찰학 심화과정을 이수하며 전문적인 경찰 실무 능력을 배양한다. 학교전담경찰관 경력채용의 경우 아동·청소년·교육·상담·심리 분야 전공 학사 이상인 자, 과학수사 경력채용는 과학수사 관련분야 학사 학위 이상인 자, 외국어 전문요원은 해당 언어 전공으로 2년제 이상 대학졸업자 또는 해당 언어를 공식어로 사용하는 국가에서 2년 이상 체류한 자를 대상으로 한다.

03

국제통상전문가

: 상품의 국제거래가 이루어질 수 있도록 그와 관련된 업무를 처리한다.

직업 소개

대부분 기업에 소속되어 무역 계약, 결제 및 관련 법규 등에 대한 지식과 외국어능력, 무역실무 능력을 바탕으로 국제무역 관련 업무를 수행한다. 국제통상전문가는 무역 절차의 흐름을 파악하여 거래에 필요한 자료나 정보를 정리하고 계약상 필요한 서류 등을 작성하며, 거래에 필요한 데이터나 정보를 해외영업원의 지시에 따라 정리한다. 수출의 경우에는 수출처인 기업 등에 관한 계약서를 작성하는데, 해외영업원의 지시에 따라 계약 내용을 계약서의 형식이나 법규에 따라 문서로 작성한다. 수입의 경우에는 절차는 수출과 유사하나 수입대금의 결제, 화물의 통관 등의 모든 절차에서 해외영업원을 지원한다. 일반 기업에 종사하기도 하지만 정부에 소속되어 통상정책 및 통상 관련 업무를 수행하기도 한다.

적성 및 흥미

문서를 통해 의뢰인의 권리를 보호할 수 있는 논리적인 사고력과 문서작성능력이 요구된다. 법률, 생물, 화학, 첨단과학 기술에 대한 지식과 외국어능력도 필요하다. 특허 관련 절차는 까다롭고 정해진 기일에 따라 업무를 완수해야 하기에 책임감과 성실함이 필요하며 치밀하고 꼼꼼한 성격의 사람에게 유리하다. 새로운 발명 여부와 그 속성을 자신의 기준으로 판단하는 독립성, 이를 바탕으로 타인을 설득하고 방향을 설정하는 지도력도 요구된다.

진취형의 흥미를 지닌 사람들에게 적합하며 관련 법규는 물론이고, 생물, 화학, 전자, 기계 등 특허대상 분야에 대한 전문성이 필요하다.

정치와 법, 사회·문화, 정보 등의 교과에 대한 노력이 필요하고, 평소 관련 현상에 호기심을 가지고 주도적으로 탐구 활동을 하면 도움이 된다.

관련 직업

입법공무원 # 국제무역가 # 자재관리사무원

관련 자격

컴퓨터활용능력 외국어능력 무역사무프로세스

진출 방법

보통 소규모업체나 중소기업체에서는 전문대학교 졸업 이상의 학력을 요구하며, 대기업은 관련 분야의 대졸 이상의 학력을 요구하는 경우가 많다. 담당 업무에 따라 교육 수준과 필요한 지식이 다르기는 하나, 무역, 유통, 경영, 경제, 법, 회계, 행정 관련 학과를 전공하면 취업에 유리하다. 국제통상전문가가 되기 위한 특별한 자격증은 없지만, 인터넷활용능력과 컴퓨터를 활용한 문서작성능력이 필수적이며 외국어능력을 보유하면 유리하다. 또한 무역사무 프로세스, L/C업무 등 실무에 필요한 지식을 쌓아두는 것도 중요하다.

경제활동의 세계화로 통상관련 전문 인력에 대한 수요는 크게 증가하고 있으며, 또한 최근의 급격한 IT기술 진보를 바탕으로 한 전자상거래와 인터넷 무역 등의 증대로 국제통상전문가의 범위도 크게 확대되고 있다.

기자

: 우리 주변에서 일어나는 각종 사고·사건, 정치·경제 소식, 생활 정보 등을 신문, 잡지, 라디오, TV, 인터넷 등을 통해 일반인에게 신속하게 알려주는 일을 하는 직업이다.

직업 소개

활동하는 매체에 따라 방송기자, 신문기자, 잡지기자 등으로 분류되고, 담당 업무에 따라 취재기자, 편집기자, 사진기자 등으로 구분되며, 취재 분야에 따라 스포츠, 연예, 의학 전문기자로 나누기도 한다. 기자는 국민의 관심을 불러일으킬 수 있는 사건 및 사고 현장을 찾아 관련된 사항을 취재한다. 수집한 정보를 토대로 주요 내용을 분석·정리하여 편집 형태와 기준에 따라 기사나 사건에 관한 보고서를 작성한다. 이때 핵심 내용을 파악하여 제목과 소제목을 뽑고 원고를 교정하며 전반적인 편집 방향을 결정하기도 한다. 기자는 근무시간이 길고 불규칙하여 정신적 스트레스가 심한 직업으로, 사회에 대한 기여도와 직업에 대한 소명의식이 요구된다.

적성 및 흥미

- 객관적 분석
- 언어능력
- 공정성

독자가 이해하기 쉽고, 편견 없는 기사를 쓸 수 있는 글쓰기 능력과 사회현상을 정확히 이해하고 객관적으로 분석할 수 있는 능력이 있어야 한다. 불규칙한 생활을 위해 체력이 뒷받침되어야 하며 적극적인 사고방식과 정의감, 공정성 등이 요구되며, 다양한 계층의 사람들과 효과적으로 의사 교환을 할 수 있어야 한다.

진취형, 탐구형의 흥미 유형을 지닌 사람에게 적합하며, 언어능력과 수리논리력이 우수한 사람에게 유리하다.

국어, 수학, 영어, 사회 교과의 노력이 필요하고, 신문반, 방송반, 토론반 등의 동아리에서 다양한 문제를 취재하고 이를 말이나 글로 표현하는 활동에 참여하면 도움이 된다.

관련 직업

잡지사기자 # 방송기자
신문기자 # 편집기자

진출 방법

일반적으로 각 신문·방송·잡지사 등 언론사에서 실시하는 시험에 합격해야 한다. 각 언론사에서 실시하는 시험은 흔히 '언론고시'라 불릴 정도로 어렵다고 알려져 있으며, 기자의 경우 대규모로 채용하는 경우가 많지 않으므로 경쟁률도 치열한 편이다. 보통 1차 서류심사, 2차 필기시험, 3차 면접으로 이루어지나, 정해진 채용방식이 없으므로 각 언론사의 채용 전형을 확인해야 한다. 방송기자의 경우에는 별도의 카메라테스트를 통해 순발력과 언어구사력을 시험한다. 방송사나 신문사의 경우 대졸 이상, 잡지사의 경우 전문대졸 이상으로 학력을 제한하는 경우가 많다.

특별히 제한하는 전공 분야는 없으며, 맡은 분야에 따라 다양한 전공자가 있다. 신문기자 및 방송기자의 경우 대학교의 신문방송학과, 사회학과, 정치외교학과 등의 인문·사회계열 전공자가 많은 편이다.

05

디지털포렌식수사관

: 단서가 되는 디지털 자료를 확보·복구하며, 이를 분석해 법적 증거자료로 만드는 일을 한다.

직업 소개

기업이나 개인의 컴퓨터 메모리, 하드디스크드라이브, USB 메모리, 서버 등 저장 매체에서 범죄의 단서가 될 만한 데이터를 획득하여 증거를 수집하고, 수사에 필요한 정보를 끌어낸다. 이때 삭제된 파일을 복구하거나 암호화된 파일을 해독하는 등 과학적인 분석기술이 활용된다. 복구한 데이터가 피의자의 것이라는 것을 입증해야 하며, 디지털 자료를 확보한 이후에는 디지털포렌식수사관의 철저한 분석을 통해 자료가 법적 증거로써 효력이 있는지, 범죄자의 혐의를 입증할 수 있는지를 파악해야 한다. 또한, 자료가 증거로써의 생명력을 잃지 않도록 유지하고, 보관·인계하는 전 과정을 살피는 업무를 수행한다.

적성 및 흥미

디지털포렌식은 법학과 인문학, 컴퓨터공학 등의 융합으로 탄생한 분야이므로 다양한 지식과 능력이 골고루 요구된다. 디지털포렌식수사관은 컴퓨터시스템, 하드웨어, 운영체제, 정보보안 등 IT 전반에 대한 풍부한 지식이 필요하다. 이에 더해 논리력과 스피치 능력 등 법정에서 발휘할 수 있는 변론능력을 갖춰야 한다. 또한 디지털 자료의 확보, 복구, 해석 과정과 결과를 보고서로 작성해서 법정에 제출해야 하기 때문에 이를 뒷받침할 만한 논리적인 글쓰기 능력과 법적 소양도 필요하다.

탐구형과 진취형의 흥미를 지닌 사람에게 적합하며, 집중력과 끈기, 추리력, 호기심, 연구자 성향을 가진 사람에게 유리하다.

국어, 수학, 영어, 정보 교과의 노력이 필요하고, 다양한 사회문제를 탐구하기 위한 다양한 프로젝트 활동이나 컴퓨터반, 프로그래밍반, 코딩반 등에서 컴퓨터 활용능력을 키우면 도움이 된다.

관련 직업

사이버수사요원 # 범죄과학수사 # 경찰관 # 프로파일러 # 검찰수사관

관련 자격

디지털포렌식전문가 / 사이버포렌식조사전문가 / EnCE 디지털포렌식 수사자격

진출 방법

디지털포렌식은 법학, 인문학, 컴퓨터공학 등의 융합으로 탄생한 분야로, 현대사회의 범죄수사에 시너지 효과를 내고 있다. 관련 학과로는 정보보호 관련 학과가 있지만 아직까지는 디지털포렌식을 전문으로 배우기에는 부족하다. 따라서 이 분야에서 일하려면 기본적으로 데이터 검색·복구·분석기술 등을 갖춰야 한다. 이를 위해 컴퓨터시스템, 하드웨어, 운영체제, 정보보안 등 IT 전반에 대한 풍부한 지식이 뒷받침되어야 한다.

현재 우리나라의 디지털포렌식수사관은 대부분 검찰청, 관세청 등 국가 수사기관에서 종사하고 있다. 공채시험을 치르고 수사관으로서의 경험을 쌓아 디지털포렌식 분야로 들어서야 하는 만큼 검찰직 공무원 공채시험에 합격하는 것이 가장 빠른 길이다

리포터

: 텔레비전 및 라디오 프로그램의 일부 코너에서 특정 정보를 제공하기 위해 취재하고 보도한다.

직업 소개

해당 프로그램 제작팀과의 회의나 자신의 제안을 통해 국민의 관심사가 될 수 있는 주제를 선정한 후, 관련된 정보를 수집하고 취재대상을 섭외한다. 주요 질문내용을 정리하고 취재대상을 만나 취재하고, 취재내용을 녹화하거나 생방송으로 보도한다. 또한 취재 원고를 작성하거나 편집하기도 한다. 사회, 문화, 정치, 경제, 교통, 스포츠 등의 특정한 분야를 전문적으로 담당하기도 한다.

적성 및 흥미

- 언어능력
- 상황대처능력
- 책임감

표준어와 바른 우리말을 구사할 수 있는 능력이 요구되며, 방송에 출연하기 때문에 시청자에게 호감과 신뢰감을 줄 수 있는 외모를 가꾸어야 한다. 사건취재나 방송 출연 시 발생할 수 있는 돌발 상황에 대한 대처능력이 요구되며, 깊이 있는 내용의 전달을 위해 사회, 문화 등 다방면에 대한 지식과 관심을 가지고 있어야 한다.

예술형과 탐구형의 흥미를 가진 사람에게 적합하며, 사회성, 책임감, 인내심 등의 성격을 가진 사람들에게 유리하다.

우리말 연구, 신문, 다문화, 외국어, 언어학 연구 등의 교내 동아리에서 다양한 주제로 탐구하여 조사·발표하는 등 적극적인 활동을 하며 의미 있는 역할을 드러낼 필요가 있다. 학급 활동, 멘토-멘티 활동, 나눔 활동, 도우미 활동, 각종 캠페인 활동 등과 같은 학교교육계획에 의해 진행되는 자율활동, 봉사활동에 적극적으로 참여하여 나눔과 배려, 의사소통능력, 비판적 사고력, 통합적 사고력, 발전가능성, 인성, 협업능력 등을 보여주는 것이 중요하다. 또한 역사학, 철학, 문학, 정치, 경제, 문화 등 폭넓은 분야의 독서를 통해 기본적인 소양을 키우도록 노력해야 한다.

관련 직업

통신원 # 방송연출가 # 기상캐스터 # 해설위원 # 아나운서

진출 방법

리포터가 되기 위해서는 전문대학 졸업 이상의 학력이 요구된다. 대학에서 국어국문학과, 신문방송학과, 언론정보학과 등을 전공하면 유리하다.

방송국 부설 기관이나 사설 교육기관에서 리포터가 되기 위한 교육과 훈련을 받을 수 있다. 관련 교육기관에서는 표준어 구사, 발성 등 방송내용 전달에 필요한 교육과정을 통해 기본적인 능력을 갖출 수 있도록 교육한다. 리포터의 경우 공개채용 전형을 거치기도 하지만 방송아카데미나 사설 학원 등의 추천을 통해 입직하는 경우도 많다.

07

방송프로듀서

: 방송 현장의 리더이다. 제작하는 프로그램의 종류에 따라 교양 프로그램, 뉴스, 드라마, 라디오프로그램, 스포츠프로그램, 시사다큐프로그램등을 전문으로 한다.

직업 소개

라디오 혹은 텔레비전의 보도, 교양, 오락(예능, 드라마, 스포츠) 등의 프로그램 기획부터 촬영, 편집 등 제작 과정과 섭외, 예산 등에 이르기까지 방송 제작 전반을 총괄한다. 프로그램의 완성된 대본을 평가하고 배역을 정하며, 무대 배경, 음악, 카메라 작업, 시간 배정 등을 제작진과 토의해서 결정한다. 제작진, 연기자들을 섭외하여 완성된 대본에 맞추어 스케줄을 짜고 제작에 참여하는 모든 사람들의 활동을 조정하여 촬영을 기획한다. 또한 주어진 예산 안에서 제작에 드는 예산과 지출을 조정, 검토해야 한다. 프로그램이 완성된 후에는 제작 분석 평가 및 시청자 반응도 검토한다. 이처럼 방송프로듀서는 프로그램의 모든 부분을 총괄하며 이끌어가는 직업이다.

관련 직업

영화감독 # 연극연출가 # 광고제작감독 # 웹방송전문가 # 음반기획자 # 애니메이션기획자 # 미디어콘텐츠제작자

적성 및 흥미

방송프로듀서는 항상 새로운 내용을 새로운 형식에 담아야 하는 직업이다. 그렇게 때문에 독창적인 아이디어가 요구된다. 또한 다양한 정보를 폭넓게 수용하는 태도와 진취적이고 적극적인 태도가 필요하다. 방송은 혼자 만드는 작업이 아니기 때문에 협업능력, 대인관계능력이 필요하며, 하나의 작업을 완성하기까지 필요한 모든 작업과 인력을 관리해야 하므로 리더십과 추진력, 책임감이 있어야 한다.

진취형과 예술형의 흥미를 지닌 사람에게 적합하며, 창의력, 의사소통능력, 기획력 등이 요구된다.

방송프로듀서에 관심이 있다면 시사, 사회, 문화, 예술 등 다양한 방면에 관심과 흥미가 있어야 한다. 교내의 방송반, 신문반, 시사토론반, 영상제작반 등의 동아리활동을 통해 새로운 작품을 창조할 수 있는 상상력과 창의력을 키우면 도움이 된다.

진출 방법

대학의 관련 학과나 사설학원 등에서 방송, 영화, 연극 제작 등에 관한 전문적인 교육을 받는 것이 유리하다.

일반적으로 각 방송사에서 공개채용을 하는데, 지상파 방송사의 경우 4년제 대학 졸업 이상, 독립프로덕션 등에서도 전문대 졸업 이상을 요구하고 있으나 점차 학력 제한을 폐지하는 추세이다. 방송프로듀서는 대학에서의 동아리활동, 방송아카데미 등에서 프로그램 제작에 대한 교육을 미리 받으면 도움이 된다. 방송사에 따라 채용 과정에 차이가 있지만 대개 '서류전형-필기시험(시사교양, 논술)-실무능력평가-면접' 등의 단계를 거친다. 방송PD의 경우 경력을 쌓은 후 자신의 실력을 인정받으면 독립프로덕션을 차려서 방송사와 계약을 맺고 프로그램을 제작하기도 한다.

관련 자격

TOEIC 공인영어성적

사서

: 각 기관의 도서관과 자료실에서 도서 및 자료를 배치 및 보관하며 이용자가 자료를 편리하게 열람하고 대출할 수 있도록 지원하는 업무를 담당한다.

직업 소개

이용자가 열람 및 대출하고자 하는 자료를 요청할 경우에 검색을 통하여 자료를 신속하게 찾을 수 있도록 도와주며, 대출을 희망할 경우에는 절차에 따라 대출을 해준다. 자료의 내용이나 주제에 따라 도서자료를 분류하고, 규정된 분류체계에 따라서 분류연호와 표제를 결정한 후 목록카드를 작성한다. 또한 서적, 잡지 등의 인쇄자료 이외에도 CD, 마이크로필름, 레코드 등도 소장하고 있으므로 이용자가 쉽게 정보를 검색할 수 있도록 도움을 준다.

적성 및 흥미

- 의사소통능력
- 서비스정신
- 긍정적성격

한문, 영어, 제2외국어 및 컴퓨터 활용 능력이 필요하며 이용자에게 자료를 신속하고 정확하게 제공할 수 있는 의사소통능력이 요구된다. 다양한 사람들을 대면해야 하기 때문에 활발하고 밝고 긍정적인 성격을 가진 사람에게 유리하며 특히 서비스 정신이 필요하다.

관습형과 사회형의 흥미를 가진 사람에게 적합하며, 남에 대한 배려, 사회성, 스트레스 인내, 적응성 등의 성격을 가진 사람들에게 유리하다.

도서 연구, 문화 탐구, 역사 탐구, 사회문제 연구, 신문, 학교소식지 등의 교내 동아리활동을 통해 자신의 진로와 연계하여 심화, 확장된 탐구주제를 조사, 발표하는 등 주도적이고 적극적인 태도를 드러낼 필요가 있다. 또한 학교교육계획에 의해 진행되는 진로와 관련 있는 학급활동, 봉사활동, 자율활동에 적극 참여하여 발전가능성, 인성, 나눔과 배려, 협업능력, 공동체 의식 등을 보이는 것이 중요하다. 또한 도서관학, 문헌정보학, 역사학, 문화인류학, 미술학, 문학, 철학 등 다양한 분야의 독서와 신문기사 읽기 등을 통해 기본적인 소양을 기르도록 한다.

관련 직업

기록물관리사

관련 자격

준사서 정사서

진출 방법

전문대학 및 대학교에서 문헌정보학과나 도서관학과 등을 졸업하는 것이 유리하다.

전문대학의 문헌정보 관련 학과를 졸업하면 준사서 자격을, 4년제 대학교의 문헌정보 관련 학과를 졸업하면 2급 정사서 자격을 취득할 수 있다. 또 사서교육원을 통해 1년의 교육과정을 이수하면 준사서 자격을 취득할 수 있다. 국 공립도서관, 대학도서관, 전문도서관 및 학교도서관 등으로 진출할 수 있다.

09

사회복지사

: 경제적, 심리적, 환경적 문제가 있을 것으로 예상되는 사람들에게 도움을 주는 일을 한다.

직업 소개

사람들이 지닌 문제를 파악한 후 행정적, 재정적, 심리적, 사회적으로 지원해야 할 점을 파악하고 우선순위를 정한다. 심리 안정, 교육 및 훈련, 정서 순화, 대인관계 기술 습득, 건강 유지 등 다양한 프로그램을 개발·기획하고 실시한다. 후원자나 자원봉사자를 모집하고 사회복지대상자에 대한 사회적 편견을 제거하기 위한 활동을 한다. 프로그램이나 기관에 대해 지역사회 사업장을 중심으로 홍보하며, 프로그램 및 각종 사회복지 활동 이후 그 결과에 대해 평가하고 개선책을 모색한다. 직업재활이나 취업을 위해 사업장을 개발하고 고용지원을 하기도 하며, 사회복지 대상자 가족을 대상으로 스트레스 감소, 환자 이해, 가정 내 지원 등에 대해 상담하고 프로그램을 운영한다. 수행 업무에 대한 보고서를 작성하고 관련 행정업무를 수행한다.

적성 및 흥미

소명의식과 봉사정신, 직업인으로서의 사명감이 필요하다. 사람들을 직접 만나서 하는 일이 많으므로 사람에 대한 공감능력, 이해심, 융통성, 대인관계능력도 필요하다. 도움이 필요한 대상자들에게 제공할 복지 프로그램을 기획할 수 있어야 하며, 복지 대상자를 합리적 기준으로 마련해야 하므로 냉철한 판단력도 요구된다.

사회형과 탐구형의 흥미를 가진 사람에게 적합하며, 남에 대한 배려, 사회성, 정직성 등의 성격을 지닌 사람들에게 유리하다. 사회복지사에 관심이 있다면 교내외의 다양한 봉사활동을 통해 자신의 적성과의 일치도를 미리 살펴보는 것이 좋다. 학교의 도움반 친구들이나 다문화가정 친구들의 도우미 활동이나 근처의 고아원, 요양시설, 장애인시설 등에서 경험을 쌓으면 도움이 된다.

관련 자격

사회복지사 | 직업상담사 | 정신보건사회복지사

관련 직업

아동사회복지사 # 장애인사회복지사
노인사회복지사 # 여성사회복지사
교회사회복지사 # 학교사회복지사
정신건강사회복지사 # 의료사회복지사

진출 방법

대학에서 사회복지학을 전공하거나, 학점은행제, 평생교육원 등에서 필요한 수업을 이수하여 자격을 취득하여야 한다.

일정 수업을 이수(14과목)하고 현장실습(120시간) 요건이 충족되면 사회복지사 2급 자격을 취득할 수 있으며, 사회복지학 학사 학위 취득자, 대학원에서 사회복지학 또는 사회사업학을 전공한 석사 또는 박사 학위 취득자가 별도의 시험을 통해 사회복지사 1급 자격을 취득하게 된다. 사회복지사 2급 자격 취득자가 많아지면서 기관에 따라 채용 시 1급 소지자를 요구하는 등 급수별 차별화가 있을 수 있으며, 장기적으로 사회 복지 현장에서 일하며 관리자급으로 승진 및 경력을 쌓고자 한다면 사회복지사 1급 자격증을 취득하여 경쟁력을 갖출 필요가 있다.

사회학연구원

: 해당 분야에 따라 하는 일에는 차이가 있지만 기본적으로 사회과학에 대한 개념, 이론, 운영기법을 개발하고 각종 현안을 조사, 분석하는 전문가이다.

직업 소개

인간 집단의 행동, 발달, 구조 및 사회 집단생활에서 발생하는 사회조직 및 상호작용 등을 살펴보고 사회적 문제들에 대한 해결방법 및 정책적 대안 등을 탐색한다. 사회변동, 가족과 결혼, 인구문제, 지역사회, 사회정책 등 사회적 현상에 포함된 과학적 자료를 수집·분석하고 인간의 기원, 진화, 종족분포, 문화 등에 관해 연구한다. 또한 선사시대의 자료를 수집, 분석하고 오늘날 현존하는 인종 집단과 비교하여 시대, 기원, 발전 정도에 따라 분류하는 일을 하기도 한다. 이를 종합하여 학술논문과 보고서를 작성하며, 사회의 제반 문제에 대한 정책적 대안을 모색하고 제시한다.

적성 및 흥미

- 분석적 사고
- 꼼꼼함
- 독립성

사회 전반에서 이루어지는 여러 사회적 문제에 관심을 가지고 있어야 하며 복잡한 사회현상을 논리적으로 분석할 수 있는 능력이 요구된다. 사회학에 대한 관련 지식 외에도 문화, 역사 등 다양한 분야의 지식을 갖추어야 하며 연구·분석 결과를 보고서로 작성할 수 있는 논리적이고 분석적인 글쓰기 능력이 요구된다.
탐구형과 관습형의 흥미를 가진 사람에게 적합하며, 분석적 사고, 꼼꼼함, 독립성 등의 성격을 가진 사람들에게 유리하다.
평소 국어, 사회 등의 교과에 흥미를 가지고 탐구활동을 하면 도움이 된다. 또한 폭넓은 분야의 독서를 통해 기본적인 소양을 갖추도록 해야 한다. 학교교육계획에 의해 진행되는 동아리활동, 자율활동에 적극 참여하여 발전가능성, 인성, 나눔과 배려, 의사소통능력, 비판적 사고력 등을 드러내는 것이 중요하다.

관련 직업

사회학자 # 역사학연구원
언어학연구원 # 경제학연구원

진출 방법

경제학, 사회학, 사회복지학, 정치학, 행정학, 언론학, 심리학 등의 학과에 진학하여 석사 학위 이상의 학력이 있어야 한다. 관련 학과에 진학하면 해당 학문 분야에 대한 개념과 이론 등을 배우고 연구 수행을 위해 필요한 각종 연구 방법 등을 배울 수 있다.
석·박사 학위과정에 진학하면 세부적인 자신의 전공 분야를 선택하게 되는데 향후 이와 관련된 분야에서 연구를 수행하게 된다. 특히 사회학연구원이 되기 위해서는 연구 프로젝트에 참여하거나 연구보조원(RA)으로 근무해 다양한 연구 경력을 쌓는 것이 필요하다.

11

소비자전문상담사

: 소비자가 제기하는 다양하고 복잡한 문제들을 상담으로 원만히 해결하는 전문인이다.

직업 소개

기업, 소비자 단체, 행정기관 등의 소비자 관련 부서에서 주로 전화 또는 대면으로 물품과 용역, 서비스 등에 관한 소비자들의 불만 사항을 접수하고 피해 사례를 상담하며, 모니터링하는 업무를 수행한다. 또한 합리적인 소비 생활을 유도할 수 있도록 소비자 대상 교육 프로그램을 기획하여 실시하고, 소비자 조사 등 소비자의 복지 향상을 위한 업무를 담당한다. 소비자와 기업, 행정기관, 소비자 단체 간의 업무를 연결 및 조정하고 전략을 수립하는 일을 하기도 한다. 최근 소비자 보호를 위한 기업 부문의 자율적인 기능이나 활동이 더욱 강조되고 있는 추세이므로 전망이 밝은 편이다.

적성 및 흥미

다양한 사회적 문제에 대한 인식이 필요하며 특히 기업과 소비자의 관계에 관심이 많아야 한다. 소비자들의 문제 상황에 적절하게 대응하고 처리해야 하므로 사람들과의 의사소통능력과 문제해결능력이 요구된다. 또한 소비자 대상 프로그램을 만들 수 있는 기획력, 단체 간의 업무를 연결하고 조정할 수 있는 조정력도 필요하다.

사회형과 탐구형의 흥미를 가진 사람에게 적합하며, 공감능력, 상담능력, 의사소통능력 등이 우수한 사람에게 유리하다.

평소 국어, 사회, 경제 등의 교과에 흥미를 가지고 소비자, 사회·문화, 경제 등과 관련된 탐구활동을 자기주도적으로 하면 도움이 된다. 언어학, 철학, 사회학, 문화인류학, 역사학, 정치학, 문학 등 다양한 분야의 독서를 통해 관련 분야에 대한 기본적인 소양을 갖추기 위해 노력하도록 한다.

관련 직업

사회조사분석사 # 상담전문가

관련 자격

소비자전문상담사1급, 2급

진출 방법

산업인력공단에서 시행하는 소비자전문상담사 시험에 합격하여 자격을 취득해야 한다. 자격 등급은 1급과 2급, 2단계로 구분되며, 급수에 따라 응시자격이 다르다. 응시자는 필기시험과 실기시험을 통과해야 한다. 2급의 경우에는 누구나 응시할 수 있으나, 1급의 경우에는 대학교 졸업 후 실무경력 3년 이상이 되거나, 2급 자격 취득 후 실무경력 2년 이상인 자, 외국에서 동일한 종목에 해당하는 자격을 취득한 자에게만 응시자격이 주어진다.

주로 기업의 소비자상담 일반 문의 및 구매 관련 상담 부서, 고객상담센터, 고객만족실, 콜센터 등에 취업하거나 소비자단체, 정부기관(한국소비자원, 공정거래위원회 등)으로 진출할 수 있다.

심리학자

: 인간의 행동과 정신적 과정을 과학적이고 체계적인 방법을 통해 연구하며, 연구 결과를 통해 의학이나 교육, 산업 현장에서 응용할 수 있는 심리학적 지식과 정보 등을 제공한다.

관련 직업

교육심리학자 # 발달심리학자
사회심리학자 # 산업심리학자
상담심리학자

직업 소개

인간과 동물에 관한 실험과 관찰을 계획하고 수행하며, 정신 및 육체적 특징을 측정한다. 형질유전의 결과, 환경 및 개인의 사상과 행동에 관한 기타 요소를 분석한다. 지능·능력·적성·인성 및 기타 인간의 행동을 측정하는 검사를 개발하고 시행하며, 그 검사에서 얻은 검사자료를 해석하여 적당하다고 인정되는 의견을 권유한다. 의학, 교육, 산업 현장에서 나타날 수 있는 다양한 인간의 심리학적 문제를 연구하고 해결방안에 대한 심리학적 지식과 정보를 제공한다.

적성 및 흥미

- 논리적 사고
- 분석능력
- 심리지식

인간에 대한 기본적인 관심과 애정이 있어야 한다. 또한 인간의 복잡한 행동과 정신 과정을 과학적 방법을 통해 체계적으로 분석하고 설명해야 하는 직업이기 때문에 논리적으로 사고할 수 있는 능력이 필요하다. 인간의 심리에 대한 지식도 요구되며, 인간 행동을 객관적으로 관찰한 후 이를 분석하고 연구할 수 있는 능력이 요구된다. 또한 논리적이고 분석적인 글쓰기 능력도 필요하다. 왜냐하면 연구 분석 결과를 보고서로 작성해야 하기 때문이다.
심리학은 인문과학에 속하면서도 공학과 생물학, 통계학 등 자연과학적인 지식과 적성이 요구된다. 탐구형과 사회형의 흥미를 가진 사람에게 적합하다. 평소 수학, 과학, 영어 등의 교과에 흥미를 가지고 탐구활동을 하면 도움이 된다.

진출 방법

심리학자가 되기 위해서는 대학 이상의 학력을 필요로 한다. 일반적으로 4년제 대학교의 심리학과를 졸업한 후 대학원에 진학하여 심리학 관련 분야의 석사 또는 박사 학위를 취득하는 것이 유리하다. 졸업 후에는 공개채용이나 특별채용을 통해 공공기관이나 기업체, 대학부설연구소나 정부출연 연구기관, 관련 민간 연구기관 등으로 진출할 수 있다.
현대 사회는 인간의 육체적 건강뿐만 아니라 정신적 건강에 대한 중요성이 강조되고 있다. 복잡한 사회생활로 인해 정신적인 문제를 겪는 사람들은 해마다 증가하는 추세이다. 또한 회사의 인사 선발과정, 연구소의 인사컨설팅, 각 학교에서의 청소년 진로개발 등의 분야에서 심리 검사를 하는 경우가 많다. 따라서 심리학자의 전망은 더욱 좋아질 것으로 예상된다.

13

아나운서

: 시청자들이나 청취자들에게 텔레비전과 라디오 방송을 통하여 공보, 뉴스, 기타 고지사항을 발표하고 프로그램을 진행한다.

직업 소개

국내 또는 국외에서 발생된 모든 사건이나 사고를 진행순서에 따라 보도하고 취재기자를 연결해서 현장의 상황 등을 시청자 및 청취자에게 전달한다. 또는 사건, 사고에 관련된 사람과 면담을 하고 발생 원인, 진행과정 및 결과 등을 상세히 보도하며, 때로는 해당 인물과 인터뷰를 한다. 그리고 시사프로그램 및 토론 프로그램을 진행하기도 한다.

적성 및 흥미

표준어와 바른 우리말을 구사할 수 있는 탁월한 능력과 정확한 발음, 풍부한 표현능력 등 언어에 대한 신선한 감각이 요구된다. 정치, 경제, 사회, 문화 등 다양한 분야에 대한 관심이 있어야 하고, 시사분야에 대한 지적인 호기심과 깊이 있는 이해가 필요하다. 또한 다양한 변수에서도 재치 있게 대응할 수 있는 상황대처능력과 순발력이 요구되며, 시청자들에게 호감과 신뢰감을 줄 수 있는 외모와 말투를 가진 사람에게 유리하다.

예술형과 사회형의 흥미를 가진 사람에게 적합하며, 사회성, 타인에 대한 배려심, 협동심 등의 성격을 가진 사람들에게 유리하다.

언어학, 사회·문화학, 역사학, 철학, 정치학, 경제학, 예술학, 문학 등 폭넓은 분야의 독서를 통해 기본적인 소양을 갖추도록 해야 한다. 또한 학급활동, 멘토-멘티 활동, 나눔 활동, 도우미 활동 등과 같은 학교교육계획에 의해 진행되는 동아리활동, 자율활동에 적극 참여하여 발전가능성, 인성, 나눔과 배려, 의사소통능력, 비판적 사고력 등을 드러내는 것이 중요하다.

관련 직업

방송연출가 # 웹방송전문가 # 리포터 # 가상캐스터 # 해설위원

진출 방법

아나운서가 되기 위한 전공의 제한은 없으나 4년제 대학 이상의 신문방송학과나 인문, 사회계열학과를 전공하면 유리하다. 각 방송국, 종합유선방송사 등의 입직하기 위해서는 공개전형에 합격해야 한다.

지상파 방송국의 경우, 일반적인 채용전형은 서류전형, 카메라 테스트, 원고작성능력, 실무능력 중 일부를 선택하여 평가한 후 최종 면접과정을 거친다. 또한 사설방송교육학원의 추천을 의뢰한 경우에는 서류전형 없이 카메라 테스트와 면접을 거쳐 채용하기도 한다. 또한 방송국 부설기관이나 대학부설기관, 방송아카데미 등에서 아나운서가 되기 위한 교육을 받을 수 있다. 특히 방송아카데미 아나운서 과정에는 지상파 방송사 공채대비 강좌도 개설되어 있어 해당 교육훈련을 받을 수 있다.

외교관

: 우리나라를 대표하여 외국에 파견되어 대한민국의 권익을 지켜내는 일을 한다.

직업 소개

부임한 나라의 정치적 상황, 경제통상정보, 생활정보 등을 수집·분석하여 본국의 정부나 기업에 알린다. 본국을 대신해 본국의 이익과 정책을 옹호하는 교섭을 하고, 본국의 전통 및 문화를 알리는 문화홍보 활동을 한다. 업무는 크게 4가지로 교민을 보호하는 영사업무, 문화를 홍보하는 문화홍보업무, 경제업무, 그리고 양국 정부 간 협력을 증진하고 갈등을 해소하는 모든 활동을 뜻하는 정무업무가 있다.

적성 및 흥미

- 외국어능력
- 책임 의식
- 협상 능력

뛰어난 외국어 구사 능력이 필요하며, 분석적 사고와 판단력, 통합적 사고력, 의사결정능력이 있어야 한다. 국가를 대표하는 직업인만큼 확고한 국가관과 사명감 그리고 책임 의식이 있어야 하며, 원만한 인간관계를 유지할 수 있는 대인관계능력, 친화능력 및 협상 능력이 필요하다.

관습형과 진취형의 흥미를 가진 사람에게 적합하며, 리더십, 스트레스 감내, 적응성, 융통성 등의 성격을 가진 사람들에게 유리하다.

독서 토론, 외국어 관련 신문, 외국어 관련 연구 등의 관련 교내 동아리에서 해당 국가의 언어 및 사회·문화, 정치, 외교, 통상 등 관련된 내용을 조사하여 발표하는 등 전공 관련 활동을 주도적으로 활동하고 드러낼 필요가 있다. 학급활동, 학습도우미 활동, 문화 알리미 활동과 같은 학교교육계획에 의해 진행되는 봉사활동, 자율활동, 체험활동 등에 적극 참여하여 리더십, 의사소통능력, 발전가능성, 나눔과 배려, 공동체 의식 함양 등을 보이는 것이 중요하다. 또한 언어학, 철학, 사회학, 문화인류학, 역사학, 정치학, 문학 등 다양한 분야의 독서를 통해 기본적인 소양을 갖출 수 있도록 해야 한다.

관련 직업

행정공무원 # 법원공무원 # 출입국심사관 # 교육 및 훈련사무원 # 정부·공공행정전문가

진출 방법

외교관이 되기 위해서는 외교관 후보자 시험에 합격한 후 국립외교원에서 1년간 교육을 수료하여야 한다.

외교관 후보자 선발은 일반외교, 지역외교, 외교전문분야로 구분하여 선발하고 있는데 일반외교관 후보자는 20살 이상의 대한민국 국적 소지자이고, 지역외교와 외교전문 분야 후보자는 관련 분야의 연구 및 근무 경력을 갖고 있거나, 박사학위 소지자 혹은 5급 이상의 공무원 등이 지원 가능하다. 분야별로 평가를 하는 과목이 다를 수 있지만 외교관이 되려면 1차 선택형 필기시험, 2차 논문형 필기시험 그리고 3차로 면접을 통과하여야 한다.

15

직업 군인

: 전쟁이 일어났을 때 나라와 국민을 지키는 일을 한다. 외부의 모든 군사적 위협으로부터 국가를 보호하고, 전쟁을 억제하여 평화와 안정을 이룩하는 일이 가장 큰 업무이다.

직업 소개

외부의 모든 군사적 위협으로부터 국가를 보호하고, 전쟁을 억제하여 평화와 안정을 이룩하는 일이 가장 큰 업무이다. 전시 상황이 아니더라도 혹시 있을지 모르는 외부의 침략에 대응하기 위해 항상 긴장해야 하는 직업이다. 이외에도 지역의 주민들이 자연재해를 입었을 경우 가장 빠르게 복구 작업을 돕는 일에 참여하기도 한다.

직업 군인은 크게 지휘관, 참모, 분야별 전문가로 구성되는데, 지휘관은 일반 병사를 관리, 지휘, 통솔하는 일을 하고, 참모는 지휘관을 보좌하며 정보, 작전, 인사, 군수 등의 업무를 수행한다. 우리나라의 경우에는 남북한 간의 군사 분계선 감시 및 관리, 해안선 및 국가 중요 시설에 대한 경계를 수행하며, 비무장 지대와 해안, 내륙 지역의 적 예상 은신처 등에 대한 수색 정찰 등의 업무를 수행한다.

적성 및 흥미

각종 훈련을 견딜 수 있는 강한 체력과 정신력이 요구된다. 장교의 경우 분석력과 통찰력, 판단력 등을 갖추어야 한다. 통제된 생활을 이겨낼 수 있는 절도 있는 생활 자세와 인내심이 필요하며, 올바른 국가관, 책임감, 동료들과 원만한 관계를 유지할 수 있는 능력이 있어야 한다.

사회형과 진취형의 흥미를 가진 사람에게 적합하며, 대인관계능력, 책임감, 정의감 등의 성격을 가진 사람들에게 유리하다.

평소 국어, 사회, 체육, 보건 등의 교과에 흥미를 가지고 관련된 내용으로 자기주도적인 주제탐구활동을 하면 도움이 된다. 봉사 및 동아리활동을 통한 리더십을 키우기 위해 노력하고 군인 관련 직업체험활동을 하는 것이 좋다.

관련 직업

장교 # 부사관

진출 방법

직업 군인에는 부사관, 장교, 여군 장교 등이 있다. 부사관은 고등학교 졸업 이상의 학력이 요구되며 체력 및 필기시험을 거쳐 들어간다. 이후 특정 훈련을 받고, 하사로 임관되며 중사, 상사, 원사를 거친 후 심사를 통해 준위로 승진이 가능하다. 장교의 경우에는 고졸 이상 학력자는 각 군별 사관학교나 일반대학의 학군사관(ROTC) 또는 학사사관을 거쳐 선발·임관되며, 전문대졸 이상 학력자는 제3사관학교나 간부사관에 지원이 가능하다. 법무·군의·치의·간호 등 특수사관은 유자격자에 한해 지원할 수 있다. 여군 장교는 육·해·공군 사관학교, 학사사관, 간부사관 후보과정을 거치거나 간호사관학교를 통해 임관된다.

직업 군인은 국가적 차원에서 국방 능력의 강화를 위해 꼭 필요한 직업이기 때문에 앞으로도 꾸준히 양성할 것으로 전망된다.

행정공무원

: 중앙 및 지방행정기관에서 각종 행정 실무 및 민원 업무에 종사하는 일반 공무원을 말한다.

직업 소개

법령과 업무 처리규정에 따라 소관 업무를 계획하고 시행하며, 각종 보고서나 문서를 기안·보고하고 시행하며 기타 행정에 관련된 업무를 수행한다. 주민등록, 출생, 사망, 혼인, 이혼, 호적 등과 관련된 서류접수 및 발급 등 정부 고유의 행정 업무를 담당하기도 한다.
국민들의 삶에 필요한 공공서비스를 제공하기 위해서 정부의 역할이 무엇보다 중요해지고 시민들의 행정 서비스 요구도 증대되고 있다. 경찰, 소방 그리고 사회복지 분야의 특정 목적의 공무원 채용은 선진국 수준에 못 미치기 때문에 점차 늘어날 가능성이 높지만 일반 행정 공무원의 수는 양적으로 큰 인력 증가가 예상되지 않는다. 향후 5년간 행정공무원의 고용은 현 상태를 유지할 전망이다.

적성 및 흥미

- 문서이해능력
- 꼼꼼함
- 신뢰성

업무와 관련된 문서를 읽고 이해하는 일을 주로 하기 때문에 다른 사람들이 말하는 것을 집중해서 듣거나 문서를 읽고 요점을 이해하는 능력이 있어야 한다. 또한 법률이나 규정에 대한 지식이 필요하고, 워드 프로세스 및 문서처리능력, 기타 사무 절차에 대한 지식도 필요하다. 회계장부의 기재사항을 점검하는 등의 계속적이고 반복적인 활동을 하기 때문에 꼼꼼하고 정확하게 모든 일을 처리할 수 있어야 한다.
관습형, 사회형의 유형을 지닌 사람에게 적합하고 협업 능력, 정직성, 책임감과 분석적인 사고, 꼼꼼함도 요구된다. 국어, 역사, 정치와 법, 지리 등의 교과에 대한 노력이 필요하고, 평소 관련된 능력을 기르기 위해 노력하면 도움이 된다.

관련 직업

국가직공무원 # 선거관리공무원 # 선거공무원 # 지방행정사무원 # 국제기구행정사무원 # 근로감독관 # 주무관 # 국가행정사무원 # 주사(6급) # 주사보(7급) # 서기(8급) # 서기보(9급) # 지방행정직공무원

관련 직업

컴퓨터관련 자격증 국가·지방 행정 사무원

진출 방법

행정공무원이 되기 위해서는 공무원 시험에 합격해야 한다. 공무원은 국가직공무원과 지방직공무원으로 구분되는데 매년 선발하는 인원이 다를 수 있다.
공무원 시험은 필수과목인 한국사, 국어, 영어와 선택과목(택2)인 행정법, 행정학, 사회, 과학, 수학으로 구성되어 있다. 7, 9급 국가직공무원 시험은 매년 1회 통상 4~5월에 시행되며 지방직공무원 시험은 지역마다 차이가 있지만 보통 거주지, 본적지 등에서만 응시할 수 있다. 공무원 시험을 위한 정규교육과정이나 훈련은 없으며 보통 사설학원을 다니거나 독학을 한다. 고용이 안정되어 있고 연금을 받을 수 있다는 장점 때문에 매년 치열한 경쟁이 계속되고 있다. 법학과, 행정학과, 정치외교학과 등을 전공하면 유리하다.

15

헤드헌터

: 임원이나 기술자 등 고급 인력을 필요로 하는 기업에게 인력을 소개하는 전문가이다.

직업 소개

인력을 의뢰한 기업체를 조사하여 잘 파악하고, 기존 자료나 탐색을 통해 요구하는 인재상에 적합한 대상자를 몇 배수 선발한다. 1차 선발한 이들을 대상으로 업무수행능력과 인성을 중심으로 인터뷰한 후, 추천할 사람을 선정하여 경력, 학력, 인성, 전직 이유, 희망연봉 등을 기술하여 의뢰업체에 송부한다. 이후 의뢰업체에서 긍정적인 반응을 보인 후보자와 연봉 등을 협상하고 조정하는 일을 한다.

최근 평생직장의 개념이 사라져 사람들은 더 좋은 회사를 찾으려 하고, 기업에서도 신입보다는 직무 경험이 있는 경력자를 선호하는 경향이 있어서 헤드헌터의 일자리는 앞으로 더욱 늘어날 전망이다.

적성 및 흥미

기업에게 적절한 인력을 소개하는 업무를 하기 때문에 기업이 원하는 인재상을 정확히 파악하는 분석력, 그 일에 맞는 사람을 가려내는 안목과 판단력이 필요하다. 또한 해당 분야의 인재를 만나서 적절한 인력을 관리할 수 있는 능력, 협상능력, 설득력이 요구되며 다양한 사람들과 업무를 수행하기 위해 대인관계능력과 배려심도 필요하다. 효율적으로 업무를 하기 위해 능통한 외국어 실력과, 작문 및 독해능력을 갖추면 도움이 된다.

진취형, 사회형의 흥미유형을 지닌 사람에게 적합하다.헤드헌터에 관심이 있다면 적극적인 자세로 대인관계 능력을 키우고 신문반, 독서토론반, 경제탐구반 등의 동아리활동을 통해 다양한 지식과 경험을 하는 것이 좋다. 경영과 경제 분야에 대해 지속적인 관심을 가지고 주제탐구 대회에 참가하는 등의 활동을 하면 도움이 된다.

관련 자격

직업상담사

관련 직업

직업상담사 # 인력컨설턴트 # 취업알선원 # 직업상담원

진출 방법

정해진 과정은 따로 없지만, 대체로 4년제 대학에서 심리학, 교육학, 경영학 등이나 대학원에서 HRD(인력개발) 관련 학과를 졸업하고, 헤드헌팅 업체에 입사해 리서치 업무를 4~5년간 한 후 헤드헌터가 되는 경우가 많다. 또한 한 업종에서 10년 이상 직장 경험을 쌓은 뒤 헤드헌터로 전직하는 경우도 있다. 이는 한 분야에 대한 전문 지식이 있기 때문에 전공에 관계없이 활동할 수 있다. 이 경우에는 자신의 경력이나 인맥을 활용하여 업계의 흐름을 잘 파악할 수 있다는 장점이 있다.

현대사회는 노동시장이 유연화되고 평생직장의 개념이 약화되면서 단기고용계약자, 플랫폼노동자가 증가하고 있다. 이에 따라 기업에서는 프로젝트에 따라 전문성을 갖춘 인재에 대한 수요가 늘어나 헤드헌터의 중요성이 강화되고 있으므로 앞으로도 직업 전망이 좋을 것으로 예상된다.

경찰행정학과

국민의 안전과 사회 공공의 안녕 및 범죄 예방을 위해 사회에서의 경찰의 역할과 효율적이고 건전한 경찰 조직의 형태를 연구하는 학문이다.

치안관련 이론과 실무, 방법론 등 모든 영역에 걸친 교육과정을 통해 변화하는 사회에 융합적인 인재의 양성을 교육의 목표로 한다. 따라서 각종 이론적 지식과 함께 무술, 체포술과 같은 무도 기술을 습득하고, 각종 강력범죄, 특수범죄가 증가하는 등 고도로 조직화된 범죄에 대처 능력을 지닌 인재양성을 위한 전문화된 교육을 한다.

졸업 후 진출 분야 및 직업

진출 분야

언론사, 금융계, 컨설팅회사, 금융기관의 보안업무직, 경비업체, 보안업체, 국가정보원, 대통령경호처, 군수사기관, 소방서, 감사원, 경찰청, 형사사법기관, 중앙정부 및 지방자치단체(검찰사무직, 마약 수사직, 보호관찰직), 한국공공행정연구원, 치안정책연구소 등

진출 직업

경호원, 디지털포렌식수사관, 사이버수사요원, 소방공무원, 법원공무원, 세관공무원, 마약단속반, 군수사관, 국제경찰관, 검찰수사관, 경찰관, 법조인 등

01

개설 대학

가천대학교, 경성대학교, 경운대학교, 계명대학교, 광주여자대학교, 나사렛대학교, 남부대학교, 대구가톨릭대학교, 대구대학교, 대구한의대학교, 부산외국어대학교, 순천향대학교, 신경대학교, 신라대학교, 영남대학교, 영신대학교, 용인대학교, 우석대학교, 원광대학교, 제주국제대학교, 조선대학교, 중원대학교, 창신대학교, 한세대학교, 호남대학교 등

관련 학과

경찰학부, 경찰학전공, 국방경찰학과, 국방경찰행정학부, 경찰·소방행정학부, 경찰·법·행정학부, 경찰정보보안학과

고등학교 권장 선택과목 로드맵

교과 영역	선택과목	
	일반선택	진로선택
기초	확률과 통계	
탐구	경제, 정치와 법, 생활과 윤리, 사회·문화	사회문제 탐구
체육·예술	체육, 운동과 건강	스포츠 생활
생활·교양	정보, 철학, 보건, 심리학, 제2외국어 I	

02

군사학과

강인한 체력, 리더십, 군사전문지식과 소양을 갖춘 장교와 군사전문가를 양성하는 학문이다.

국제 정세 및 한반도 주변 안보 상황의 유동성, 첨단 기술을 바탕으로 한 정보·산업 분야에서 새로운 형태의 위협이 일상화되고 있으며, 국가 안보에 미치는 위협 요소도 다양해지고 있다.
 군사학과는 군사정책 및 전략에 필요한 군사 전문 지식을 배양하고 과학 기술이 지배하는 미래 사회에 능동적으로 대처할 군사적 운용능력과 장교로서의 임무 수행에 필요한 전문지식과 체력을 배양하여 미래를 이끌어갈 군사 전문가 및 직업 군인의 양성을 교육목표로 한다. 안보, 국방, 환경에 대한 포괄적 이해, 분석평가능력, 전자전과 정보전 등에 대한 대처능력을 두루 갖춤으로써 다양한 안보 위험 상황을 예측하고 이를 타개하고자 하는 학과이다.

졸업 후 진출 분야 및 직업

진출 분야

군 관련 기관(국방부, 육군, 해군, 공군, 해병대 장교 임관), 군인공제회, 재향군인회, 국방과학연구소, 방위산업체, 경호업체, 대기업이나 일반 기업 등

진출 직업

부사관, 군장교, 공군파일럿, 군사전략가, 항공관제사, 국방공무원, 연구원 등

개설 대학

건양대학교, 경동대학교, 경운대학교, 극동대학교, 김천대학교, 대구가톨릭대학교, 대구대학교, 대전대학교, 동신대학교, 영남대학교, 우석대학교, 원광대학교, 조선대학교, 중원대학교, 초당대학교 등

관련 학과

군정보사관학과 / 사이버드론봇군사학과 / 컴퓨터정보통신군사학과

고등학교 권장 선택과목 로드맵

교과 영역	선택과목	
	일반선택	진로선택
기초		
탐구	정치와 법, 경제, 사회·문화, 생활과 윤리	여행지리, 사회문제 탐구
체육·예술	체육, 운동과 건강	스포츠 생활, 체육 탐구
생활·교양	정보, 보건, 논리학, 철학	

국제관계학과

국제 문제에 대한 이해와 분석을 위해 세계의 여러 언어, 문화, 정치, 경제 등을 연구하는 학문이다.

국가 간의 경계가 무너지고 있는 국제화 시대에 필요한 국제 문제의 이해와 분석력, 그리고 세계 각 지역에 대한 지식을 갖춘 국제적인 인재의 양성을 교육의 목표로 한다. 국제 체제의 환경변화에 부응하기 위해 국제 문제의 이해와 지역 연구의 체계적인 분석에 필요한 정치학, 경제학, 역사학, 인류학, 사회학, 문화학 등 다양한 인접 학문과의 학계 간 연구가 가능한 교과목을 공부한다.

졸업 후 진출 분야 및 직업

진출 분야

방송사, 신문사, 잡지사, 리서치회사, IT업계, 금융업계, 광고 및 홍보회사, 일반 기업의 관리, 인사·영업 관련 부서, 중앙정부 및 지방자치단체(국제통상직, 외무영사직), 행정안전부, 외교부, 국가정보원, 청와대, 국회, 정당, 통일연구원, 한국국방연구원, 국제협력기구, 시민단체, 중·고등학교, 대학교 등

진출 직업

외교관, 정치가, 정당 전문 행정인, 국제기구 직원, 정치평론가, 법조인, 행정직 공무원, 국회의원, 비서관, 언론인(기자, PD), 카피라이터, 인문과학연구원, 중·고등학교 교사, 대학 교수 등

개설 대학

대구대학교, 서울시립대학교, 선문대학교, 창원대학교 등

관련 학과

- 정치외교학부
- 정치행정학과
- 정치행정학부
- 정치외교학전공
- 정치언론홍보학과
- 정치·언론학과
- 정치사회학부 정치외교학전공

고등학교 권장 선택과목 로드맵

교과 영역	선택과목	
	일반선택	진로선택
기초		실용 영어, 영어권 문화
탐구	경제, 사회·문화, 정치와 법, 동아시아사, 세계사, 세계지리	여행지리, 사회문제 탐구
체육·예술	체육, 운동과 건강	스포츠 생활
생활·교양	제2외국어 Ⅰ, 철학, 환경, 논리학, 심리학	제2외국어 Ⅱ, 창의 경영

04

문화콘텐츠학과

21세기 신성장동력 분야인 방송, 영화, 애니메이션, 게임, 캐릭터, 테마파크, 문화 기획 등 다양한 분야의 기획, 제작, 마케팅과 관련된 학문이다.

인간의 창의성과 상상력에 기반한 문화콘텐츠 산업은 관광이나 의료, 교육, 제조업 등 다양한 분야에 융합되면서 긍정적인 효과를 가져올 것으로 기대된다. 다양한 문화의 산출물에 대한 깊이 있는 지식과 날카로운 비평능력을 배양하고 창의적인 글로벌 문화 인재 양성을 교육의 목표로 한다.

졸업 後 진출 분야 및 직업

진출 분야

언론사, 출판사, 게임회사, 콘텐츠개발업체, 광고회사, IT업체, 인터넷 콘텐츠 기획 및 제작업체, 일반 기업의 홍보부서, 한국방송광고공사, 한국콘텐츠진흥원, 한국방송개발원, 방송통신위원회, 한국광고연구원, 한국언론연구원 등

진출 직업

문화기획자, 언론인(기자, PD), 언론광고 및 아트디렉터, IT콘텐츠 컨설턴트, 웹마스터, 디지털콘텐츠미디어 종사자, 콘텐츠 스토리텔러, 사서, 큐레이터 등

개설 대학

건국대학교, 경남대학교, 상지대학교, 용인대학교, 전주대학교 등

관련 학과

글로벌문화콘텐츠학과, 한국문화콘텐츠학과, 아시아문화콘텐츠학부, 역사문화콘텐츠학과, 글로벌문화콘텐츠학전공, 디지털영상문화콘텐츠학과

고등학교 권장 선택과목 로드맵

교과 영역	선택과목	
	일반선택	진로선택
기초	확률과 통계	고전 읽기, 심화 국어, 수학과제 탐구, 실용 영어, 영어권 문화
탐구	생활과 윤리, 윤리와 사상, 사회·문화, 세계사, 세계지리, 한국지리, 경제, 정치와 법	사회문제 탐구, 고전과 윤리, 여행지리
체육·예술		
생활·교양	기술·가정, 심리학, 정보	가정과학, 지식 재산 일반

문헌정보학과

각종 문헌, 영상 자료 등 모든 종류의 지식과 정보를 편리하게 검색하고 열람할 수 있도록 체계적으로 관리하는 것을 연구하는 학문이다.

최근 정보시스템, 데이터베이스시스템, 소프트웨어 개발 및 뉴미디어 활용과도 연계됨으로써 융합 학문으로도 각광 받고 있다. 정보를 활용한 기술적 발전과 맞물려 앞으로도 지속적으로 성장 가능성이 높을 뿐만 아니라 발전 전망이 좋은 학과이다. 전통적 수단 및 컴퓨터를 활용하여 정보수집, 관리 방법을 이해하고 실제로 운용할 수 있는 능력을 배양하는 것을 교육의 목표로 한다.

졸업 후 진출 분야 및 직업

진출 분야

방송사, 신문사, 출판사, 도서관, 기업의 문헌 자료실, 서점, 정보기술업체, 소프트웨어업체, 정보네트워크시스템 설계 및 분석회사, 한국고전번역원, 한국사학진흥재단, 국립박물관, 문화재단 등 문헌정보 관련 공공기관 등

진출 직업

문화재보존가, 언론인(기자, PD, 아나운서 등), 인문과학연구원, 작가, 정보관리전문가, 지식경영전문가, 기록물관리사 등

개설 대학

건국대학교(글로컬), 경기대학교, 경북대학교, 경성대학교, 계명대학교, 광주대학교, 대구대학교, 대진대학교, 동덕여자대학교, 동의대학교, 부산대학교, 서울여자대학교, 숙명여자대학교, 신라대학교, 연세대학교, 이화여자대학교, 인천대학교, 전남대학교, 전북대학교, 전주대학교, 중앙대학교, 충남대학교, 한남대학교 등

관련 학과

문헌정보학전공 / 인문콘텐츠학부 / 도서관학과 / 문헌정보교육과

고등학교 권장 선택과목 로드맵

교과 영역	선택과목	
	일반선택	진로선택
기초	확률과 통계	심화 국어, 고전 읽기, 경제 수학, 실용 영어
탐구	한국지리, 세계지리, 경제, 생활과 윤리	사회문제 탐구, 여행지리, 고전과 윤리
체육·예술		
생활·교양	기술·가정, 정보, 한문 Ⅰ, 심리학, 교육학	창의 경영, 가정과학

미디어 커뮤니케이션학과

사회에서 발생하는 광범위한 커뮤니케이션 현상을 포괄적으로 연구하는 학문이다.

신문방송 등 대중매체는 물론, 개인 간 및 조직 내외에서 발생하는 커뮤니케이션과 관련된 모든 현상들을 대상으로 하며, 이론과 실천의 가치를 동시에 추구한다. 개인 간 의사소통, 조직 간 또는 조직 내 개인 간 의사소통 등으로부터 신문과 방송, 영화, 출판, 광고, PR, 인터넷 등과 관련된 매스커뮤니케이션에 이르기까지 모든 커뮤니케이션 현상을 탐구한다. 최근에는 소셜미디어와 스마트미디어, 통신, 게임 분야 등을 포괄하면서 융합 학문적 특성을 더욱 강화하고 있다.

졸업 후 진출 분야 및 직업

진출 분야

신문사, 방송국, 잡지사, 인터넷 저널리즘, 방송영상 및 상호작용적 콘텐츠제작기업, 일반 기업의 광고홍보 및 마케팅 업무, 광고 및 홍보대행사 등

진출 직업

기자, PD, 광고감독, 홍보전문가, 리서치, 마케팅 전문가, 연극·전시회·뮤지컬 기획자 등

개설 대학

가천대학교, 강원대학교, 건국대학교, 경북대학교, 경성대학교, 대구대학교, 대진대학교, 동명대학교, 동아대학교, 부산대학교, 성신여자대학교, 세종대학교, 수원대학교, 순천향대학교, 인하대학교, 청운대학교, 한양대학교, 호서대학교 등

관련 학과

글로벌미디어학부, 신문방송학과, 멀티미디어공학과, 커뮤니케이션미디어학부, 사회언론정보학부, 언론홍보영상학부

고등학교 권장 선택과목 로드맵

교과 영역	선택과목	
	일반선택	진로선택
기초	확률과 통계	고전 읽기, 실용 국어, 심화 국어, 경제 수학, 실용 영어, 영어권 문화
탐구	세계지리, 한국지리, 정치와 법, 사회·문화, 생활과 윤리, 윤리와 사상	사회문제 탐구, 고전과 윤리
체육·예술		
생활·교양	기술·가정, 심리학, 보건, 논술	가정과학

사회복지학과

경제적·심리적·사회적 문제를 겪고 있는 대상자들에게 사회복지학 및 사회과학의 전문지식으로 도출한 각 사회적 문제에 대한 해결 방법을 제시하여 문제에서 벗어나도록 도움을 제공하는 학문이다.

인간의 삶의 질을 높이고 평등과 정의를 실현하기 위한 해결방법을 연구하는 학과이다. 인간의 존엄성과 자유, 평등이 구현된 복지사회를 이루기 위해 학문적 발전을 도모하며, 전문적인 기술과 지식을 적용할 수 있는 복지 인력의 양성을 교육의 목표로 한다.

졸업 후 진출 분야 및 직업

진출 분야

의료시설, 기업체의 사회공헌 관련 부서, 병원, 은행, 증권사, 종합사회복지관, 국민건강관리공단, 각종 복지관, 청소년수련관 등

진출 직업

상담전문가, 임상심리사, 사회복지연구원, 사회복지사, 사회단체활동가, 사회복지 전담 공무원, 보호직 공무원, 국제개발협력전문가, 다문화 코디네이터 등

개설 대학

가천대학교, 가톨릭대학교, 강원대학교, 경남대학교, 경성대학교, 계명대학교, 공주대학교, 남서울대학교, 단국대학교, 동국대학교, 동덕여자대학교, 동아대학교, 명지대학교, 부산대학교, 삼육대학교, 서울대학교, 서울시립대학교, 서울여자대학교, 성균관대학교, 성신여자대학교, 연세대학교, 용인대학교, 이화여자대학교,인하대학교, 전북대학교, 충남대학교 등

관련 학과

- 복지·보건학부
- 복지경영학과
- 복지상담융합학부
- 가족복지학과
- 노인복지보건학과
- 상담심리복지전공

고등학교 권장 선택과목 로드맵

교과 영역	선택과목	
	일반선택	진로선택
기초	확률과 통계	고전 읽기, 심화 국어, 경제 수학, 진로 영어, 영어권 문화
탐구	생활과 윤리, 윤리와 사상, 사회·문화, 정치와 법	고전과 윤리, 사회문제 탐구
체육·예술		
생활·교양	기술·가정, 보건, 심리학	가정과학

사회학과

사람들의 삶의 방식을 분석하고, 사회구성원 간의 상호작용과 사회 구조 등을 탐구하는 학문이다.

일상생활에서 접하는 각종 사회현상을 새롭게 바라보고 그 이면에 담긴 의미를 밝힘으로써 사회문제의 숨겨진 원인을 진단하는 학과이다. 사회와 개인·인구와 가족·사회조직·대중문화·사회 구조와 변동 등을 과학적으로 탐구하고 그 대안을 제시하여 보다 나은 미래 사회를 만드는 것을 교육의 목표로 한다. 복잡하고 다양한 사회 문제를 종합적으로 분석할 수 있는 인재를 양성한다.

졸업 후 진출 분야 및 직업

진출 분야

리서치회사, 출판사, 신문사, 방송국, IT업계, 금융업계, 광고 및 홍보회사, 일반 기업의 관리·인사. 영업 관련 부서, 행정부, 한국정보화진흥원, 사회보장정보원, 한국산업인력공단, 사회복지연구소, 사회조사 연구소, 중·고등학교, 중앙정부 및 지방자치단체(사회복지/노동/환경/교육정책 관련 부서) 등

진출 직업

사회조사원, 통계사무원, 설문조사원, 사회문제연구원, 광고 및 홍보전문가, 헤드헌터, 기자, PD, 카피라이터, 중·고등학교 교사, 사회학연구원, 사회단체활동가 등

08

개설 대학

가톨릭대학교, 경희대학교, 계명대학교, 고려대학교, 국민대학교, 대구대학교, 부산대학교, 서울대학교, 성균관대학교, 아주대학교, 연세대학교, 이화여자대학교, 제주대학교, 중앙대학교, 창원대학교, 충남대학교, 충북대학교, 한림대학교, 한신대학교, 한양대학교 등

관련 학과

- 도시사회학과
- 정보사회학과
- 융합사회학부
- 정치사회학부(사회학전공)
- 국제인문사회학부
- 농경제사회학부
- 불교사회학부
- 사회언론정보학부 사회학전공

고등학교 권장 선택과목 로드맵

교과 영역	선택과목	
	일반선택	진로선택
기초	확률과 통계	고전 읽기, 경제 수학, 실용 영어, 영어권 문화
탐구	생활과 윤리, 윤리와 사상, 사회·문화, 정치와 법, 경제, 세계지리, 세계사	고전과 윤리, 사회문제 탐구
체육·예술		
생활·교양	기술·가정, 한문 I, 심리학, 논술	가정과학, 지식 재산 일반

상담심리학과

인간 행동을 과학적으로 탐구하고, 학교, 기업, 지역 사회 등 다양한 삶의 현장에 적용할 수 있는 상담 지식과 기술을 연마하여 인간 삶의 개선에 기여하는 실천 지향적인 학문이다.

인간이 삶에서 직면하는 다양한 고통과 고난의 문제를 보다 효과적으로 해결할 수 있도록 돕고, 인간 본연의 성장과 건강한 사회의 발전에 도움을 주고자 하는 학과이다. 상담 및 심리적 이론을 실제적으로 적용하고 통합할 수 있는 창의적인 상담 및 심리전문가의 양성을 교육의 목표로 한다.

졸업 후 진출 분야 및 직업

진출 분야

병원 등 의료기관, 기업체부설상담소, 광고대행사, 컨설팅회사, 리서치회사, 심리검사기관, 각종 상담기관, 보건복지부, 국립정신건강센터, 국립중앙의료원, 중앙정부 및 지방자치단체 산하 각종 상담소, 중·고등학교, 대학교 등

진출 직업

임상심리전문가, 전문상담교사, 놀이치료사, 심리치료사, 청소년상담사, 직업상담사, 언론인(기자, PD), 카피라이터, 연구원 등

개설 대학

가톨릭꽃동네대학교, 광주여자대학교, 나사렛대학교, 동명대학교, 부산외국어대학교, 삼육대학교, 서원대학교, 송원대학교, 영남신학대학교, 우석대학교, 전주대학교, 조선대학교, 차의과학대학교, 한남대학교, 호남대학교 등

관련 학과

상담심리치료학과, 아동심리학과, 재활상담심리학과

고등학교 권장 선택과목 로드맵

교과 영역	선택과목	
	일반선택	진로선택
기초		실용 국어, 심화 국어, 고전 읽기
탐구	경제, 생활과 윤리, 사회·문화, 정치와 법	사회문제 탐구, 고전과 윤리
체육·예술		
생활·교양	기술·가정, 철학, 교육학, 보건, 환경	가정과학

소비자학과

소비자의 복지 향상과 건전한 소비문화 형성을 위하여 필요한 제반 이론과 실제를 연구하는 학문이다.

소비자 및 가계 역할의 중요성을 인식하여 소득의 획득, 소비자자원의 합리적 배분과 관리 및 사용에 관한 의사결정을 연구한다. 이 과정에서 발생하는 소비자 문제의 해결방안을 모색함으로써 소비생활의 효율성 및 소비자의 복지를 증진시키는 것을 목표로 교육과 연구 활동을 수행한다. 이러한 연구를 통해 소비자의 경제적, 사회심리적 행동을 규명하여 합리적인 소비자 의사결정과 자원관리 및 소비자 능력의 향상을 위한 방향을 제시하고, 소비자 환경의 개선을 위한 제도적 방안과 교육정책에 기여할 수 있는 전문인을 양성한다.

졸업 후 진출 분야 및 직업

진출 분야

일반 기업의 기획·리서치·마케팅 관련 부서, 금융사, 보험사, 방송국, 신문사, 잡지사, 광고회사, 여론조사기관 등

진출 직업

기자, PD, 작가, 광고기획자, 카피라이터, 대학교수, 소비자 관련 연구원, 재무설계사, 소비자 전문상담사 등

개설 대학

이화여자대학교, 인천대학교, 인하대학교, 충북대학교 등

관련 학과

소비자생활문화산업학과, 소비자가족학과, 소비자아동학부, 소비자아동학과

고등학교 권장 선택과목 로드맵

교과 영역	선택과목	
	일반선택	진로선택
기초	확률과 통계	고전 읽기, 실용 국어, 심화 국어, 경제 수학, 실용 영어, 영어권 문화
탐구	경제, 사회·문화, 생활과 윤리, 세계지리, 세계사	사회문제 탐구, 고전과 윤리
체육·예술		
생활·교양	기술·가정, 실용 경제, 심리학, 보건, 교육학	가정과학

신문방송학과

현대 사회의 형성과 발전에 꼭 필요한 커뮤니케이션에 대해 연구하는 학문이다.

미래를 우리 스스로 개척하고 통제하기 위하여, 개인과 개인의 의사소통 문제부터 신문, 방송, 영화, 잡지 등의 대중매체에 이르기까지 커뮤니케이션 과정에 대한 이론과 기술을 연구한다. 언론·방송매체 관련 분야에서는 신문출판잡지, 방송, 영상매체, 광고·홍보, 뉴미디어, 정보통신, 사진, 스피치, 커뮤니케이션연구, 커뮤니케이션심리학, 조직커뮤니케이션, 비판커뮤니케이션 등 전반적인 커뮤니케이션의 형태와 과정을 연구한다.

졸업 후 진출 분야 및 직업

진출 분야

신문사, 방송국, 잡지사, 광고회사, 일반 기업의 사내홍보·사보담당, 정보산업, 영상산업분야 등

진출 직업

기자, PD, 작가, 광고기획자, 카피라이터, 리포터, 영상·음향기술감독, 웹마스터, 웹디자이너, 웹문서관리자, 웹포토에디터, 크리에이티브디렉터, 광고마케터, 기획·제작자, 축제 및 행사 콘텐츠 기획자 등

개설 대학

건국대학교, 인천대학교, 전남대학교, 전북대학교, 조선대학교, 창원대학교, 호남대학교 등

관련 학과

- 언론정보학과
- 저널리즘전공
- 커뮤니케이션학과
- 언론영상학과
- 미디어커뮤니케이션학과

고등학교 권장 선택과목 로드맵

교과 영역	선택과목	
	일반선택	진로선택
기초	확률과 통계	고전 읽기, 실용 국어, 경제 수학, 실용 영어, 영어권 문화
탐구	경제, 사회·문화, 생활과 윤리, 윤리와 사상, 세계지리, 세계사	사회문제 탐구, 고전과 윤리
체육·예술		
생활·교양	기술·가정, 제2외국어 Ⅰ, 심리학, 논술	가정과학

심리학과

개별 인간의 마음과 행동을 연구하는 학문이다.

인간의 사고 과정과 행동에 대한 이해와 기초에서 응용에 이르는 통합적인 교육을 통해 자신, 타인, 사회, 인류에 대한 이해를 증진시키고, 사회의 발전에 기여하는 인재의 양성을 교육의 목표로 한다. 고도의 정보화 사회에서는 인간의 삶의 질이 중요하고, 여기에는 감각, 지각, 사고, 성격, 지능, 적성 등과 같은 인간의 특징들이 고려되어야 한다. 따라서 인간의 행동과 기저 원리를 밝히는 심리학은 미래 사회에서 그 중요성을 점점 더할 것으로 보인다.

졸업 후 진출 분야 및 직업

진출 분야

병원 등 의료기관, 제약회사의 연구개발 분야, 광고대행사, 컨설팅회사, 리서치회사, 심리검사기관, 각종 상담기관, 보건복지부, 국립정신건강센터, 국립중앙의료원, 중앙정부 및 지방자치단체 산하 각종 상담소, 중·고등학교, 대학교 등

진출 직업

임상심리전문가, 전문상담교사, 놀이치료사, 심리치료사, 청소년상담사, 언론인(기자, PD), 카피라이터, 인문과학연구원 등

개설 대학

가천대학교, 가톨릭대학교, 경남대학교, 경북대학교, 계명대학교, 광주대학교, 대구가톨릭대학교, 대구대학교, 부산대학교, 서울대학교, 성균관대학교, 성신여자대학교, 아주대학교, 연세대학교, 영남대학교, 우석대학교, 이화여자대학교, 전남대학교, 전북대학교, 중앙대학교, 충남대학교, 충북대학교, 한림대학교 등

관련 학과

경찰범죄심리학과, 교육심리학과, 사회심리학과, 산업심리학과, 산업·광고심리학과, 상담심리학과, 아동심리학과, 재활상담심리학과

고등학교 권장 선택과목 로드맵

교과 영역	선택과목	
	일반선택	진로선택
기초	확률과 통계	실용 국어, 심화 국어, 수학과제 탐구, 영미 문학 읽기
탐구	생활과 윤리, 윤리와 사상, 사회·문화, 생명과학 I	사회문제 탐구, 생명과학 II, 생활과 과학
체육·예술		
생활·교양	심리학, 철학, 논리학, 보건	창의 경영, 가정과학

아동학과

아동을 양육하는 데 필요한 지식을 익히는 학문이다.

아동의 발달 과정과 아동 교육의 이론에 관한 교육을 제공함으로써 영유아교육 및 보육, 발달, 상담 관련 전문인으로 양성하는 학과이다. 영유아기, 아동기에 관한 폭넓은 지식을 쌓고 영유아 보육 및 교육, 발달, 상담 전문가로서 성장할 수 있도록 현장과 연계한 실습을 다양하게 경험하도록 하고 전공 관련 분야의 전문인으로서의 능력과 자질을 갖추도록 한다. 또, 아동의 건강한 생활을 보장하고 각종 아동 문제를 해결하기 위한 지식과 기술을 갖춘 아동복지 전문 인력을 양성을 교육의 목표로 한다.

졸업 후 진출 분야 및 직업

진출 분야

기업체의 사회공헌 관련 부서, 아동 관련 산업체 및 기업, 사회적 기업, 아동복지연구소, 사회조사연구소, 사회정책연구원, 병원연구소, 사회복지연구소 등 연구기관, 출판사, 방송국, 유치원, 아동교육 프로그램 제작회사 등

진출 직업

가정과교사, 가정복지사, 가족상담사, 가족생활교육사, 건강가정사, 보육교사, 사회과학연구원, 사회복지사, 아동상담사, 언어치료사, 임상심리사, 청소년상담사, 유치원교사 등

개설 대학

가톨릭대학교, 광주대학교, 나사렛대학교, 대구가톨릭대학교, 동덕여자대학교, 동아대학교, 목포대학교, 서경대학교, 서울여자대학교, 을지대학교, 총신대학교 등

관련 학과

소비자아동학부(아동가족학전공)

아동가족복지학과 / 아동가족학과

아동복지학과 / 아동복지학전공

고등학교 권장 선택과목 로드맵

교과 영역	선택과목	
	일반선택	진로선택
기초	확률과 통계	고전 읽기, 심화 국어, 경제 수학, 실용 영어
탐구	생활과 윤리, 윤리와 사상, 사회·문화, 정치와 법	고전과 윤리
체육·예술	체육, 음악, 미술, 연극	스포츠생활, 미술 창작
생활·교양	기술·가정, 교육학, 심리학, 보건	가정과학

언론정보학과

14

개인과 개인, 집단과 집단 간의 소통뿐 아니라 다양한 매체를 통한 각종 정보 및 콘텐츠의 생산, 유통 및 확산 등으로 발생하는 개인적·사회적·정치적·문화적 변화를 국내외적으로 탐색하는 학문이다.

오늘날 우리 사회가 직면하고 있는 크고 작은 문제들을 정확히 진단하고, 이에 대한 해결책을 찾는 데 도움을 줄 수 있는 분야이다. 급속히 성장하는 커뮤니케이션과 미디어 현상에 대한 이론적 및 경험적 지식을 토대로 우리 시대의 현실이 전개되는 역사적 진보의 정점에서 다양한 커뮤니케이션의 실천들을 선도하며 미디어의 변화와 발전을 주도해나갈 인재 양성을 목표로 한다.

졸업 후 진출 분야 및 직업

진출 분야

신문사, 방송사, 잡지사, 인터넷포털, 미디어정책 관련업체, 광고 및 홍보회사, 영화사, 통신업체, 일반 기업의 홍보 부서 등

진출 직업

기자, PD, 아나운서, 구성작가, 콘텐츠기획가, 광고기획자, 카피라이터, 기업홍보마케팅전문가, 소셜미디어 기업인, 대학 교수 등

개설 대학

서울대학교, 영남대학교, 충남대학교 등

관련 학과

신문방송학과, 언론광고학부, 언론홍보영상학부, 언론홍보학과, 영상문화학과, 영상콘텐츠융합학과

고등학교 권장 선택과목 로드맵

교과 영역	선택과목	
	일반선택	진로선택
기초	확률과 통계	심화 국어, 고전 읽기, 경제 수학, 실용 영어, 영어권 문화
탐구	생활과 윤리, 윤리와 사상, 사회·문화, 정치와 법, 경제, 세계지리	고전과 윤리, 사회문제 탐구
체육·예술		
생활·교양	기술·가정, 심리학, 철학	가정과학

응용통계학과

계량적 분석방법을 기초로 정보자료의 수집 및 분석, 그리고 예측에 관한 전반적인 이론과 방법론을 연구하는 학문이다.

통계적 방법론은 경제학, 경영학을 비롯한 상경 계통 분야뿐만 아니라 사회학, 심리학, 정치학, 이학, 공학 등 조사 및 실험자료를 분석하는 모든 학문 분야에서 연구 방법으로 응용되고 있다. 응용통계학과는 사회 각 분야에서 조성되는 정보화 환경에 적응하는 능력을 배양하여 유능한 통계전문가를 양성한다. 통계학의 기초 개념에 대한 이해를 바탕으로 사회조사, 실험을 통한 정보의 수집, 올바른 의사결정을 위한 정보의 가공기법 등을 교육하는 한편, 각종 데이터에 대한 과학적 분석능력과 적응력을 갖추는 데 중점을 둔다.

졸업 후 진출 분야 및 직업

진출 분야

은행, 증권, 보험회사, 기업의 마케팅조사·광고부서, 여론조사기관, 유통정보회사의 시스템 구축과 컨설팅 분야, 바이오 및 의학분야, IT기업 등

진출 직업

데이터사이언스, 빅데이터개발자, 데이터분석가, 개인자산관리자, 경영컨설턴트, 사회조사분석가, 보험계리사, 손해사정사, 교사, 대학 교수, 연구원 등

개설 대학

가천대학교, 건국대학교, 연세대학교, 중앙대학교 등

관련 학과

통계학과, 정보통계학과, 데이터정보학과, 데이터과학과, 전산통계학과, 데이터사이언스학과, 빅데이터공학과

고등학교 권장 선택과목 로드맵

교과 영역	선택과목	
	일반선택	진로선택
기초	확률과 통계, 미적분	기하, 경제 수학, 수학과제 탐구, 진로 영어, 영어권 문화
탐구	경제, 사회·문화, 정치와 법, 세계지리	사회문제 탐구
체육·예술		
생활·교양	정보, 실용 경제, 논술	창의 경영, 지식 재산 일반

정치외교학과

정치학 이론에 기초하여 다양한 정치현상을 체계적이고 논리적으로 연구하는 학문이다.

연구 목적과 방법에 따라 정치이론, 정치제도, 정치과정, 국제정치 분야로 구분된다. 정치외교학과는 정치와 정책에 대한 전문적이고 실용적인 지식을 함양하여 사회 전반의 흐름을 통찰하고, 현실 정치 영역에서 일할 수 있는 인재를 양성한다. 정치에 대한 예리한 분석력, 정확한 판단력, 냉철한 비판력을 함양하여 영토 분쟁과 역사 분쟁 등으로 국가 간 갈등이 일어나는 국제사회의 갈등을 해결하는 것을 교육의 목표로 한다.

졸업 후 진출 분야 및 직업

진출 분야

방송사, 신문사, 잡지사, 리서치회사, IT업계, 금융업계, 광고 및 홍보회사, 일반 기업의 관리·인사·영업 관련 부서, 중앙정부 및 지방자치단체(국제통상직, 외무영사직), 행정안전부, 외교부, 국가정보원, 청와대, 국회, 정당, 통일연구원, 한국국방연구원, 국제협력기구, 시민단체, 중·고등학교, 대학교 등

진출 직업

외교관, 정치가, 정당 전문 행정인, 국제기구 직원, 정치평론가, 법조인, 행정직 공무원, 국회의원, 비서관, 언론인(기자, PD), 카피라이터, 인문과학연구원, 중·고등학교 교사, 대학 교수 등

16

개설 대학

강원대학교, 건국대학교, 경북대학교, 경상국립대학교, 경희대학교, 고려대학교, 국민대학교, 단국대학교, 부산대학교, 성신여자대학교, 숙명여자대학교, 숭실대학교, 아주대학교, 연세대학교, 이화여자대학교, 인천대학교, 인하대학교, 전남대학교, 전북대학교, 제주대학교, 조선대학교, 충남대학교, 충북대학교, 한국외국어대학교, 한양대학교 등

관련 학과

정치·언론학과 / 정치행정학부 / 정치·사회학부 정치외교학전공 / 정치언론홍보학과 / 정치행정학과

고등학교 권장 선택과목 로드맵

교과 영역	선택과목	
	일반선택	진로선택
기초		심화 국어, 경제 수학, 실용 영어, 영어권 문화
탐구	경제, 한국지리, 세계지리, 사회·문화, 동아시아사, 세계사	여행지리, 고전과 윤리, 사회문제 탐구
체육·예술		
생활·교양	철학, 논술, 논리학	창의 경영, 지식 재산 일반

지리학과

인간의 생활공간인 지표를 연구하며, 사회과학적 성격과 더불어 인문학, 자연과학적 성격도 갖춘 종합학문으로서의 성격을 지닌 학문이다.

인간의 활동 무대가 되는 지표 공간 내에서의 인간의 활동과 관련된 자연적, 인문적 현상의 지역적 분포 차이와 일반성을 연구한다. 지리학과는 지리학의 학습을 통해서 지표현상의 지리적 내용을 탐구하고 발전시키며 나아가 이를 사회 발전과 국토개발에 활용할 수 있는 전문가를 양성하는 데 교육의 목표를 둔다.

졸업 후 진출 분야 및 직업

진출 분야

언론사, 금융계, IT 및 벤처기업, 건설회사, 도로회사, 석유회사, 지도제작업체, GIS개발 및 정보기술관련업체, 항공사, 여행사, 중앙정부 및 지방자치단체 도시계획직·환경직·지적직 공무원, 한국도로공사, 국토지리정보원, 한국농어촌공사 등

진출 직업

GIS전문가, 지리학연구원, 측량사, 감정평가사, 지역연구자, 국제지역전문가, 지도제작전문가, 지하수기사 및 기술사 등

개설 대학

건국대학교, 경북대학교, 공주대학교, 서울대학교, 성신여자대학교, 전남대학교 등

관련 학과

공간환경학부 / 국제도시부동산학과 / 도시개발·행정학과 / 도시계획부동산학부 / 도시계획학과 / 도시 및 지역개발학과 / 지역사회개발학과

고등학교 권장 선택과목 로드맵

교과 영역	선택과목	
	일반선택	진로선택
기초	확률과 통계, 미적분	기하, 경제 수학, 수학과제 탐구
탐구	사회·문화, 세계지리, 한국지리, 지구과학 Ⅰ, 경제, 정치와 법	사회문제 탐구, 여행지리
체육·예술		
생활·교양	기술·가정, 정보, 환경, 교육학, 심리학	창의 경영, 지식 재산 일반

행정학과

국가의 살림살이를 연구하며, 국가 운영과정에서 일어나는 복잡한 문제들을 효율적으로 관리하여 사회 각 분야의 균형적 발전을 목표로 하는 학문이다.

정치학, 경제학, 사회학 등 관련 학문에 대한 폭넓은 이해가 필요하다. 행정학과는 정부와 국민, 공공부문과 민간부문의 상호작용을 거시적인 관점에서 조망하며 정부의 바람직한 역할이 무엇인지를 묻고 나아가 다양한 국가운영의 제 분야를 효율적으로 관리하고 전체 국가와 각 사회 부문 간의 균형적 발전 방향을 디자인하는 학과이다. 중앙부처와 공기업 등 공공 분야의 효율적인 관리를 담당하는 행정 전문가의 양성을 목표로 한다.

졸업 후 진출 분야 및 직업

진출 분야

방송사, 신문사, 대학 및 전문대학 행정실, 금융계, 컨설팅회사, 국제기구, 시민단체, 중앙정부 및 지방자치단체, 한국행정연구원, 경찰서 등 행정 관련 공공기관, 지방행정연구소, 공공행정연구소, 자치행정연구소, 공공자치연구원 등

진출 직업

행정직 공무원, 관세사, 세무사, 법무사, 회계사, 글로벌행정전문가, 사회과학연구원, 대학 교수 등

개설 대학

가천대학교, 가톨릭대학교, 건국대학교, 경남대학교, 경동대학교, 경상국립대학교, 경희대학교, 고려대학교, 공주대학교, 광운대학교, 국민대학교, 단국대학교, 대구가톨릭대학교, 동아대학교, 부산대학교, 서울과학기술대학교, 서울시립대학교, 서울여자대학교, 세종대학교, 숙명여자대학교, 아주대학교, 연세대학교, 이화여자대학교, 인천대학교, 인하대학교, 전남대학교, 제주대학교, 창원대학교, 충북대학교, 한국외국어대학교, 한양대학교 등

관련 학과

공공인재학부, 경찰행정학과, 공공행정학과, 자치행정학과, 도시행정학과, 공공인재학과

고등학교 권장 선택과목 로드맵

교과 영역	선택과목	
	일반선택	진로선택
기초	확률과 통계	경제 수학, 실용 영어
탐구	경제, 정치와 법, 생활과 윤리, 사회·문화	사회문제 탐구, 고전과 윤리
체육·예술		
생활·교양	기술·가정, 심리학, 논리학	

MEMO

MEMO

01

직업 바이블

직업 탐색이 필요할 땐, 이 책이 답!

10% sale

44,100원/권당

국내 최대 직업 정보 수록! 진로 탐색을 위한 최고의 바이블
총 205개의 대표 직업과 약 1,000개의 관련 직업 소개
직업별 로드맵(관련학과, 관련교과, 적성, 흥미, 미래전망) 소개

02

학과 바이블

학과 선택이 고민 될 땐, 이 책이 답!

10% sale

44,100원/권당

계열별 대표학과 및 관련학과까지 1,000여개 학과 수록
계약학과&특성화학과 정보까지 수록되어
더 강력해진 개정판

03

교과세특 플래너

교과세특 관리를 위한 **필수 플래너**! 강력추천!

20% sale

8,800원/권당

탐구활동 기록 가이드 역할
체계적인 탐구활동 관리

선생님들을 위한 교육 교구몰 캠퍼스멘토 교구몰

도서/교구/활동지/워크북 등 다양한 교육 교구재를 한 번에 만날 수 있습니다.

[캠토몰 링크] www.campusmentor.co.kr

나에게 필요한 모든 것이 있는 곳 MOYACOMPANY

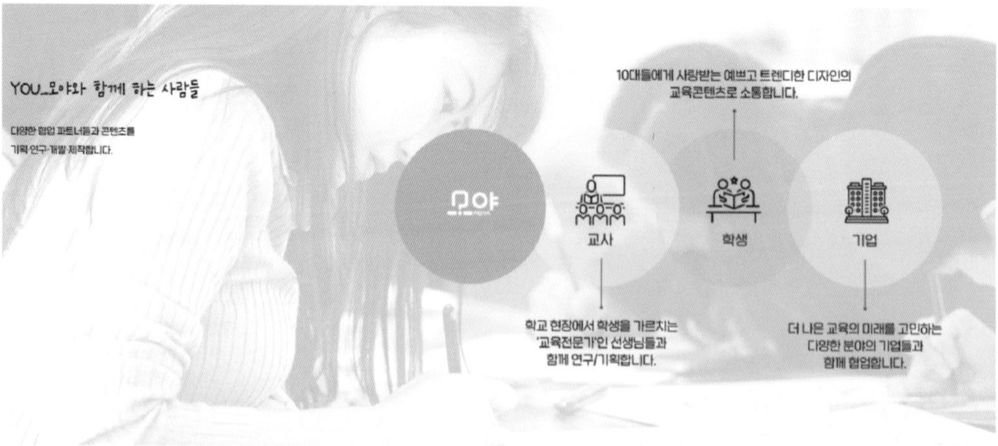

일상 속 변화를 이끄는 교육콘텐츠 전문기업, 모야컴퍼니를 만나보세요.

[모야컴퍼니 홈페이지] moyamall.com [모야몰 링크] smartstore.naver.com/moya_mall

※ 참고문헌

- 2020 명지대학교 학생부종합전형 가이드북, 명지대학교, 2020
- 2020 고등교육기관 졸업자취업통계연보(한국교육개발원)
- 2021학년도 연세대학교 학생부종합전형 가이드북, 연세대학교, 2021
- 2022학년도 경희대학교 학생부종합전형 가이드북, 경희대학교, 2021
- 2022학년도 이화여자대학교 학생부종합전형 가이드북, 이화여대, 2021
- 2022학년도 광운대학교 학생부종합전형 가이드북, 광운대학교, 2021
- 2022 서울대학교 학생부종합전형 가이드북, 서울대학교, 2021
- 2022학년도 부산대학교 학생부종합전형 가이드북, 부산대학교, 2021
- 2022학년도 대구교육대학교 학생부종합전형 가이드북, 대구교육대학교, 2021
- 2022학년도 학교생활기록부 개재요령(교육부)
- 2021학년도 학교생활기록부 기재요령, 교육부(2021)
- 고교학점제 바이블, 캠퍼스멘토(2021)
- 교과세특 탐구주제 바이블, 한승배 외(2021)
- 나만의 진로 가이드북, 한승배 외(2021)
- 대입전형 표준화방안 연구. 건국대 외 5개 대학(2018)
- 무릅 탁! 학생부 길잡이, 교육부(2020)
- 학교생활기록부 작성, 전라남도교육청(2018)
- 학교생활기록부 정보의 재구조화, 서울대학교 입학본부(2016)
- 학과바이블, 한승배 외(2021)

※ 참고사이트

- 대입정보포털 어디가(http://adiga.kr)
- 워크넷(https://www.work.go.kr)
- 커리어넷(https://www.career.go.kr)

학생부 바이블 사회계열편

1판 1쇄 찍음 2021년 10월 28일
1판 3쇄 펴냄 2023년 05월 10일

출판 (주)캠퍼스멘토
제작 (주)모야컴퍼니
저자 하희, 배수연, 김미영, 김강석, 이남순, 손평화, 위정의

총괄기획 박선경 (sk@moyacompany.com)
책임편집 (주)모야컴퍼니
연구기획 김예솔, 민하늘, 최미화, 양채림
디자인 박선경, (주)모야컴퍼니
경영지원 지재우, 임철규, 최영혜, 이석기
마케팅 윤영재, 이동준, 신숙진, 김지수, 김연정, 박제형
발행인 안광배, 김동욱

주소 서울시 서초구 강남대로 557(잠원동, 성한빌딩) 9F
출판등록 제 2012-000207
구입문의 (02) 333-5966
팩스 (02) 3785-0901
홈페이지 www.campusmentor.co.kr (교구몰)
smartstore.naver.com/moya_mall (모야몰)

ISBN 978-89-97826-85-8(44080)